KB185136

문명전환의 한국사상

강경석 김용휘 백민정 백영서 이정배

문명전환의 한국사상

이행훈 정혜정 조성환 허석 황정아 지음

개벽의 사상사 2

창비

책을 펴내며

'문명전환의 한국사상: 개벽의 사상사 2'라는 제목이 일러주듯 이 책은 문명전환, 한국사상, 개벽이라는 세개의 키워드를 근간으로 한다. 먼저 '문명전환'은 이 책에 실린 글들이 공유하는 시대 진단과 그 진단에 근거하여 내놓은 시대적 과제를 집약한다. 인류세, 기후변화, 생태위기 같은 용어들에 함축되었다시피 우리가 살아가는 오늘이 인류를 비롯해 지구상의 수많은 존재들의 삶 전체가 걸린 비상한 위기에 직면한 시대라는 것, 그리고 이 위기를 타개할 단서는 다름 아닌 문명 자체가 큰 전환을 이룩하는 것 말고는 없다는 것이 그 진단과 과제이다. 이런 문제의식은 앞서 출간된 『개벽의 사상사: 최제우에서 김수영까지, 문명전환기의 한국사상』(창비 2022, 이하 『개벽의 사상사』)에도 그대로 스며 있었다. 그 후속편에 해당하는 이 책에서 '문명전환기'가 '문명전환'으로 바뀐 점은 단순히 그런 시대에 속한다는 사실을 넘어 그런 시대라서 필요한 전환을 적극 도모했다는 의미를 더욱 강조한다.

두번째 키워드인 '한국사상'은 언뜻 중립적이고 밋밋한 지시어처럼 들린다. 한반도에서 발원하거나 터를 내려 유통된 사상들을 통칭한다고 보면 이 단어가 특별히 '키워드'라 할 만한지 의문이 들 수 있다. 하지만 그런 사상들이 이를테면 유교사상이나 불교사상 등 동아시아가 공유한 사상 전통이나 근대 이래 주로 서구에서 유입된 여러 철학 사조들과 중대한 차별성을 갖는다면 단어의 무게는 사뭇 달라진다. 모든 장소들이 그렇듯 한반도 역시 자체의 역사를 가졌고 그 점에서 장소성과 고유성이 별도가 아님은 물론이다. 문제는 그렇게 자연스럽게 생성된 고유성이 문명의 차원에서 중요한 차이를 보여주는가 하는 점이다. 이 책이 표방하는 한국사상이란 이 장소에서 펼쳐진 사상 가운데 뛰어난 것들이 남다른 가치를 구현하며 그렇기에 문명전환의 과제 수행에 독자적으로 기여할 잠재력이 크다는 전제를 담고 있다.

그 잠재력이 무엇인가 하는 질문의 답은 다음 키워드인 '개벽'으로 이어진다. 개벽은 일차적으로 동학과 원불교를 비롯한 '역사적' 개벽사상과 연결되지만 더 중요하게는 그런 사상에 제시된 개벽의 의미가 오늘날까지, 아니 오늘날에 더욱 긴급한 현재성을 띤다는 인식을 포함한다. 개벽이란 권력 교체나 체제 변화를 아우르면서도 그런 차원을 넘은 문명의 발본적 전환을 뜻하거니와, 전환의 발본성을 강조하기 위해 흔히 사용되는 변혁이나 혁명 같은 단어들의 일반적 의미론을 초과한다. 변화의 절실함은 갈수록 깊어지는데도 그에 대한 논의가 도리어 위축되어온 이유는 체제가 강고해서만이 아니라 대안에 대한 구체적인 구상이 부재한 데서도 기인한다. 그런데 대안의 구상은 결국 그런 대안을 실현할 주체의 역량에 대한 믿음이라는 난제에 부딪히며, 우리 모두가 알다시피 믿음이란 간단히 생기고 사라지는 것이 아니다. 개벽은 역사적 현재가 요청하는 전환이 한 사람 한 사람의 마음을 바꾸는 일을 요구한다는 발상, 특히 인류세의 여러 위기가 전지구적 또는 행성적 차원만이 아니라 마음의 차원에서 이루어지는 '고도의 통치술'을 요청한다는 발상을 품고 있다. 사상적 차원과 구도적 차원을 아우르는 변혁론이 필요하다는 문제의식이 개벽이라는 키워드에 응축되어 있는 것이다.

그처럼 발본적인 문명전환의 다른 이름이 개벽이며 한국사상의 주요한 핵심 역시 개벽에 있음을 다양한 사상적 서사를 통해 밝히는 것이 이 책에 실린 글들의 공통적 지향점이다. 앞선 『개벽의 사상사』에 비해 여기서는 이런 공통감각이 한층 강화되었고, 그에 따라 각자의 작업이 문명전환을 중심으로 펼쳐져온 한국사상의 '전승'이어야 한다는 의식도 깊어졌다. 동학과 원불교의 개벽사상, 최한기와 전병훈이 수행한 문명전환의 모색, 염상섭과 신동엽의 문학적 사유와 장일순과 김지하의 생명운동에 담긴 개벽의 문제의식, 개벽적 기독교의 가능성, 개벽사상에 담긴 물질론과 수양론의 현재적 의미 등 개별 글들이 논하는 주제의 면면에서 드러나듯이 이 책이 생각하는 문명전환의 한국사상은 개벽을 '표방'한 사상에 한정되지 않을 뿐 아니라 통상적인 사상의 분류에 저항하여 문학과 종교, 실천운동까지 포괄한다. 개벽의 의제가 역사적 개벽사상이 쇠퇴하여 거의 잊히는 듯 보일 때조차 곳곳에서 면면히 이어지고 거듭 되살아나고 있었음을 확인함으로써 바로 그런 계승과 복원에 보탬이 되려는 것이 이 책이 품은 목표이자 야심이다.

글의 배치는 엄밀한 연대순에 따르는 대신 역사적 개벽사상인 동학과 원불교를 새롭게 조명한 시도들이 제일 앞에 나선다. 정혜정의 「동학의 수도(修道)와 개벽운동」은 동학이 인의예지가 아닌 수심정기(守心正氣)를 제기했음에도 기존의 동학 이해가 주로 유학에 바탕을 두고 있었음을 지적하며 동학을 불교적 관점으로 분석한다. 특히 동학의 핵심 개념인 '무위이화(無爲而化)'를 불교와 연결지어 분석하는 한편 동학적 수도인 수심정기를 선불교의 수심론(守心論)과 비교하며 그 맥락과 의미를 규명한다. 이런 분석을 토대로 정혜정은 바른 마음과 기운으로 시운(時運)을 깨닫는 동학의 수도법이 '한울님 마음과 인간 마음'이 합해지는 새로운 주체 형성의 과정이자 그 새로운 마음의 힘으로 세상을 개벽하는 과정임을 강조한다. 허석의 「소태산 박중빈의 정신개벽 사상과 변혁적 중도주의」는 원불교 창립자 소태산 박중빈의 문명전환적 비전인 '정신개벽' 사상을 상세히 조명한다. 최제우에서 시작된 후천개벽 사상을 계승하되 세계적 종교인 불교와 결합한 소태산의 사상은 물질개벽으로서의 근대 자본주의와 식민지 현실을 극복하려는 강력한 실천성을 띠면서도 그런 실천이 폭넓고 지속적이며 원만하게 이루어질 방도를 모색한 결과이다. '개벽'이라는 변혁적 사유가 불교의 중도(中道)적 진리관과 공부길에 결합되어 벼려진 정신개벽 사상은 식민지체제 변혁을 위한 중도노선이자 '정도(正道)의 중간 길'로서의 변혁적 중도주의로 재해석될 수 있다.

이어지는 두 글에서는 역사적 개벽사상과 거의 동시대에 이루어진 사상적 모색이 드러내어 표방하지는 않았음에도 개벽의 의제와 사실상 공명하고 있었음이 드러난다. 이행훈의 「개벽의 인간학과 사회변혁론: 문명전환기 최한기의 실천」에 따르면 최제우와 비슷한 시기를 살았던 최한기 역시 전통적 기(氣) 개념에 근대 과학기술의 성과를 주체적으로 수용한 자신의 기학을 문명전환에 기여할 새로운 학문으로 자부했다. 서구 학문과 달리 자연학과 인간학을 아우르며 펼쳐진 최한기의 기학적 인간 이해와 우주론은 대동의 평화세계를 향한 문명의 개벽이라는 실친적 기획 속에서 정립된 것이었다. 백민정의 「개벽의 정신으로 본 전병훈 『정신철학통편』」은 언뜻 개벽적 사유와 접점이 없어 보이는 사상가 전병훈의 독특한 지적 모색을 검토하는 과정에서 개벽의 또다른 면모를 조명한다. 『정신철학통편』에 나타나듯 전병훈은 유불도의 전통과 다양한 서구철학을 아우르며 지적 중심을 잡고 가장 이상적인 정신학을 수립하려 했으며 이를 통해 인류와 만물이 공존하는 세상을 추구하고 인간 너머의 우주적 근원에 닿고자 했다. 전병훈이 모색한 활달하고 유연한 정신의 맥은 사람과 사람, 사람과 우주를 잇는 유대와 연결의 원리라는 점에서 발본적 차원에서 삶을 성찰하고 다른 세계를 꿈꾼 개벽적 사유에 가닿는다.

문명전환을 중심에 둔 한국사상은 근대전환기를 거쳐 20세기로 이어지며 통상 사상과는 별도의 영역으로 생각되기 쉬운 한국문학에서도 심도 있게 탐색되어왔다. 「염상섭의 문명비평과 전환의 비전」에서 강경석은 자본주의문명과 외래사상에 순응하기를 거부하며 현실의 위기를 자신만의 시각으로 응시하고 대결한 염상섭의 창작과 비평적 실천을 문명비평으로 요약한다. 그에 따르면 염상섭의 문명비평에 담긴 사상의 본질은 근래 염상섭 연구의 주류적 입장이 내세우는 아나키즘 같은 것이 아니라 근대적응과 근대극복의 이중과제적 함의를 지녔으며 궁극적으로 자본주의문명의 근본적 전환이라는 차원에 이른다. 특히 염상섭이 말한 '자연의 이법'으로의 회귀는 오늘날 자본주의체제의 위기와 균열을 사유하는 데 풍부한 영감을 준다. 졸고 「인류세 시대의 신동엽과 개벽사상」은 신동엽의 문학적 사유가 기존의 문명적 가치들을 전면적으로 점검하고 근본적 전환을 도모해야 하는 인류세의 시대적 요청에 비추어 어떤 사상적 의미와 현재성을 갖는지 밝힌다. 동학을 다룬 작품들을 통해 신동엽과 개벽을 연결하는 일반적 접근과 달리 여기서는 동학을 명시하지 않은 발언들의 개벽적 면모를 규명함으로써 그의 사유에서 개벽이 중심적 위상을 갖는다는 점을 드러내는 한편, 서구의 인류세 담론, 특히 브루노 라뚜르(Bruno Latour)의 '대지'와 티머시 모턴(Timothy Morton)의 '인간' 논의 등과 비교함으로써 신동엽의 개벽서사가 갖는 고유한 의의를 논증한다.

개벽을 근간으로 한 문명전환의 사상은 문학만이 아니라 여러 다른 부문으로 스며들어 거듭 새롭게 전유되어왔고 김용휘의 「개벽사상과 한국의 생명운동: 장일순과 김지하를 중심으로」도 이 점을 확인해준다. 김용휘는 수운과 해월의 개벽사상이 생명사상으로 재해석되어 1970년대와 1980년대 생명운동으로 발현된 흐름에 주목하고 이 운동을 이끈 장일순과 김지하의 사상을 상세히 고찰한다. 천도교의 개벽운동에서 '인내천주의'가 중요한 이론적 발판이었다면 장일순과 김지하는 수운의 '시천주(侍天主)'에서의 모심과 해월의 생명사상에 초점을 두고 이를 토대로 새로운 생태적 문명으로 나아갈 것을 강조했다. 그들의 개벽은 죽임의 문명에서 살림의 문명으로의 전환을 의미하는 것이었고, 특히 맑스주의에 입각한 진보운동이나 서양의 녹색담론의 한계를 넘어 우리의 사상과 이론을 토대로 더욱 근본적인 전환을 모색했다는 데 큰 의의가 있다. 이정배의 「개벽신학의 세 토대로서 공(空), 공(公), 공(共)」은 다석 유영모의 한국적 기독교 이해를 매개로 기독교 사상과 개벽사상의 접점을 포착하고 이를 계승하여 개벽적 기독교를 구축하려는 시도이다. 한국의 기독교가 일방적 선포(전달)자의 입장을 버리고 수용자의 입장에 개벽사상과 전면적으로 대화할 필요가 있음을 강조하는 한편, 신관(神觀)을 바꿔 서구가 간과했던 공(空)을 회복하고 자본주의에 맞서 공(公)을 지키며 교회가 세상의 의제를 함께 토론하고 해결하는 공(共)의 민회로 거듭나야 한다는 대담한 주장을 통해 개벽신학의 논거를 구상한다.

조성환의 「물질개벽에 어떻게 대응할 것인가: 소태산의 '물질' 논의를 중심으로」 역시 개벽이라는 사상적 의제가 오늘날에 이르러 한층 뚜렷한 현재성을 갖는다는 사실을 잘 보여준다. 물질문명의 과잉이 극대화되고 마침내 물질의 위협이 전면화한 인류세의 위기에 원불교의 '물질개벽' 논의가 어떤 응답이 될 수 있는지 살피는 이 글은 소태산 박중빈의 '물질'에 관한 논의, 구체적으로는 새롭게 등장한 물질을 어떻게 이해하고 어떻게 대해야 하는지에 대한 논의에 초점을 둔다. 사물에 대한 외경을 강조하고 사물의 힘과 행위성을 도덕 개념으로 설명하는 소태산의 물질론을 근래의 인류세 인문학이나 신유물론 등을 참조하며 재조명함으로써 원불교의 개벽사상이 근대에 대한 대응일 뿐만 아니라 인류세에 대한 사상적 준비임이 드러난다. 백영서의 「동아시아의 수양론으로 개벽사상 다시 읽기」는 문명전환을 말할 때 개벽사상이 사회변혁과 더불어 언제나 강조하는 마음공부의 성격을 규명한다. 개인적 수양이나 힐링 프로그램과 달리 비평적이고 정치적인 훈련을 포함해 더 전면적인 변혁을 위한 '사회적 영성 함양'으로서 개벽적 수양론이 갖는 고유한 특성이 한편으로는 유학적 수양론과의 비교, 다른 한편으로는 중국의 혁명수양론과의 비교를 통해 더 분명히 드러난다. 이와 같은 개벽적 수양론은 종교와 정치의 관계를 재구성한 원불교의 정교동심(政敎同心)의 발상과 이어지며 제도적 혁신과 종교적 각성을 지속적이고 원만하게 감당하는 방도라 할 수 있다.

이 책은 세교연구소와 한림대학교 한림과학원이 2023년 2월부터 2년여에 걸쳐 수행한 공동연구의 성과이며 두차례의 학술대회를 포함한 상호토론과 논평의 과정을 거쳐 나온 결과물이다. 앞선 작업에도 참여한 필자 6인에 새로이 4인이 힘을 보태주었다. '개벽의 사상사'를 내건 단행본으로 두번째 기획이지만 문명전환과 개벽, 그리고 한국사상이라는 키워드를 앞세운 사상적 탐색은 크게 보아 여전히 발걸음을 뗀 단계에 불과하다. 어떤 형식으로든 이 탐색이 이후 더 힘있게 수행되는 데 이 책이 하나의 계기 또는 영감이 되기를 기대해본다.

2025년 2월

엮은이 황정아

| 차례 |

일러두기

1. 외래어는 국립국어원 외래어표기법을 따르되 일부 언어에 한해 현지 발음에 가깝게 표기하는 것을 원칙으로 했다.
2. 인용문 내 인용자의 주석은 〔 〕 안에 넣었다.

1장

동학의 수도(修道)와 개벽운동

정혜정

1. 동학의 실체와 불교적 조명

동학사상은 유불도 삼교의 용어로 표현된 것이 많지만 삼교를 벗어난 사유라 할 수 있다. 수운 최제우는 "유도(儒道) 불도(佛道) 누천년에 운이 역시 다했던가"[1] 하여 사유의 전환을 암시하였고, 해월 최시형은 우리의 도가 "유불선(儒佛仙)과 유사한 듯하나 유불도가 아닌 만고에 없는 무극대도"[2]라 하였다. 동학은 유불선 각각의 입장에서 유사점과 차이점을 밝혀 나아가는 탐구 과정에서 그 실체가 드러날 수 있다. 그러나 동학 이해에 대한 기존 연구의 경향을 살펴보면 유학에 바탕한 해석이 주류를 이

1 『용담유사』「교훈가」, 『천도교경전』 124면. 이하 『동경대전』 『용담유사』 『해월신사법설』 『의암성사법설』의 면수는 모두 통행본 『천도교경전』의 면수를 지칭함. 원문 인용은 현대어로 약간 수정함.

2 『해월신사법설』「천도와 유불선」, 319~20면.

루고, 불교나 도교적 관점에서 분석을 가한 것은 드물다. 분명 수운은 '인의예지가 아닌 수심정기'[3]를 제기하였는데도 불구하고 수심정기를 성리학적 맥락에서 이해하는 경우가 많다. 이에 필자는 동학의 핵심 사상을 불교적 관점에서 조명하여 구체적이면서도 유기적인 분석을 더하고자 한다.

동학의 도는 '한울님 조화의 무위이화(無爲而化, 함이 없이 만물을 화생함)'를 표방한다. 한울[4]은 지기, 영기, 일심, 귀신, 천령, 심령, 성령 등과 병칭되고, 한울의 본체와 작용이 융섭·일치되며 '불연기연(不然其然)'과 '무왕불복(無往不復)'으로 구체화되는 대표적인 한국 고유의 사상이라 할 수 있다. 수심정기(守心正氣)의 수도(修道)도 선불교의 수심론(修心論) 등 다각적인 접근에서 비교될 때 동학의 독창성이 보다 선명하게 이해될 수 있을 것이다. 또한 동학을 폭넓게 이해하기 위해서는 『동경대전』 텍스트 자체의 해석과 교정 문제도 검토해야 한다. 해석과 교정 작업은 일찍이 해월 최시형, 의암 손병희, 저암 이돈화에 의해서 부분적으로 이루어진 바 있다. 예컨대 해월은 '인의예지가 아닌 수심정기(修心正氣)'에서 수(修)심정기를 수(守)심정기로 바꾸었고, 의암은 '수운과 한울님의 문답체험'을 "자기로써 자체심령과 자문자답하신 진리"[5]라 해석하였다. 특히 이돈화는 『동경대전』「포덕문」의 첫 문장을 '무위이화'를 부각하는 맥락으로 원

---

3 『동경대전』「수덕문」, 51면.

4 초기 동학의 '天(主)'의 한글 표기는 '하날(님)'이다. 수운은 『용담유사』에서 '天(主)'을 'ᄒᆞᄂᆞᆯ(님)'으로 표기했다. 1910년대 초반부터는 'ㆍ'이 'ㅏ' 'ㅡ' 'ㅜ' 등의 음질을 함축했기 때문에 '하날님'이 '한을님'이나 '한울님'과 혼용되다가 1920년대 중반 이후 점차 '한울(님)'으로 정착되어갔다. 필자는 명칭 변천의 역사적 흐름을 계승하고, 기독교 개신교의 '하나님'이나 천주교의 '하느님'과 구별하며 동학의 독자적 개념을 담기 위해 '한울(님)'으로 표기하였다. 현재 북한도 '한울(님)'으로 쓰고 있다.

5 이돈화 「장래의 종교(續)」, 『천도교회월보』 103호(1919.3) 7면.

문을 바꾸어 교정한 바 있다.

이에 필자는 동학의 성격을 유교적 입장에서 이해하기보다는 불교적 관점에서 이해를 도모하며 『동경대전』에 관한 후대의 교정과 해석도 포함하여 동학이 표방하는 수도법과 개벽사상을 총체적으로 조망하고자 한다. 이를 위해서 먼저 동학의 핵심 개념인 '무위이화'를 불교와 연결지어 분석하고, '불연기연' 및 '무왕불복'으로 구체화되는 사상적 맥락을 고찰할 것이다. 그리고 이를 기반으로 한 동학의 수도를 '수심정기(守心正氣)'를 중심으로 선(禪)불교의 '수심론(守心論)'과 비교하여 그 맥락과 의미를 규명하고자 한다. 수심정기는 한울님의 가르침(21자[6])을 듣고 자신에게 모셔져 있는 한울님을 깨달아 그 마음을 지킴이다. 이는 곧 바른 마음, 바른 기운으로 시운(時運)을 깨달아 자신의 한울생명력으로 세상을 개벽하며 지상천국을 건설해나가는 수도라고 할 수 있다. 수도를 통한 '한울 사람'(天人)으로서의 주체 형성과 새로운 세상을 여는 개벽운동은 서로 연동되고 하나로 관통된다.

6 21자(지기금지 원위대강 시천주 조화정 영세불망 만사지 至氣今至 願爲大降 侍天主 造化定 永世不忘 萬事知)에서 시(侍)는 '내유신령 외유기화(內有神靈 外有氣化)'를 뜻하고 조화(造化)는 '무위이화(無爲而化)', 그리고 정(定)은 '합기덕 정기심(合其德 定其心)'을 뜻한다. 또한 지(知)는 '지기도 수기지(知其道 受其知)'를 의미한다. 따라서 21자 주문을 의역하면 다음과 같다. '지극한 기운이 지금 (나에게) 이르러 있으니 크게 내리기를 원합니다. 한울님을 모셔 안으로 신령하고, 밖으로 기화하는 무위이화의 덕에 합하여 그 마음을 평생토록 보전하니 모든 것의 도를 알아 그 지혜를 받습니다.'

2. 동학사상과 '무위이화(無爲而化)'

'무위이화'의 개념과 번역

수운은 동학의 도를 한마디로 '무위이화(無爲而化)'라 하였다.[7] 무위이화는 『동경대전』의 「포덕문」 서두에서부터 등장한다. 그러나 이 서두에 대해서는 번역상 논란도 많고 의견이 분분한데, 이돈화는 〈표1〉과 같이 원문을 교정·번역하였다.

이돈화는 원문 ①의 번역에서 "지구가 생기고"라는 말을 삽입하였고 ②의 번역은 생략하였지만 다른 곳에서 불천불역(不遷不易, 옮기는 것도 바뀌는 것도 없음)을 '불생불멸'로 풀이하고 이는 곧 수운이 말한 '무동정변역지리(無動靜變易之理)'라 하였다. 또한 ③의 '한울님 조화의 자취'〔天主造化之迹〕에서 '조화'는 '무위이화'를 이름이요 '적(迹)'이라 함은 '표현'의 뜻이니 '천주조화지적(天主造化之迹)'이란 '한울님 스스로가 만유로 표현되었음'을 뜻한다고 하였다. 수운이 사계절을 예로 든 것처럼 무궁이래 만유의 성쇠가 곧 한울님의 '무위이화의 덕'임을 표현한 것이다.

또한 눈길을 끄는 것은 원문 ④의 번역인데, 이는 통상 "어리석은 사람(우민)들은 우로(비와 이슬)의 덕택을 알지 못하고 무위이화로 알았더니"로 번역된다. 그러나 이돈화는 이를 "우민들은 다만 우로의 덕택만 알고 무위이화를 알지 못하였다"로 교정하였다. 즉 우민들이 '알지 못하는'〔味知〕 것은 '우로의 덕택'이 아니라 '무위이화'이고, 원문의 '미지(味知)'와 '지기(知其)'는 서로 뒤바뀐 오식(誤植)이라는 것이다. 수운의 본뜻은 사람들이 '무위이화의 도'가 우주 간에 밝게 드러남을 알지 못하고, 단지

---

7 『동경대전』 「논학문」, 29~31면.

〈표1〉 이돈화의 『동경대전』 「포덕문」 번역과 교정

『동경대전』 「포덕문」	이돈화의 번역과 교정[8]
① 蓋自上古以來 春秋迭代 四時盛衰 ② 不遷不易하니 ③ 是亦天主造化之迹 昭然于天下也 ④ 愚夫愚民 未知雨露之澤 知其無爲而化矣	①′ 대개 먼 옛적으로부터 지구가 생기고 봄과 가을이 번갈으며 사시(四時)가 성할 때 성하고, 쇠할 때 쇠하는 것이 불천불역하니 이 또한 한울님 조화의 자취가 천하에 소연(昭然)하거늘 ④′ 우민(愚民)들은 다만 우로(雨露)의 덕택만 알고 무위이화는 알지 못하였다.

현상으로 나타나는 우로의 덕택만 알아[9] '무위이화의 덕을 따르지 못함'을 개탄한 것이었다.[10] 이돈화가 원문을 교정한 것은 당시 수운의 상황을 고려한 것이라 할 수 있다. 수운은 당시 유가(儒家)의 지목과 탄압 때문에 자신의 사유를 직설적으로 표현하지 못했을 것이다. 이돈화는 수운의 저술 대부분이 말이 간략하고 시적(詩的)인 표현이 많은데다가 '처변(處卞, 사태수습을 위한 말)'과 '권도(權道, 임기응변적인 방편)'의 말을 섞게 되어 자칫하면 근본을 버리고 지엽에 빠져 후천개벽의 본뜻을 망각하기 쉽다고 하였다.

한편 김용옥은 최근 『동경대전』을 번역하면서 '무위이화' 자체는 "인위적인 조작이 없이 자연과 인사의 변화를 주도해나간다"는 뜻이라 했고, 그런 속성을 가진 한울을 만물을 "스스로 서로 질서지우고 조리있게 움직여나간다"는 "불인(不仁)한 하느님"으로 풀이했다.[11] 이는 무위자연과

8 이돈화 『신인철학』, 천도교중앙종리원신도관 1931, 5면; 이돈화 『수운심법강의』, 천도교중앙종리원신도관 1926, 213면.

9 사람들이 우로의 덕택만 안다는 것은 한울님 조화의 뚜렷함, 즉 그 드러남만을 알지 그 우로가 무위이화의 화생임을 모른다는 것이다.

10 이돈화 『수운심법강의』, 213~14면.

11 김용옥 『동경대전 2: 우리가 하느님이다』, 통나무 2021, 61~62면. 김용옥이 말하는 무위

같은 도가적 용어로 무위이화를 해석한 것이라 볼 수 있다. 반면 이돈화는 '무위이화'를 "한울의 조화" "한울의 자율적 창조"[12]로 풀이하고, "무위이화의 진화력으로 한울님 스스로가 만유로 표현된 것"임을 말했다.

이러한 이돈화의 해석은 불교적 맥락에 가깝다. 그는 한울 본체와 현상의 관계를 '본체즉현상, 현상즉본체' '일즉다 다즉일(一卽多 多卽一)'[13]로 이해했다.[14] 이는 "한울자체의 무위이화의 창조력이 현상계를 창조한 것"[15]으로서 인간과 우주만물이 한울과 '동체(同體)'라는 것에 방점이 놓인다. 해월이 '만물마다 한울이며 일마다 한울'〔物物天 事事天〕[16]이라 한 것도 한울의 본체가 현상계에 나타난 그대로를 가리켜 말한 것이 된다. 다만 이는 "오직 인간의 자각적 인식"에서 가능하기에 이돈화는 이를 가리켜 '인내천'이라 하였다. 한편 의암 손병희도 한울님을 우주 근원의 영〔性靈〕으로 말하면서, 사람을 비롯한 모든 만물은 '우주적 영이 세상에 표현된 것'〔性靈出世〕임을 천명했다. 사람은 '무형한 하늘의 영'이 '형상 있는 한울님'으로 나타난 것에 다름 아니라는 것이다.[17]

이화는 무위자연과 크게 다르지 않아 보인다. 무위와 인위를 대립시키고 인간보다는 '객관화된 자연의 도(불인한 하느님)'를 주체로 설정한 것이기에 이돈화의 해석과 다르다.

12 이돈화가 말한 "한울의 자율적 창조"란 '인격적 신(神)'처럼 어떤 의지를 가지고 만물을 창조하였다는 뜻은 아니다. '한울'에는 의지라는 한정적 성격을 부여할 수 없고, 또한 만물이 한울에 의해 존재한다고 해도 이는 '한울이 한울 스스로를 표현한 것'으로서 한울은 만물의 내재적 원인이지 결코 만물 밖에 존재하는 초월적 원인은 아니라는 입장이다.

13 '일즉다 다즉일'이란 모든 현상이 하나의 현상으로 들어가고 하나의 현상이 모든 현상으로 들어감을 의미하는 불교 화엄의 이사무애(理事無碍), 사사무애(事事無碍) 법계를 설명하는 용어이다.

14 이돈화 『신인철학』, 6면.

15 같은 면.

16 『해월신사법설』 「이천식천」, 364면.

17 『의암성사법설』 「성령출세설」, 653면.

〈표2〉 수운의 「포덕문」과 승조의 「물불천론」 비교

『동경대전』 「포덕문」[18]	『조론(肇論)』 「물불천론」[19]
① "먼 옛적으로부터 지구가 생기고 봄과 가을이 갈마들며 사계절〔四時〕이 성할 때 성하고, 쇠할 때 쇠함은 '옮기는 것도 바뀌는 것'〔不遷不易〕도 아니다."	①′ "무릇 생사가 교대로 갈마들고 추위와 더위가 번갈아 바뀌며, 만물은 흘러 움직인다는 것이 사람들의 일반적인 생각이다. 그러나 나는 그렇지 않다고 말한다. (…) 만물은 '가고 옴이 없으며'〔無去來〕 '움직이는 것도 고요함도 없다'〔無動靜〕."
② "이 또한 한울님 조화의 자취가 천하에 뚜렷한(昭然) 것이다. 그러나 우민(愚民)들은 다만 '우로(雨露)의 덕택'만 알고 '무위이화(無爲而化)'는 알지 못하였다."	②′ "열반은 항상하지만 머무는 것이 아니고, 생사는 흘러가지만 옮기지 않는다고 말한다. '무위는 만행을 버리지 않고'〔無爲而不捨萬行〕 (…) 비록 온갖 만화(萬化)를 이루지만 한결같이 담연하다〔雖順萬化 而一道湛然〕."

'무위이화'의 불교적 이해와 '영지(靈知)·영능(靈能)'

수운이 제시한 '무위이화'에서 '무위'란 불천불역(不遷不易)에 해당하고 '이화'는 '한울님 조화의 자취'에 해당한다고 볼 때, '무위이화'는 곧 '무형과 유형' '불변과 생멸'을 아우르는 말이 된다. 이 '무형과 유형' '불변과 생멸'의 관계는 승조[20]의 「물불천론(物不遷論)」과 비교해볼 때, 그 사유 맥락과 구조가 유사함을 확인할 수 있다.

〈표2〉의 수운의 「포덕문」과 승조의 「물불천론」 비교에서 ①과 ①′, 양

18 원문의 번역은 이돈화의 것을 참고하였다.

19 승조 『조론 역주』, 감산 약주·강승욱 역주, 운주사 2022, 79면, 81면, 115면.

20 승조(384~414)는 구마라집(鳩摩羅什)의 제자로서 공(空)에 대한 이해가 뛰어났던 인물이다. 그는 중국 삼론종의 실질적 창시자로서 용수(龍樹)의 중관사상을 바탕으로 '격의불교(格義佛敎)'의 잘못된 견해를 바로잡고 「부진공론(不眞空論)」 「물불천론(物不遷論)」 「반야무지론(般若無知論)」 「열반무명론(涅槃無名論)」 등을 저술하여 동아시아 불교에 많은 영향을 주었다.

자 모두는 만물의 현상이 사계절과 같이 성쇠가 있고 생사가 있지만, 그것은 '옮기는 것도 변하는 것도 아니며'〔不遷不易〕 '오고 감도, 움직임도 고요함도 없는'〔無去來無動靜〕 '중도(中道)'[21]임을 공통적으로 말하고 있다. 사람들은 보이는 현상만을 보아 줄곧 만물의 성쇠와 생사만을 말하지만 수운은 각기 만물의 성쇠가 '불천불역' '무거래·무동정'의 본체(무위)[22]가 드러나는 무위이화임을 강조한 것이다.

> 천도란 형상이 없는 것 같으나 자취가 있고, (…) 가득 차고 비는 것〔盈虛〕이 서로 갈마드는 운수〔數〕는 있으나 움직이고, 고요하고, 변화하고, 바뀌는 이치는 없다〔無動靜變易之理〕.[23]

또한 ②-1에서 무위이화란 '한울님 조화의 자취'를 말하고, ②-2에서 무위(열반)[24]는 '생사와 온갖 변화를 따라 만행(萬行)을 이루는 것'으로 설명된다. 무위에 의해 온갖 만물화생의 만화(萬化)가 이루어진다는 것은 공통적이다. 수운이 말한 무위이화의 도는 '한울 본체의 만물화생'을 말하고, 무형의 불생불멸과 유형의 생멸운동을 동시적으로 표현한 것이다. 이는 우주 본체와 작용의 일치를 말하는 것으로서 모든 만물은 무위(無

---

21 용수는 중도를 팔불중도(八不中道, 즉 불생불멸不生不滅, 불상부단不常不斷, 불일불이不一不異, 불래불거不來不去)로 설명한 바 있다.

22 달마는 「무심론」에서 대도는 '무심(無心)이나 능히 비추는 작용이 있고, 또한 비춤도 없고 작용도 없는 무위(無爲)'라 하였다. 우두법융 외 『절관론 역주』, 박건주 옮김, 운주사 2012, 200면.

23 『동경대전』 「논학문」, 23~24면.

24 승조는 「열반무명론」에서 열반(nirvāna)이란 '원적(圓寂)' '무위(無爲)'를 뜻하고, "일체처에 두루하여 제법의 본체가 되는 것"이라 말했다. 무위를 증득한 성인의 경지는 우주근원과 인간 본연성의 일체됨을 의미하기에 우주론과 심성론은 하나로 연결된다.

爲), 공성(空性)을 바탕으로 하기에 만물이 서로 생겨나고 변화할 수 있음을 강조함이다.[25]

물론 수운이 공성이라는 말을 직접적으로 쓴 바는 없지만, '심본허(心本虛)' '허령(虛靈)'에서 '허(虛)'라는 말을 썼고,[26] '허령(虛靈)'은 불교의 '공적영지(空寂靈知)'에 대응될 수 있다. '불천불역의 무위'를 말하는 자체가 불교의 중도적 사유라 할 수 있기에 허령에는 이미 공성이 내포된 것으로 볼 수 있다. 또한 의암은 수운이 말한 '심본허(心本虛)'를 "공공적적(空空寂寂)" "불생불멸(不生不滅)"로 묘사하면서[27] "한울이 만물에 의지해 있고"[28] "만물은 이 신묘한 성령의 활동이 만가지 모습으로 응한 것"으로서 "우주만유는 성령의 근본적 출세(出世)"[29]라 하였다. 수운이나 의암 모두 '만물을 화생하는 근본적 토대'가 불생불멸의 '무위(無爲)'이면서도 '영(靈)'임을 분명히 하고 있다. 즉 수운은 무위(無爲)를 '허(虛)'로 지칭하고, 의암은 '공적(空寂)'으로도 칭했지만, 그 빈 가운데 '진실된 영(靈)'이 생겨나 '지극한 공'〔至公〕으로 한울생명의 활동을 이룬다는 것은

---

25 불교에서 만유는 그 본체가 공적해서 본래 스스로 생겨나는 것이 아닌 오로지 연기의 조건〔緣〕을 따라 생겨남을 말한다. 특히 화엄에서는 연기를 서로 연결되어 있음, 서로 스며듦이라는 말로 설명하는데, 공존하는 현상들은 서로를 조건 짓는다. 지금까지 와도 온 곳이 없고, 조건〔緣〕을 따라 흩어지고 없어지기 때문에 가도 간 곳이 없다. 이는 마치 허공의 꽃에는 일어남과 멸함이 없는 것과 같은 이치이다.

26 수운이 말한 '허'는 심성론뿐만 아니라 우주론적(존재론적) 차원에서도 함께 쓰이는 말이다. 동학에서는 이를 '심즉천'으로 표현했고 불교에서는 '진심이 곧 일진법계(一眞法界)'라 하였다. 동학이나 불교 모두 우주 근원과 인간 본연성을 분리하지 않는 전제하에서 인간 심성과 만유의 근원을 통전적으로 다룬다는 점이 유가나 도가와 다른 점이라 할 수 있다.

27 『의암성사법설』「무체법경」, 449~51면.

28 『의암성사법설』「강론경의」, 694면.

29 『의암성사법설』「성령출세설」, 655~60면.

같다. 해월은 세상 사람이 "천령의 영(靈)을 알지 못하고 심령의 영(靈) 또한 알지 못하여 단지 잡신의 영(靈)만을 아니 이것이 세상의 병"[30]이 아니겠냐고 한탄했다. 천지의 마음은 곧 '신령한 영'(神靈)이다. '한울님의 영기를 모심'(侍天主之靈氣)[31]이란 곧 사람의 '성령(性靈)'[32]으로서 이는 천령, 허령, 신령, 심령 등으로 표현됨과 동시에 '신령한 앎'(靈知)과 '영의 능력'(靈能)을 내포한다. 또한 동학이나 불교 모두 무위에 의해 만물화생과 만행(萬行)·만화(萬化)를 이루는 것이라 말하지만 동학은 무위와 더불어 '영지(靈知)·영능(靈能)'에, 불교는 '무위의 적정(寂靜)'에 방점을 둔다는 점에서 차이가 있다.

'불연기연(不然其然)'의 이해와 체용론

수운은 "불연기연(不然其然, 그러하지 않음과 그러함)"을 살펴내면 "무궁한 이울 속에 무궁한 내 아닌가"[33]라고 하여 불연기연을 우주론적으로 살펴볼 것을 말했다. 불연기연은 사람들마다 해석이 다르고 이해하기도 어려운 말이라 할 수 있는데, 〈표3〉처럼 이돈화와 김지하의 해석을 비교해보면 각기 불연과 기연을 '무형과 유형' '불연속과 연속'의 관계로 이해하고 있음을 볼 수 있다.

이돈화는 '불연'을 한울 본체로서 '무형' '무위' '공성'[34]으로 보고 '기

30 『해월신사법설』「심령지령」, 274면.

31 『해월신사법설』「항아설위」, 345면.

32 『해월신사법설』「수심정기」, 297면.

33 『용담유사』「흥비가」, 235~36면.

34 이돈화는 사람의 본원이란 "일물도 없는(無一物) 절대공(絶對○)"으로서 그 절대공을 "한울님의 영성이라 하며 혹은 '붓다(佛)' 혹은 '신(神)'"이라 부른다 하였다. 이 '절대공'은 자기의 창조력으로 천지가 되고 만유가 된다고 하였는데(이돈화 『인내천요의』, 천도교중앙종리원신도관 1924, 60면), 이는 곧 불연이 기연이 되는 '조물자'로서 공성(空性)

〈표3〉 불연기연의 해석 비교

	이돈화[35]	김지하[36]
불연기연(不然其然)	• 불연은 기연이고 기연은 불연이다. 불연은 본체를 말하고, 기연은 현상을 말한다. • 불연은 무형(숨겨짐), 무위(無爲), 공성(空性)을 말하고 기연은 유형(드러남), 만물, 화생의 작용을 의미한다. • 한울(神)의 표현이 천지만유가 된 것이 명백하고, 한울과 만유는 둘이 아니라 함이 불연기연의 대의이다.	• 아니다(不然) 그렇다(其然)는 불연속의 연속이자 연속의 불연속을 의미한다. • 불연속은 연속성의 근본 토대로서 공, 허, 무, 불변으로 묘사되는 근원적 뿌리로서 불생불멸이고, 연속은 생멸이다. • 연속은 개체와 전체, 삶과 죽음, 동(動)과 정(靜), 주체와 객체 등 음양 대립으로 드러나는 형태이다.

연'을 현상적 작용으로서 유형의 만물화생으로 이해하여 불연기연의 대의가 "우주만유가 한울의 표현이자 한울과 하나"임을 말한 것에 있다고 보았다. 또한 모든 만물은 한울님으로부터 나와 한울님으로 돌아간다고 하여 "내생과 현생을 같은 생의 계속적 현실로 보며" 죽음과 삶은 "동일한 인생의 영토"라 하였다.[37] 사람이 사람 된 것은 '한울'(神)로서 사람이 된 것이고, 천지만유는 그 자체에 '혜능(慧能)'을 가진 '한울(神)의 표현'[38]

이라 칭할 수 있다. 서산대사도 『선가귀감(禪家龜鑑)』에서 만물의 본원이자 불성을 '일원상(○)'으로 표시한 바 있다.

35 이돈화 『수운심법강의』, 243~50면; 『인내천요의』, 60면.

36 김지하 『생명』, 솔출판사 1992, 241면.

37 김병제·이돈화 『천도교 정치이념』, 모시는사람들 2015, 122면.

38 이돈화는 동학의 신관(神觀)을 '범신론적 일신론' '인내천 신론'이라 하였고, 수운이 상제의 말을 듣는 상황을 3단계로 나누어 이 모두를 인내천으로 나아가는 체득 과정으로 보았다. 즉 ① 상제천(上帝天, 천어를 공중으로부터 듣는 단계) → ② 범재천(凡在天, 내면의 강화로부터 듣는 단계) → ③ 인내천(人乃天, 말마다 강화가 되고 천어가 되는 단계로 본 것)은 상제를 인간 내면에서 찾은 영성화, 심령화의 과정이라 할 수 있다. 졸고 「이돈화의 동학사상 연구: '인내천'과 '지기론'을 중심으로」, 『민족문화연구』 99집, 2023, 372~73면.

이기에 불연이 기연이요 기연은 불연이다.

> 천지만유는 무형으로부터 생한 것인즉 그 근원이 심원하다 하였고 그리하여 우리 인생도 또한 천지무궁 이전으로 그 근원이 발생하였은즉 이는 필경 사람으로서 사람이 된 것이 아니요 신(神)으로서 사람〔人〕이 된 것이다. 그러므로 천지만유는 한가지로 신(神)의 표현이다. (…) 그 자체에 신(神)의 혜능(慧能)을 가진 것이 명백하다. 이는 신(神)의 표현이 곧 천지만유가 된 것이 명백한즉 신(神)과 만유는 둘이 아니라 함이 본 장의 대지(大旨)였다. 즉 불연(무형)이 기연(유형)이오 기연이 불연인 까닭을 말함이다.[39]

한편 김지하는 이돈화의 입장을 계승하여 불연속(불연)은 연속성(기연)의 근본 토대로서, 연속은 생멸이요 불연속은 불생불멸이라 하였다. 한울이 불연속의 연속을 무궁히 펼치고 그 연속이 다시 불연속의 뿌리로 우주 순환하면서 세계의 변화와 생성을 이루어가는 '불생불멸의 불연속'과 '생멸의 연속적 통일체'로서 불연기연을 이해한 것이다.[40] 불교에서도 '부모미생전본래면목(父母未生前本來面目)'이라 하여 나라는 존재는 이미 여기에 수많은 형태로 있었고 우리가 태어난 날을 육체의 생일로 축하할 것이 아니라 그 이전부터 연속된 '불연속의 연속'을 축하해야 할 것이라 말한다. 불연속이 공(空), 허(虛), 무(無), 불변(不變)으로 묘사되는 근원적 뿌리라면 연속은 삶과 죽음, 동(動)과 정(靜) 등 '음양 대립'[41]으로 드러나

---

39 이돈화 『수운심법강의』, 243~44면.

40 예컨대 우유가 젖산을 만나 요구르트가 되면 요구르트에 우유와 젖산이라는 독립적 개체는 사라졌지만(불연속), 이는 요구르트에 존속(연속)된다고 할 수 있다. 요구르트 역시 독립된 실체가 아니라 관계 속에서 생성된 것이다.

41 김지하가 '연속'을 음양 대립의 운동으로 본 것은 주객일체의 우주생명을 전제한다는

는 형태를 말한다.

또한 김지하는 해월이 '궁을회문명(弓乙回文明, 궁을의 문명 전회)'을 말한 것처럼 불연기연이란 "창조적인 질적 확산진화 사상"[42]이라 하였다. 이는 우리 안에서 약동불식(躍動不息, 쉬지 않고 약동함)으로 살아 움직이는 우주 본원의 생명력이 만물을 기르고 화생하는 순환적 진화이자 세계를 변혁시켜 나아가는 개벽운동을 의미한다. 이돈화와 김지하의 해석은 한울과 만유의 통일체로서 불연이 기연되고 기연이 불연되는 융섭관계로 불연기연을 보는 관점이라고 할 수 있는데, 이는 매우 의미있는 해석이다.[43]

「불연기연」은 우주만유의 생성과 그 근원에 대한 수운의 성찰을 드러낸 것이다. 수운은 "내가 나라고 하는 것" "사람이 사람 된 것"을 따져 묻는 실존적 물음 속에서 「불연기연」을 써내려갔다. 만물이 만물 되고, 이치가 이치 되는 바가 아무리 고원하다 하여도 어찌 사람에게 앎이 없겠느냐고 자문하면서 "이제 천운이 스스로 와서 회복됨"에 "만물의 불연(不然)"을 운수로 밝히고 기록하여 헤아린다 하였다. '불연기연'은 '한울의 무위이화'를 우주의 체용론적으로 풀이한 것이고, 만물화생과 그 근원에 대한 상호관계를 표현한 것이라 할 수 있다.

점에서 서구 변증법적 맥락과는 차이가 있다. 동학에서 음양 대립은 만물 안에 있는 무형과 유형, 두 성질의 갈마듦을 말하는데, 이는 대립적이면서도 상보적인 관계이다. 흔히 사람들은 유형인 '양'만을 보고 무형인 '음'을 보지 못하지만 유형이 무형으로, 무형이 유형으로 변화 생성하는 것이 무궁한 한울임을 해월은 강조한 바 있다. 『해월신사법설』「천지이기」 241면.

42 김지하, 앞의 책 241면.

43 불연기연에 대한 해석은 백낙청의 견해도 참고할 만하다. 그는 불연기연을 수운 자신이 "곧 잡혀가서 죽을 걸 아는 시점에서 내가 마지막으로 이 서학쟁이들한테 넘어가지 말라는 경고를 하나 해야겠다고 쓰신 글"로 간주하였다. 백낙청 외 『개벽사상과 종교공부』, 창비 2024, 150면.

천운이 정해진 지 몇해인가. 운수가 스스로 와서 회복되니 고금(古今)의 불변함이여. (…) 만물의 불연이여. 운수로 밝히고 기록하여 헤아린다. (…) 고원한 것을 탐구하여 생각해보면 불연이고 불연이며 또 불연의 일이요 조물자(造物者, 한울의 조화와 생성)에 의거해보면 기연이고 기연이며 또 기연한 이치이다.[44]

무왕불복의 우주순환과 '개벽운수'

무왕불복(無往不復)은 무위이화를 우주적 순환론으로 설명하는 또다른 방식으로서 '천운의 순환'[45] 속에서 얻는 시운(時運)의 개벽성을 제시한 것이라 할 수 있다. 수운 자신이 '무왕불복'(가서 돌아오지 않음이 없는)의 이치를 받았다는 것은 곧 '한울님의 만물화생하는 뜻'을 얻은 것이었다. '간다는 것'은 생성·변화, 즉 향상적(向上的) 개벽을 의미하고 '돌아온다는 것'은 우주 근원으로의 환원으로서 무궁히 활동(생성)하는 한울님의 조화를 의미한다. 의암은 이를 '안거(安居)'와 '환거(還去)'로 설명했다. '변함이 없으나 스스로 화해 생겨나고' '천지의 본체로 다시 돌아가(還居) 만물을 생성하고 만물 자체에 안존(安居)한다'.[46]

변함이 없으나 스스로 화(化)하고 움직임이 없으나 스스로 나타나서 천지를 이루어내고 천지의 본체로 돌아간다(還居). 만물을 생성하고 만물 자체에 안거(安居)한다. 천체(天體)를 인과(因果)로 하기에 무선무악, 불생불멸하니 이것이 이른바 본래아(本來我)이다.[47]

---

44 『동경대전』「불연기연」, 61~62면.
45 『용담유사』「교훈가」, 122면.
46 『의암성사법설』「무체법경」, 462~63면.

인간의 본래아인 한울님은 환거와 안거로써 만물을 생성하고 만물 자체에 거하며 천지를 이루고 다시 천지의 본체로 돌아가 우주 한 몸의 순환을 이루어간다. 의암이 말한 환거와 안거는 수운이 말한 '장생불사(長生不死)'로 생사의 연속을 의미한다고 볼 수 있다. 이돈화도 의암이 말한 '안거와 환거'를 생사론(生死論)으로 발전시켜갔다. 그는 삶(生)과 죽음(死)을 우주 활력의 연쇄적 활동이자 변화로 보아 삶은 '우주의 활력이 개체화로 표현'되는 때를 말함이요 죽음은 '그 활력이 다른 방법으로 다른 수단하에서 활동을 지속하는 연쇄적 의미의 전체(순환)활동'이라 하였다. 만약 우리가 개체적 '현존재'를 전체의 전후와 단절시키면 개체는 영원히 소멸하는 것이지만 개체를 전체로부터 떼어놓지 않고 전체와의 연결 속에서 본다면 전체가 불멸하는 것과 같이 우리 개체도 불멸할 것이라 했다.

> 사람들이 자기로서 사후의 영멸을 생각하는 것은 개체와 전체를 분할하여 보는 까닭이다. 개체는 개체요, 전체는 전체라고 하는 분할적 지식에서 나온 일이다.[48]

생명은 '파괴와 건설', '성(盛)과 쇠(衰)'라는 두 방법으로 무궁히 흘러간다. 종자를 땅에 심으면 그 종자는 곧 쇠하지만, 동시에 거기서 새 종자가 생겨난다. 앞 종자는 죽은 것이고 뒤의 종자는 새로 생겨난 것이지만 낡은 종자와 새 종자를 통해 생명은 영원무궁히 흘러가듯이 인간 역시 생과 사

---

47 같은 글 463~64면.

48 이돈화 『수운심법강의』, 145면.

를 통하여 무궁히 흘러간다.[49] 수운이 '장생불사'를 말한 것도 이러한 맥락에서 읽힌다. 천도의 진화란 과거의 연장도, 과거와의 단절도 아니다.

> 천도라는 것은 (…) 만유의 원천이며 우주의 본체이며 사물의 근본원리인 보편적 대법성을 말한 것이다. (…) 천도를 시간상으로 볼 때에 영겁무시로부터 영겁무종에 이르기까지가 다 천도의 발전이며 이를 공간상으로 볼 때에는 시대 시대를 따라 그 시대의 운세가 되고 그 시대의 도덕교화가 되어 마치 대나무의 마디가 한 마디로부터 한 마디를 더해가는 것과 같이 단계를 이루어가는 것이니 이 점에서 우리 시대의 천도는 결코 과거의 것을 연장한 것도 아니요 또한 과거의 것을 전연 단리(斷離)하여 있는 것도 아니다. 과거 무궁의 진화로부터 과거를 내적으로 소화하면서 일대(一大) 새로운 진리의 맹아로 금불문고불문의 대도대덕이 대신사의 심법에 의하여 창조된 것이라 볼 수 있다. 이를 일러 무왕불복이라 하는 것이다.[50]

이돈화는 무왕불복의 천운을 '인류역사 발전의 필연적 법칙'이라 개념 지었다. 이는 '우주생성과 순환의 창조성'으로 인류역사 발전을 후천개벽의 필연적 단계, 즉 새로운 사회로 발전·변혁되는 세계 대세로 추동해 나아감이고, 무궁의 진화로부터 과거를 내적으로 소화하면서 새로운 진리의 맹아로 대도대덕을 창조해 나아감이다. 요컨대 무왕불복의 이치는 '천도의 순환적 개벽'을 의미하고 '우주근원의 무궁한 운동'을 지칭한 말로서 역사 발전의 필연적 법칙과 진화의 우주관에 기초한 것이라 볼 수 있다. 그리고 여기에는 스스로 시운을 깨달아 우주만물의 생성과 순환,

49 이돈화 『신인철학』, 114~15면.

50 이돈화 『수운심법강의』, 100면.

그리고 변화를 함께 이루어가는 후천개벽의 주체가 요청된다.

3. 동학의 수도와 '수심정기(守心正氣)'

수심(守心)과 수심(修心)

수운은 도의 요체가 '인의예지'가 아닌 '수심정기'에 있다고 하였다. 그에 따르면 인간의 본연성은 태어날 때부터 부여받는 인의예지의 도리가 아니라 '한울님의 본연성'이다. 한울님의 본연성은 나의 심령(心靈)이자 일심(一心)이며 우주의 생성과 변화를 이루어내는 우주본체이다. 수심정기란 이러한 한울님이 나의 마음에 모셔져 있음을 깨달아 그 한울과 합하고 그 마음을 지켜 바른 기운으로 광제창생, 후천개벽을 이루는 수도라 할 수 있다.

수심정기의 '수심'은 '守心'과 '修心' 두가지로 표기되었는데, 김용옥은 '守心'이라는 표현은 『동경대전』의 「논학문」이 유일하다 하였고[51] '守心'은 곧 '修心'이라 하여 양자를 동일한 개념으로 보았다. 그러나 '守心'은 「논학문」뿐만 아니라 『용담유사』의 「도덕가」에도 나오는 반면 '修心'이 오히려 『동경대전』에서만 사용되었다. 중요한 것은 '守心'과 '修心'을 개념적으로 구분하고 '마음을 지킨다는 것'(守心)의 구체적인 내용을 주목해야 한다는 것이다. 일찍이 해월은 「수덕문」을 인용하면서 '수심정기(修心正氣)'를 '수심정기(守心正氣)'로 교정하였다.

---

51 김용옥은 수운이 수심(守心)이 아니라 수심(修心)으로 일관하였다고 말하면서 수심(守心)을 성리학적 도심(道心)에 해당하는 것으로 보았다. 김용옥, 앞의 책 179면.

경전에 「인의예지는 옛 성인의 가르침이요 수심정기(守心正氣)는 오직 내가 다시 정한 것이라」 하셨으니 만일 수심정기(守心正氣)가 아니면 인의예지의 도를 실천하기 어려운 것이다.[52]

'修心'은 마음수행 일반을 총칭하는 것이고, '守心'은 하나의 구체적인 수도법을 지칭한다. 수운은 "우리의 도는 무위이화"라 하면서 "그 마음을 지켜 그 기운을 바르게 할 것〔吾道無爲而化 守其心正其氣〕"[53]을 강조하였다. '마음을 지킨다'는 것은 '무위이화의 한울마음〔天心〕' '만물화생의 한울본체'와 합한 '오심즉여심(吾心卽汝心)' '한울님의 심령'을 지켜나가는 것이라 할 수 있다.

또한 해월은 '수심(守心)'의 '심(心)'을 나에게 있는 "본연의 한울(本然天)"이자 "본래일심(本來一心)"이라 하였고,[54] 수심(守心)을 '수진(守眞)'으로도 썼다. 여기서 '진(眞)'이란 '빈 가운데 실재를 낳는〔虛中生實〕 천지의 생명체〔天地之生命體〕'로서 지극히 참되고 무망한〔至眞無妄〕 허령(虛靈)을 의미한다. 그리고 이는 곧 '천지의 공(公)'이 된다.[55] 의암은 수심정기로 무심행(無心行), 무애행(無碍行)을 행함은 곧 자기 스스로가 한울 본체의 보편성(전체성)을 담지하여 천지의 공도공행(公道公行)을 행함이라 하였다.[56]

그러므로 수심정기(守心正氣)란 '만물화생의 무위이화(無爲而化)' 하는 한울님의 마음을 깨닫고 이를 지켜 '그 기운을 바르게 운용'하는 것이

---

52 『해월신사법설』「수심정기」, 300~301면.
53 『동경대전』「논학문」, 30~31면.
54 『해월신사법설』「영부주문」, 289면.
55 『해월신사법설』「허와 실」, 271~72면.
56 『의암성사법설』「무체법경」, 472면.

다.[57] 기운을 바르게 운용한다는 것〔正氣〕은 지기(至氣)와 하나 됨을 말하고 신령한 영기의 화함을 뜻하며 광명정대(光明正大)를 뜻한다. 바른 기운은 바른 마음을 지킴에서 나오고, 그 바른 기운이란 곧 '지기(至氣)'의 '기화'에 접함을 말한다. 수심(守心)과 정기(正氣)는 수레의 두 바퀴와 같아 수심만 있으면 홀로 자기 몸을 선하게 할 뿐 만물에 기화의 힘이 없어 세상에 유익되는 바가 없고, 또한 정기만 있으면 근원 없는 물과 같아 지속적인 생명력을 얻지 못한다.

한편 백범 김구는 동학의 핵심을 '체천행도(體天行道)'로 이해하였다.[58] '체천행도'란 무위이화 하는 한울님의 활동이 나를 통해 행해지는 것을 말한다. '한울님의 덕과 합하여 그 마음을 정하며〔合其德 定其心〕' 매순간 '한울님의 기화를 이루는 것(무위이화를 스스로 펼쳐나가는 것)'은 곧 천도를 행하는 것이고 천덕을 펼치는 것이며 한울님을 체화하여 천도의 기화(氣化)를 스스로 행함이다. 그러므로 수심정기는 나 스스로가 한울생명과 하나 되어 활동을 펼치는 기화이고, 나로부터 발현되는 후천개벽과도 연동된다. 자신 안의 한울님〔內有神靈〕을 자각하여 한울님 마음과 하나 되고〔吾心卽汝心〕, 그 마음을 지켜〔守心〕 밖으로 기화하는 기운이 바르게 되어 개벽운동을 이루는 것이다. 여기서 진리의 가르침과 수도, 그리고 세계변혁은 하나로 연동된다. 수심정기로 진리〔道〕를 행해야 후천개벽의 주체가 될 수 있다.

수심정기(守心正氣)의 선(禪)불교적 이해

동학의 수심(守心)과 선불교의 수심(守心)은 유사성을 보인다. 선불교

57 『동경대전』「논학문」, 29~31면.

58 김구 『정본 백범일지』, 도진순 탈초·교감, 돌베개 2016, 129면.

에서 '수심'의 용례는 오조 홍인[59]에게서 찾을 수 있고, 가까이로는 서산대사의 '수본진심(守本眞心)'을 그 용례로 들 수 있다. 홍인은 진여법체인 심(心)을 불생불멸의 자성청정심으로 명명했고, 입도(入道)의 요체를 수심(守心), 수본정심(守本淨心), 수본진심(守本眞心)에 두었다. '자신의 본래 참마음(眞心)을 지키는 것이 도에 들어가는 근본'이라는 것이다.[60]

동학의 수도는 가르침과 깨달음을 전제로 한다. 일반적으로 선불교는 문자를 세우지 않고 말이 끊어진 곳을 가리키며 알음알이의 분별 망상을 타파하고자 하지만 초기 선불교는 동학처럼 진리의 가르침을 듣고 그 현묘한 뜻을 체득하도록 하였다. 먼저 가르침을 듣고 깨달아야 지킬 것도, 닦을 것도 있기 때문이다. 승찬[61]은 다음과 같이 말한다.

> 현묘한 뜻을 알지 못하고 공연히 생각만 고요히 가라앉히려 하도다. / 현묘한 뜻을 분명히 알지 못하면 어떻게 수행정진을 할 수 있겠는가? 눈먼 사람이 코끼리 더듬기이니 공부 지어감이 헛수고로다.[62]

달마도 경전이 가르치는 바에 따라 대의를 깨달아서 진리의 도를 닦

---

59 달마의 선법은 '혜가-승찬-도신-홍인-혜능'으로 이어졌는데, 특히 오조 홍인(601~74)은 스승 도신이 말한 '수일불이(守一不移)'의 사상을 '수본진심(守本眞心)'으로 표현하였다.

60 혜원 『선가어록 1』, 운주사 2000, 68~71면.

61 승찬(僧璨, ?~606)에 대한 기록은 거의 남아 있지 않다. 다만 『속고승전』에 혜가대사 문하의 한 사람으로서 도신에게 법을 전했다고 전해진다. 처음 혜가를 만나러 갔을 때, 승찬은 중풍에 걸린 몸이었다. 혜가가 "어디서 왔는가? 나한테 용무가 있는가?"라고 묻자 승찬은 "스님께 배우고 싶습니다"라고 답했다. 이에 혜가는 "그대 같은 중풍 환자가 나를 만난다고 무슨 소용이 있겠는가?"라고 말했다. 승찬은 "몸은 비록 병신일지라도 마음은 스님 마음과 다름이 없습니다"라고 말했다.

62 승찬 『신심명』, 달관선사 요해, 능덕 자광 편역, 동화사 2017, 46면. 번역은 필자가 조금 수정함.

고 자신의 참된 성품〔眞性〕을 깊이 믿어 차별·상대의 입장을 떠나 진리와 일체(一體)가 될 것을 이야기했다.[63] 수도는 진리의 가르침을 듣고 그 뜻을 아는 것에서 시작한다. 또한 가르침에는 '외부로부터 듣는 진리의 가르침'과 '그 가르침을 체득시키는 자기 내면의 큰 선지식'이 서로 연동한다.[64] 불교의 가르침이 '연기'라면 수운의 가르침은 '21자 주문'이고, 불교의 내면적 가르침을 '선지식'이라고 칭한다면 수운의 경우는 '내면으로부터 오는 강화'〔內有降話之教〕가 될 것이다.

동학은 '21자 주문'과 '자기 심령의 강화'[65] 두가지를 한울님의 가르침으로 내세운다. 21자 주문의 가르침을 통해 진리의 뜻을 체득하면, 그 체득을 통해 자기 내면의 한울님(심령)으로부터 가르침이 작동하게 된다. 수운은 처음에 한울님의 가르침이 내려질 때, "보였는데 보이지 아니하고 들렸는데 들리지 아니한다"〔視之不見 聽之不聞〕[66] 하였다. 이는 달마가 우주 일심(一心)을 표현할 때 사용한 말이기도 하다. 달마는 "심신(心神)은 항상 적멸하니 색(色)도 없고 형상도 없어 **보아도 보지 못하고, 들어도 소리가 없네〔覩之不見 聽之無聲〕**"[67]라고 하였는데, 여기서 "도지불견(覩之不見) 청지무성(聽之無聲)"은 수운이 말한 "시지불견(視之不見) 청지불문(聽之不聞)"에 상응한다.

한편 "시지불견(視之不見) 청지불문(聽之不聞)"은 노자 『도덕경』 제

---

63 야나기다 세이잔 『달마 어록』, 양기봉 옮김, 김영사 1993, 48~49면.

64 성철 『돈황본 육조단경』, 장경각 2015, 127면.

65 해월은 경(동경대전)에서 안으로 강화의 가르침이 있다 하였으니 강화는 곧 '심령의 가르침'이라 하였다. 『해월신사법설』 「기타」, 415~16면.

66 『동경대전』 「논학문」 27면.

67 달마 「무심론」, 우두법융 외 『절관론 역주』, 박건주 옮김, 운주사 2012, 198면. 강조는 인용자.

14장의 "보려 해도 볼 수 없으므로 은미하다고 하고, 들으려 해도 들을 수 없으므로 희미하다고 이름하며"(視之不見名曰夷, 聽之不聞名曰希)[68]와도 유사해 보인다. 그러나 이는 노자가 형용할 수 없는 만물의 근원을 표현한 말로 동학이나 불교처럼 우주론과 심성론을 일체화해 사유하는 맥락과는 다르다. 수운은 한울님의 무위이화가 곧 나의 마음이라고 말했고, 해월은 "나의 일기(一氣)는 천지우주의 원기(元氣)와 하나의 맥으로 서로 통했으며"[69] "마음(心)이란 나에게 있는 본연의 한울이니 천지만물이 본래 일심(一心)"[70]이라 하였다. 수운의 "시지불견 청지불문(視之不見 聽之不聞)"은 우주 근원이 자기 본연성과 하나임을 체험하고 자각한 경지를 묘사한 말이라 할 수 있다.

또한 한자에서 '시(視)'와 '견(見)'은 모두 '보다'라는 뜻이지만 『동경대전』에서 '시(視)'는 자기 본연성의 의식작용을 말하고, '견(見)'은 감각기관의 인식작용을 지칭한다. 심령의 강화(降話)란 감각기관에 의한 인식작용이 아니라 자기 본연의 심령에 의한 의식작용이다. 해월은 한울님을 심령(心靈), 성령(性靈)으로 표현하면서 심령의 '밝히 앎'(明知)과 '생각함'이란 감각기관이 아니라 "자기 심령으로 하여금 심령을 밝히는 것"이라 하였다.

> 심령은 지극히 높아서 위가 없고, 지극히 커서 무궁하다. 신령하고 광대하여 일에 임해서는 '밝히 알고'(明知) 만물을 대해서는 공손하다. 이 심령이 생각한즉 천리를 얻고, 심령이 생각하는 것이 아니면 이치를 얻지 못한다. 심령이

---

68 왕필 『왕필의 노자주』, 임채우 옮김, 한길사 2005, 87면.

69 『해월신사법설』「기타」, 426~27면.

70 『해월신사법설』「영부주문」, 289면.

생각한다는 것은 여섯가지 감각기관으로 생각하는 것이 아니라 심령으로써 그 심령을 밝히는 것이다. 심령을 밝히면 현묘한 이치와 무궁한 조화를 얻어 작용하고 작용한즉 우주 사이에 가득 찬다. 또한 심령을 밝히지 못하고 폐하면 하나의 씨앗으로 감추어질 뿐이다.[71]

해월이 '심령이 생각하게 하는 것'이라고 말한 내면의 가르침은 혜능의 말로 표현하면 '진여 본성이 생각을 일으키는 것'이고 기신론으로 표현하면 '자성청정심(自性淸淨心)이 작용하는 것'이라 할 수 있다. 위에서 인용한 해월의 말과 '진여 본성이 있기 때문에 생각하는 것이지 감각기관이 생각하게 하는 것이 아니다'라는 아래 혜능의 말은 상통함을 볼 수 있다.

생각은 진여 본성이 작용하여 일어난 것이다. 진여란 태어나면서 갖추어진 원래 청정한 본성을 말하며 그로부터 모든 생각이 일어나게 된다. 진여 본성이 있기 때문에 생각하는 것이지 감각 기관인 눈, 귀, 코, 입이 우리에게 생각하게 하는 것은 아니다. 그렇기 때문에 진여 본성이 없다면 눈에 보이는 빛이나 귀에 들리는 소리 같은 것은 당장 사라진다.[72]

한편 수운과 선불교 모두가 수심(守心)을 말하지만 각기 그 지켜야 할 마음의 내용은 다르다. 선불교는 인간 본성을 동적인 것으로 보기보다는 '적정(寂靜)'에 방점을 두는 경향이 있다. "일시에 단정히 앉아서 움직임도 없고 고요함도 없으며, 남도 없고 없어짐도 없으며, 감도 없고 옴도 없으며, 옳음도 없고 그름도 없으며, 머무름도 없고 감도 없어서 탄연히 적

71 『해월신사법설』「수심정기」, 297면. 강조는 인용자.

72 혜능 『육조단경』, 정은주 풀어씀, 풀빛 2010, 81면. 강조는 인용자.

정(寂靜)하면 이것이 큰 도"[73]라는 것이다. 반면 동학에서의 인간 본성은 동적인 것으로서 '비어 있으면서 신령한 한울님'이자 '약동불식(躍動不息)'으로 무궁히 우주만유의 조화를 이루어내는 '무위이화의 한울님'이라는 점에서 차이가 있다. 동학의 수심(守心)은 '오심즉여심', 즉 한울님과 합한 '천심(天心)'을 지키는 수련이고 자기 내면의 초월적 영성을 모시는 것이다. 그 마음을 지키는 것은 만물화생과 후천개벽에 참여하는 '이천화천(以天化天)'의 행위라는 점에서 선불교와 구별되고, 또한 정기(正氣), 즉 '기운을 바르게 하여 개벽운동으로 나아감'을 중시한다는 점에서 입각점이 다르다고 할 수 있다.

주문수도와 성경신(誠敬信)

수심정기의 수도는 주문수도로 구체화된다. 주문수도는 한울님의 21자 가르침을 체득·염송하는 형태를 갖추는데[74] 이는 나의 본래 마음으로 돌아가 한울과 합하는 것이고, 그 마음을 지켜 천지와 하나 됨을 잊지 않는 것이며 천지의 막힌 기운을 다시 잇는 수도이다. 21자 주문 자체는 '내면의 강화'로서 수운이 한울님(천지정신)으로부터 얻은 천어(天語)이

---

73 성철, 앞의 책 197면.

74 주문수도는 선불교의 염불수행과 비교해볼 수 있다. 염불이란 '아미타불(阿彌陀佛)'을 염하는 것으로서 아미타(Amitabha)란 무량수(無量壽), 무량광(無量光)을 뜻하며 아미타불은 진심, 혹은 자성을 의미한다. 염불수행은 마음과 입으로 아미타불을 생각하고 암송하여 자신의 본래 마음인 '고요히 밝게 비추는'(昭昭寂寂) 근본 성품을 드러내는 행위인 동시에 '자성미타' '유심정토'로의 왕생이다. 한편 동학의 주문수도는 천지만물 본래 일심에서 나오는 심령의 가르침을 받는 것이고, 천지정신과 하나 되는 천어(주문)를 염송하여 한울과 합함이며, 또한 마음을 지극하고 바르게 하여 은은한 총명이 내면으로부터 솟아 나오는 천지정신의 지공성(至公性)을 발휘함이다. 졸저 『동학의 심성론과 마음공부』, 모시는사람들 2012, 225~39면 참조.

다. 천어는 사람의 사욕과 감정으로는 생길 수 없고 공리와 천심에서 나오며 이치에 합하고 만물에 통하는 말이라면 천어(진리) 아님이 없다.[75] 그러므로 주문염송이란 '마음의 영'(心靈)이 작용하도록 하는 수도로서 "천지만물 본래일심(天地萬物 本來一心)"에서 비롯되는 지공(至公)한 가르침이다. 수운은 유학이 "백가시서 외워내어 연원도통 지켜내고 공자의 어진 도덕을 밝혀내는 것"이라면, 동학은 "무극대도로서 오는 사람 깨우쳐 '삼칠자' 전해주는 무위이화의 도(道)"[76]라고 했다. 삼칠자 주문으로써 '만물 화생의 근본을 알고' 자기 안에 모셔진 한울님의 '무위이화'를 깨달은 후에 그 마음을 지켜(守其心) 천지가 크게 화하는(天地泰和) 원기를 회복함이다.

> 13자로써 만물화생의 근본을 알고, 무위이화로써 사람과 만물의 순리순도를 안 후에 수심정기(守心正氣)로써 천지태화(天地泰和)의 원기를 회복하면 능히 도라 할 수 있다.[77]

주문의 가르침을 듣고 그 뜻을 체득하는 가운데, 나의 한울 본체인 '심령'이 스스로 작용하여 나로 하여금 만물화생의 근본을 자각케 한다. 그러므로 주문과 궁리 모두를 완전하게 갖추어야(兼全) 한다. 주문만 외우고 이치를 생각하지 않으면 옳지 않고 다만 이치를 궁리하고자 하여 주문을 외우지 않는 것 또한 옳지 않다.[78] 그리고 주문수도에는 심고(心告) 또

---

75 『해월신사법설』「천어」, 359~60면.
76 『용담유사』「도수사」, 196면.
77 『해월신사법설』「기타」, 422면.
78 『해월신사법설』「수도법」, 335면.

한 함께 병행된다. 심고란 매일 매사에 한울님께 자신의 생각과 행동을 고하고 염(念)하여 한울님을 잊지 않는 수행이다.

한편 주문수도는 의암이 말한 삼심(三心, 허광심·여여심·자유심)의 세 단계로 설명될 수 있다. 주문송주를 통해 '비어 있고 고요하면서도 밝은 지혜'[79]로 한울본체에 회광반조하여 허광심(虛光心)에 이르고,[80] 한울님과 합일하여 삼라만상이 나와 일체가 되는 여여심(如如心)에 이른다. 나와 우주만물이 오직 하나로서 삼라만상과 일체가 되는 것은 한울과 만물의 성심 본체가 '공(空)'하기 때문이다. 또한 만유와 하나인 여여심은 모든 일에서 한울생명 전체에 '공도공행(公道公行)'[81]을 이루는 자유심(自由心)으로 나아간다. 주문수도는 허광심, 여여심, 자유심의 공도공용(公道公用)으로 무위이화, 후천개벽의 새 세상을 만들어나감에 목적이 있다.

또한 수심정기의 수도는 '성경신(誠敬信)'으로 체계화되었다. 성경신은 가르침을 듣고 이를 믿음에서 시작한다. 수운이 말한 신(信)은 지눌의 '결택(決擇)·신해(信解)'[82]와도 상통하는 측면이 있다. 믿음이란 '가르침

---

79 진리의 자각에는 '대지혜광명의 뜻'과 '만유를 두루 비추는 뜻'이 있다. 참 이치에 대한 자각과 믿음이 있은 후에야 그 가르침을 통달하게 되고 의심이 없어지며 비로소 수행이 가능해진다.

80 의암은 주문의 뜻을 생각하면서 외우는 가운데 자신의 마음을 밝히 깨달으므로 어둡지 않고 적적하여 혼매하지 않으면 빈 가운데 빛이 난다 하였다. 그리고 만가지 이치를 구족한 형상 없는 법체가 이 깨닫는 곳에 나타나고, 형상 있는 만유를 이로써 회광반조하니 "밝지 않은 바가 없고 알지 못하는 바가 없는 것", 이것이 바로 "허광심의 힘"이라 하였다. 『의암성사법설』「무체법경」 467~68면 참조.

81 한울님은 공(空)하면서도 공한 것이 아니고(不空), 만물 또한 끊어짐으로 단멸하는 것이 아닌(不斷) 무위이화의 도이다. 한울님의 가르침인 주문으로 욕념의 장애로부터 자신의 심령을 자유롭게 하면 무위이화의 도(道)는 무궁하여 끝이 없다. 의암은 이를 일컬어 한울 본체의 공도(公道)·공행(公行)이라 불렀다.

82 지눌은 '올바른 가르침을 결택(決擇)하여 믿고 깨달아 아는 것'을 '신해(信解)'라 했고, 믿음과 깨달음은 겸비되는 것이라 했다. 졸고 「'깨달음'의 수행과 심신치유」, 『한국불교

가운데 진리를 자각하고 그 옳고 그른 바를 깊이 생각하여 모두에게 타당한 진리를 결택하여 의심을 내지 않는 것'이다. 수운 역시 믿음이 있은 연후에 능히 성(誠)을 이루고, 성을 이룬 후에야 능히 통한다고 말한 것도 이러한 맥락에서 이해할 수 있다.

> 믿을 신(信) 자를 풀어보면 사람의 말이라는 뜻이다. 사람의 말 가운데에는 옳고 그름이 있다. 이 가운데 옳은 것은 취하고 그른 것은 버리어 거듭 생각하여 마음을 정하는 것이다. 마음을 정한 후에는 다른 말을 믿지 않는 것이 곧 믿음〔信〕이다. 이와 같이 닦아야 마침내 그 성(誠)을 이룬다.[83]

이돈화는 수운의 믿음〔信〕을 '활력적 신앙'이라 풀이하면서[84] 사람의 일동일정(一動一靜)이 한울님이라는 우주의 근원적 생명력(초인적 절대 힘)이 자신의 몸에 실현되는 것임을 믿는 것이 곧 '신(信)'이라 하였다. 믿음은 성(誠)을 유발하고, 그에 앞선다. 진리의 말을 믿고 깨달음을 얻어야 성(誠)은 이루어진다. '誠(言+成)'은 '사람의 말〔言〕을 이루는 것〔成〕'이다. 선가어록에 '공색일합(空色一合) 자어중증(自語中証)'이라는 말이 있다. "공(空)과 존재는 하나의 통합체"이고 '말과 증득은 둘이 아니라는 것'이다.[85] 이는 말을 방편 삼아 마음으로 결택하고 이를 믿어 체득(體得)함을 말한다. 그러므로 수운은 신(信)이 성(誠)에 앞선다고 한 것이다.

한편 해월은 성(誠)을 '순일무식(純一無息)' '약동불식(躍動不息)'이라

학』 81집, 한국불교학회 2017, 52면; 「지눌의 원돈신해문(圓頓信解門)과 선교결합의 마음수행」, 『보조사상』 50집, 보조사상연구원 2018, 195면 참조.

83 『동경대전』 「수덕문」, 55~56면.

84 이돈화 『수운심법강의』, 72~73면.

85 혜원, 앞의 책 43면.

풀이했다. 만물화생은 '천지의 쉬지 않는 지극한 성(誠)의 도(道)'[86]로서 성(誠)이란 생생불식하는 힘〔力〕이며, 그 생명력〔誠力〕은 모든 힘의 원천이 되는 한울님의 조화로부터 우러나온다.[87] 주자학에서 성(誠)은 진실무망(眞實無妄)으로 말해지지만 동학에서 성(誠)은 생생불식하는 역동적인 마음이자 한울의 본체를 뜻한다.

> 대저 이 도는 마음으로 믿어 성(誠)을 이루는 것이다. (…) 성(誠)과 신(信)은 서로 멀지 않고 사람의 말로써 이루었으니 먼저 믿은〔信〕 뒤에 성(誠)이 있다.[88]

> 순일(純一)을 일컬어 성(誠)이라 이르고 쉬지 않는 것을 성(誠)이라 이름이니 순일무식의 성(誠)으로 천지와 더불어 법도를 같이하고 운을 같이한즉 가히 대성(大聖), 대인(大人)이라 할 수 있다.[89]

수심(守心)은 곧 믿음으로 이루어진 '순일약동(純一躍動)'의 '성(誠)'을 지키는 것과 같기에 수심(守心)은 곧 수성(守誠)이요 수천(守天)이다. 그리고 여기에 한울님(마음)을 공경하는 경천(敬天), 즉 경심(敬心)이 우러난다. 경(敬) 역시 믿음〔信〕이 이루어짐에 따라 이루어지는 수도로서 "마음으로 믿으면 성(誠)과 경(敬)은 자연히 그 가운데 있다."[90] 해월은 경심(敬心)에서 경인(敬人), 경물(敬物)로까지 나아가야 자기 본연의 한울을 지켜나갈 수 있음을 말했다.

---

86 『해월신사법설』「성경신」, 303면.
87 이돈화 『수운심법강의』, 77~78면.
88 『동경대전』「수덕문」, 55~56면.
89 『해월신사법설』「성경신」, 304면.
90 같은 글 308면.

4. 동학의 '개벽운동'

수운의 '운수론'과 '다시개벽'

수운은 '개벽'이라는 말보다 '운수'라는 말을 많이 썼다. 운수는 '운(運)' '천운(天運)' '수(數)'와 같은 의미로 이해될 수 있는데, 수운이 말한 '다시개벽'을 운수론적 맥락에서 조망할 필요가 있다. 운수(運數)란 점을 치거나 길흉화복의 타고난 운세(運勢)를 말하는 것이 아니라 우주 생성과 순환의 운동이 어떠한 방향으로 추동해나가는 힘을 말한다. 운(運)이란 '옮기어 변화하는 것'을 말하고, 수(數)란 '운의 헤아림'을 뜻한다. 헤아림이란 과거나 현재, 천시나 인사에 항상 있는 법칙으로서 변화하여 옮겨가는 '천리의 유행(天理流行)'을 가리키고 인사의 변천을 말한다. 일월성신이 잠시도 쉼 없이 옮겨가는 것, 낮과 밤이 순환하고, 춘하추동 사계절이 변화하는 것, 인간사회의 만리만사가 과거와 현재를 가르고 낡은 것과 새것이 서로 바뀌는 것이 모두 운수이다. 그러므로 운수를 안다는 것은 시운을 아는 것이고, '후천의 때와 일'을 아는 것이다.[91] 이는 결정론적이고 절대적인 목적으로 설정되어 있는 것이 아니라 무한한 활동을 통해서 지속적으로 특정한 방향을 만들고 무궁히 향상해 나아가는 역사관에 입각해 있다.

수운은 자신이 한울의 운수를 알지 못하고, 그 운수가 어느 곳에서 오는지도 알 수 없지만 자신이 얻은 천운으로부터 "무극대도가 이 세상에 창건"됨에 따라 새로운 세상이 시작됨을 천명했다. 이는 마치 용담의 물이 흘러가 사해 바다의 근원이 되고, 구미산에 봄이 와 온 세상이 꽃피는

91 이돈화 『새말』, 천도교중앙종리원신도관 1934, 11면.

것과 같다.[92] 수운이 천운을 얻었다는 것은 시운(時運)을 깨달음이자 천도를 깨달음이다. 운수는 천도로 돌아옴이었고, 그 근원은 지극히 깊고 이치는 매우 고원한 것이었다.

> 운이여 운이여 얻었는가 못 얻었는가(運兮運兮得否).
> 때를 말하고 때를 말함이여 깨달은 자로다(時云時云覺者).[93]

> 산하의 대운수가 이 도로 돌아오니(山下大運 盡歸此道)
> 그 근원이 지극히 깊고 그 이치가 지극히 고원하다(其源極深 其理甚遠).[94]

> 무극대도 이 세상에 창건하니 이도 역시 시운(時運)이라 (…) 차차차차 증험하니 윤회시운 분명하다.[95]

시운은 일성일쇠(一盛一衰)의 시운이다. 운이 쇠하면 성운이 돌아온다. 수운이 얻은 천운이란 성쇠의 순환을 거듭하면서 우주근원과 전체 한울이 지향해 나아가는 방향이고, 그 방향은 전체 한울을 위하는 '무극대도'[96]에 있다. 수운은 「교훈가」에서 "천운이 순환하사 무왕불복 하시나니"라고 말한 것처럼 천운이 천도로 돌아옴에서 유불도의 운세가 다했고, 무극대도의 선한 운수, 참된 운수가 회복됨에서 새로운 세상이 세워

92 『동경대전』「절구」, 72~73면.
93 『동경대전』「화결시」, 76면.
94 『동경대전』「탄도유심급」, 83면.
95 『용담유사』「권학가」, 212면.
96 의암은 천지의 무궁한 근본을 밝혀 천하에 덕을 펴고, 사람마다 그 덕에 합하고 도를 이룸을 무극대도라 했다. 『의암성사법설』「수수명실록」, 576면.

질 것임을 선언했다.[97] 무극대도의 운수란 무위이화의 화생(化生)을 이루어 새하늘, 새땅, 새인간의 세상을 낳는 '밝고 밝은 운수'이다. 그러나 사람마다 명운은 각각 다르다. 그 까닭은 운수란 스스로 깨닫고 닦아야 얻는 것이지 불로자득하는 것이 아니기 때문이다.

> 운수야 좋거니와 닦아야 도덕이라 너희라 무슨팔자 불로자득 되단말가[98]

또한 무극대도는 '운수 있는 사람'이 차차 받아다가 가르칠 것이니 수운은 자신이 죽어도 도는 마땅히 행해질 것이라 말했다. 천도로 돌아오는 개벽운수는 수운의 깨달음에서 시작된 것이었지만, 이 무극의 운수는 우주생명의 활동 방향인 천운으로서 수운이 없어도 운수를 받은 사람에 의해 전수되고 가르쳐질 것이었다. 그러면서 수운 자신은 세계 각국이 괴질운수에 휩싸여 있고, 이 나라의 운수(我國運數)가 위험에 처하여 일본의 침략을 받으매 "개 같은 왜적 놈을 한울님께 조화 받아 일야에 멸하여 전지무궁"하는 보전자를 자처했다. 수운은 한울님이 자신을 통해 "아국운수 보전"[99]한다 하여 강한 역사의식을 드러냈고 운수가 원하고 바란다고 해서 오는 것이 아니라 "닦아야 도덕"이라 하였다. 운수를 말하고 시운을 말하며 천운을 말할 수 있는 자는 "때를 깨달은 자"[100]요 도(진리)를 닦은 자이다. 수운은 한울님의 무극대도를 득도한 자신을 통해 아무런 공로가 없었던 한울님이 자신을 만나 성공을 이루고, 수운 자신은 한울님을 만남

---

97 『용담유사』「교훈가」, 122~24면.
98 『용담유사』「교훈가」, 142면.
99 『용담유사』「안심가」, 164면.
100 『동경대전』「화결시」, 76면.

으로써 자신이 이루어야 할 역사의 뜻을 얻었기에 "이내운수 기장하다" 하였다.

> 만고없는 무극대도 여몽여각 득도로다
> 기장하다 기장하다 이내운수 기장하다
> 한울님 하신말씀 개벽후 오만년에 네가또한 첨이로다
> 나도또한 개벽이후 노이무공 하다가서 너를만나 성공하니
> 나도성공 너도득의(得意) 너희집안 운수로다.[101]

한울님의 우주 생성·변화의 우주역사적 활동, 그 천운이 순환하고 지향하는 바는 무엇도 막을 수 없다. 그러나 그 역사를 이루는 것은 천운을 깨달은 천인(天人)주체의 '무위화생'에 달려 있을 뿐이다. 『용담유사』를 관통하는 대주제는 천운이 임하였으니 그 시운을 깨달으라는 것이었고, 천운은 곧 무극대도로서 '운수는 좋아도 닦아야 도덕'임을 분명히 한 것에 있다. 운수는 '자기 스스로가 닦아야 하는 것'이고, 한울님의 조화를 받아 한울님의 덕을 펼치는 것이다. 포덕(布德)이란 다른 사람을 향하는 포교가 아니라 무극지운을 받아서 스스로 '한울님의 덕'(天德)을 천하에 펼쳐 행함으로 후천을 여는 개벽이다.

'천인주체'와 개벽운동의 역사의식

수운은 무극대도가 '무한한 우주 생성'과 '순환의 변혁성'으로 인류역사를 후천개벽의 필연적 단계로 추동해왔음을 말했다. 후천개벽의 천

---

101 『용담유사』「용담가」, 171~72면.

운(天運)은 우주역사의 시운(時運)을 이끄는 '천인(天人)주체'의 운수이다. 천인이란 한울이 우주역사와 만물을 화생하면서 그 '운'을 인간에게 부속시키고 인간을 통해 작용한다는 것을 자각한 자요 '자신의 한울님을 자각'(自天自覺)하고 한울님과 일체가 되어 천운의 후천개벽을 스스로 담지하는 주체이다. 동학은 이를 '인내천(人乃天)' 혹은 '천인'이라 부른다.[102] 자천자각(自天自覺)은 내면적·개별적 차원인 동시에 우주만유의 일체성에 대한 자각이요 한울 전체를 위하는 '시운(時運)'에 대한 자각이다. 이는 인류역사의 향상과 변혁을 이끄는 역사의식을 수반한다. 만약 시운의 천운을 얻지 못한다면 괴질운수로 전락하고 말아 아무런 공로가 없게 된다.

천운(天運)은 한울님이 정한 운수이다. 천운이란 우주가 진행하는 역사의 방향, 한울님의 뜻, 한울생명이 활동해 나아가는 힘의 방향을 뜻한다. 이돈화는 천운을 "대우주·대생명의 힘"이라고 말했다. 천운이 나아가는 길에는 "마디와 고개가 있어 한 마디를 나아가고 한 고개를 넘는 데서 낡은 것과 새것이 갈라지며 완전한 것과 불완전한 것이 구별되므로 이를 천운의 순환"[103]이라고 칭했다. 이는 바로 오늘날 우리가 말하는 '시운'이자 '시대정신'이다. 해월은 우주만물의 성쇠(盛衰), 새것과 낡은 것의 변천, 선천과 후천이 서로 엇갈려 싸우는 때, 이 '개벽의 운'을 살펴 힘쓸 것을 말했다.

---

102 인내천이란 말은 의암이 처음 쓴 것이 아니다. 인내천(人乃天), 인시천(人是天), 아시천(我是天), 천즉아(天卽我) 모두 해월이 한 말이다. 해월은 특히 나와 한울이 한 기운, 한 몸이라는 뜻에서 "사람이 곧 천인(人是天人)"이라 하였다. 『해월신사법설』「수도법」, 335~37면; 『해월신사법설』「기타」, 427~28면.

103 이돈화 『새말』, 12면.

세상 만물은 드러나 작용하는 때가 있고, 새것과 낡은 것이 변천함에 천하가 움직인다. 이 운을 따라 때를 살펴 힘쓰면 일마다 공을 이룬다. 변(變)하여 화(化)하고 화하여 생(生)하며 생하고 성(盛)하고 성하였다가 다시 근원으로 돌아가니 작용하면 생하는 것이요 고요하면 가라앉는(沒) 것이다. 성한 것이 오래면 쇠하고 쇠한 것이 오래면 성한다. 이 세상의 운은 개벽의 운이다. 선천과 후천의 운이 서로 엇갈리어 서로 싸우고 새것과 낡은 것이 서로 갈아드는 때이다.[104]

후천개벽은 후천운수하에 들어와 있는 개벽이고, 오심즉여심의 정신개벽으로부터 시작해 무극대도의 운행하에서 진행되는 한울님의 뜻이다. 이전 세상을 조판한 무극운수가 경신 사월 오일에 다시 돌아와 새로운 세상을 조판하고, 이 운수가 오심즉여심으로 체험됨으로써 무극대도가 다시 세상에 나게 되는 것이다. 이돈화는 이를 가리켜 '선천운수가 가고 후천운수가 천천히 동방영토 조선국에 옮겨져 온 것'이라 하면서 오만년 만의 후천운수, 즉 개벽운수가 '수운의 심성을 통하여 한울님이 현현되었음'을 알리는 수운 자신의 선언[105]이라 하였다. 후천개벽의 시작은 한울님이 수운을 만나 성공을 이루고, 수운이 무극운수(無極之運)를 받아 삶의 뜻을 얻는 오심즉여심에서 비롯된다. 여기서 한울님 마음과 인간 마음이 합한 한울사람(天人)의 주체가 형성된다. 개벽운수는 역사 진행의 필연으로서 새로운 세상을 지향한다. 그러나 개벽운수일지라도 인간 스스로가 한울생명을 자각하고 '천도를 행하지 않으면' 개벽은 진행될 수 없기에 역사결정론은 아니다. 이러한 점에서 동학의 역사의식이 드러나

104 『해월신사법설』「수심정기」, 323~30면.
105 이돈화 『새말』, 6면.

고 역사의 필연과 지체가 반복됨을 알 수 있다. 한울님과 수운의 대화에서 한울님이 "너를 만나지 못해 아무 공로가 없었다"라고 한 것도 이러한 맥락에서 읽힌다. 운수는 스스로가 닦아야만 하는 것이고, 그 무극지운을 받아서 스스로 '한울님의 덕'(天德)을 천하에 펼치는 천인주체에 의해 후천개벽은 진행되기 때문이다.

2장
소태산 박중빈의 정신개벽 사상과 변혁적 중도주의

허석

1. 한반도 후천개벽 사상과 소태산의 정신개벽

소태산(少太山) 박중빈(朴重彬, 1891~1943)은 원불교를 창립한 종교 지도자요 문명의 대전환기와 정면으로 대결하며 인류에게 새로운 삶의 비전을 제시한 사상가다. 정신개벽은 그의 핵심 사상인데, 1916년 4월 28일 큰 깨달음〔大圓正覺〕을 얻은 소태산은 대각의 안목으로 시국을 관찰하며 "물질이 개벽되니 정신을 개벽하자"[1]는 지도강령을 정했다. 이 짧은 문구에 원불교 개교의 의미가 담겨 있어 '개교표어'라 부르는데, 이 표어에서 알 수 있듯 정신개벽이란 물질이 개벽되는 현실에 대한 진단을 전제로 그에 상응하는 정신개벽을 하자는 뜻이다. 소태산의 수제자이자 원불교 2대 종법사인 정산(鼎山) 송규(宋奎, 1900~1962)는 "본교의 설립 동기는 과

1 『대종경』 서품 4, 『원불교전서』, 원불교출판사 2017, 95~96면. 이하 『정전』 『대종경』 『정산종사법어』의 면수는 모두 『원불교전서』의 면수를 지칭함.

학의 문명에 반대하는 것이 아니라, 모든 물질문명을 선용하기 위하여 그 구하는 정신과 사용하는 정신을 바로 세우자는 것"[2]이라고도 말했다.

전라남도 영광에서 나고 자란 소태산은 어린 시절 자연현상에 관한 호기심에서 촉발된 물음을 우주자연의 현묘한 이치와 진리적 의문으로 확장해가며 구도했다. 스승을 만나 의문을 풀고자 수년간 전라도 일대를 주유했으나 끝내 만나지 못했고, 그 대신 근대 자본주의체제에 강제 편입되면서 나라가 식민지로 전락하는 현실을 온몸으로 체험하며 치열한 구도수행에 매진했다. 문명의 대변혁기를 가로지르는 그의 구도는 '문명의 새 길'을 찾기 위한 몸부림이었고, 이를 딛고 얻은 종교적 깨달음은 자본주의문명에 대한 진단과 그 처방을 포함한 것이었다.

한편 소태산의 정신개벽 사상이 출현하기 전부터 문명의 발본적인 전환에 대한 전망과 비전을 제시하는 흐름이 있었다. 이를 한반도 후천개벽 사상이라고 한다. 개벽이란 중국 고전에서 '하늘과 땅이 열리는 우주생성의 사건'을 의미했고, 한반도에서도 근대 이전까지는 '천지개벽(天地開闢) 또는 천개지벽(天開地闢)'과 같이 물리적 세계가 처음 이루어진 사건을 뜻했다.[3] 즉, 19세기 한반도에 등장한 후천개벽이라는 용어는 중국에 없었고 그에 상응하는 개념도 있었다고 보기 어렵다. 후천개벽 사상은 수운 최제우가 말한 '다시개벽'에서부터 시작했는데, 이때 개벽이란 인류문명의 근본적인 대전환을 의미했다. 수운의 사상은 유불선(儒佛仙)의 통합이라는 한국사상사의 전통을 계승하면서도 "철저히 서학과 대결하고 서양과 대결"하면서 등장했다. 그는 "공맹이든 불도든 선도든 수명이 다

2 『정산종사법어』 경의편 2, 839면.

3 한승훈 「개벽(開闢)과 개벽(改闢): 조선후기 묵시종말적 개벽 개념의 18세기적 기원」, 『종교와 문화』 34호, 2018, 205~206면.

했다고 보고 그야말로 새로운 무극대도를 찾아 나"선 셈인데, 이는 "서양의 천주교만 아니라 유일신 신앙과 그 철학적 배경이 되는 플라톤 이래의 이원론적 철학을 넘어서는" 세계사적 과제를 수행한 것이다. 이렇듯 한반도 후천개벽 사상은 '한국적'이면서 동시에 '세계적'이기를 추구했다.[4]

소태산은 이러한 후천개벽 사상을 계승하고 유불선 삼교의 통합을 추구하되, 세계적 종교인 불교를 사상의 중심에 두었다. 그는 불법(佛法)을 주체로 삼음으로써 "완전무결한 큰 회상을 이 세상에 건설"[5]하고자 했는데, 불법이 "참된 성품의 원리를 밝히고 생사의 큰일을 해결하며 인과의 이치를 드러내고 수행의 길을 갖추어서 능히 모든 교법에 뛰어"[6]나다고 평가했다. 이를 두고 백낙청은, 한반도 후천개벽 사상이 소태산에 이르러 불법과의 만남을 통해 한층 진보된 "세계사적으로 의미있는 새 길"[7]을 열

---

4 김용옥·박맹수·백낙청 특별좌담 「다시 동학을 찾아 오늘의 길을 묻다」, 『창작과비평』 2021년 가을호, 94~98면. 최근 학계에서는 후천개벽 사상의 흐름을 '개벽파'라 칭하면서 이제껏 한말 우리 역사를 '위정척사파(衛正斥邪派)'와 '개화파(開化派)'의 구도에 가두던 오랜 관행을 깨고, 근대전환기를 주체적으로 사유하고 돌파하고자 했던 개벽파에 주목하는 일이 활발하게 진행되고 있다. 조성환은 『한국 근대의 탄생: 개화에서 개벽으로』(모시는사람들 2018)에서 근대기 역사의 주체로 개벽파를 전면에 등장시켰고, 강경석 외 『개벽의 사상사』(창비 2022)는 수운 최제우부터 김수영까지 문명전환기 한국의 근현대 사상가 11명을 개벽이라는 키워드로 고찰했다. 또한 앞의 김용옥·박맹수·백낙청 특별좌담에서는 동학과 수운의 '다시개벽'이 갖는 세계사적 의의를 재조명한 바 있다. 한편 김성문·백민정·백영서·유영주 좌담 「새로운 한국학과 개벽이라는 화두」(『창작과비평』 2022년 가을호)에서는 한반도 후천개벽 사상의 세계사적 의미를 다루었는데, 여기서 백영서는 개벽이 "백년의 변혁 또는 그보다 더 전부터 이 땅에서 누적된 역사와 문화의 점증적 성취에 대한 자신감과 동시에 그간 누적된 적폐를 변혁하려는 의지가 구현되어온 흐름"이기에 "개벽의 한국학이 가지는 실효성은 우리에게 새로운 인식틀을 제공할 수 있다는 점"(120~21면)을 지적하며 한국학을 인식하는 새로운 틀로서 '개벽'의 의미와 가능성을 논했다.

5 『대종경』 서품 2, 95면.

6 『대종경』 서품 3, 같은 면.

7 백낙청 「서문」, 백낙청 외 『개벽사상과 종교공부』, 창비 2024, 10면.

었고, 불법을 사상의 중심에 둠으로써 동서양 사상의 창조적 융합뿐만 아니라 특히 과학기술과의 병진이 가능해질 수 있다고 평가한 바 있다.[8] 즉, 개벽이라는 변혁적 사상이자 운동이 불교의 진리관과 중도(中道)적 공부길에 결합함으로써 그 사상적 포용성과 실천성이 보다 원만해졌다는 것이다. 더욱이 소태산의 정신개벽 사상이 개인의 영적인 깨달음에 안주하지 않고 개벽세상을 만들자는 목표를 설정하고 있고 많은 사람들의 지속적이고 폭넓은 참여를 추동하는 실사구시적 중도성과 사상적 변혁성을 동시에 요한다는 점에서, 한반도 후천개벽 사상과 불법의 창조적 만남이라는 의미를 생각해볼 수 있을 것이다.

2. 정신개벽 사상의 혁명성과 중도적 실천성

소태산은 1916년 큰 깨달음을 얻은 직후부터 전남 영광에서 저축조합이라는 소규모 공동체를 결성하고 방언공사(防堰工事)[9] 등을 실시했다. 1924년부터는 본거지를 전북 익산으로 옮겨 원불교의 전신인 불법연구회(佛法硏究會)를 창립했고, 1943년 열반할 때까지 종교지도자로 활동했다. 당시 언론에 소태산의 공동체는 "자력갱생의 활모범"(『매일신보』 1937년 6월 25일자), "재래 종교의 형이상학적 신비적 형태에서 완전 탈각한

---

8 백낙청 「변혁적 중도주의와 소태산의 개벽사상」, 『문명의 대전환과 후천개벽』, 박윤철 엮음, 모시는사람들 2020, 256~57면.

9 소태산과 그의 제자들이 1918년부터 약 1년간 전남 영광 길룡리 앞 해안 갯벌을 막아 농토를 만든 공사를 말한다. 소태산은 방언공사를 통해 교단 창립의 경제적 토대를 마련하고, 제자들의 정신적 단결과 영육쌍전(靈肉雙全)·이사병행(理事竝行)·무아봉공(無我奉公)의 정신을 이루고자 했다.

대중적 종교"(『조선일보』 1937년 8월 1일자)[10]로 소개됐다. 특히 불법연구회를 방문해 소태산의 활동을 직접 목격한 '민족혁명의 영수' 도산(島山) 안창호(安昌浩)가 남긴 발언이 눈에 띄는데, 그는 "선생께서는 그 일의 판국이 넓고 운용하시는 방편이 능란하시어, 안으로 동포 대중에게 공헌함은 많으시면서도, 직접으로 큰 구속과 압박은 받지 아니하시니 선생의 역량은 참으로 장하옵니다"[11]라며 소태산의 활동에 상당한 공감을 표시했다.

과격한 항일노선과는 분명한 거리를 두며 일제강점기 동안 해산되지 않고 교단을 유지했기에, 소태산의 사상과 활동은 큰 오해를 낳기도 한다. 그를 현실 문제와 거리를 둔 채 현실에(현 체제에) 타협하는 온건주의자로 이해하는 경향이 대표적인데, 불법연구회가 "종말사상을 봉인하고 오직 통속도덕을 역설하며, 총독부에 대한 비판도 하지 않는 가운데 사람들의 내면세계 구제와 사회공헌을 실천하려고 했던 보기 드문 종교"라고 본 일본의 역사학자 조경달은 "사람들이 완전히 절망해 가는 상황 속에서 구세주 원망(願望)도 버리고 정치적(민족적)인 변혁운동도 단념한 채, 또한 미신과도 결별한" "철저한 자력구제"[12]를 펼쳤다고 평가했다. 또한 일제강점기 국내라는 시공(時空)의 제약 때문에 불법연구회가 "민족적 지향성을 가지는 데 한계를 노정할 수밖에 없었"다고 본 박민영은, 독립운동에 참여한 신도 출신자의 수를 근거로 "불법연구회가 독립운동에 참

---

10 박민영 「일제강점기 원불교계와 독립운동의 상관성에 대한 시론적 검토」, 『원불교사상과 종교문화』 80집, 2019, 20~21면.

11 『대종경』 실시품 45, 344면.

12 조경달 「식민지 조선에 있어 불법연구회의 교리와 활동」, 박맹수 옮김, 『원불교사상과 종교문화』 67집, 원광대학교 원불교사상연구원 2016, 281면. 이 글은 식민지 조선의 민중종교의 성격을 네가지로 분석하고 있는데, 기독교계를 중심으로 한 대부흥운동, 급진적이고 미신적인 종말론적 경향, 종교의 정치운동화·계몽운동화에 덧붙여 네번째 유형으로 소태산의 불법연구회를 꼽았다.

여한 정도와 그 세력은 극히 미약하다"고 말했다.[13] 일왕(日王)에게 투서를 써서 큰 고초를 겪은 송벽조(宋碧照, 1876~1951)[14]와 같이 "민족 지향성을 갖고 독립운동에 투신"한 불법연구회 구성원들에 대해서도 "'비정치'를 지향한 교단의 입장과는 일정하게 유리되어"[15] 활동했다고 보았다.

하지만 소태산의 불법연구회는 "신간회 해체(1931) 이후로는 여운형의 건국동맹이 그나마 일정한 조직과 세력을 갖추었고 8·15 직후 건국준비위원회와 '조선인민공화국'으로 이어졌"으나 "미군정에 의해 이들이 해체된" 상황에서 "일찍부터 이론과 세력을 갖춘 거의 유일한 국내 조직"[16]이었다. 조선인이 종교단체를 설립·운영하는 것 자체가 식민지체제를 위협하는 매우 불온한 일이었기에, 조선총독부가 민족종교단체에 상당한 감시와 탄압·회유를 진행했음은 주지의 사실이다. 불법연구회의 세력이 커지고 소태산의 이름이 알려짐에 따라 총독부의 주요 감시 대상이 되어 상당한 제약과 고초를 겪어야 했다.[17] 이러한 정황을 종합해볼 때, 소태산이 도산의 말처럼 능란한 방편을 구사하지 않았다면 도산 못지않은 수난

13 박민영, 앞의 글 33면.

14 송벽조는 정산 송규의 부친이자 늦은 나이에 소태산의 문하에 입문해 활동했다. 그의 일왕 투서사건에 대해 간략히 소개하면 다음과 같다. "1939년 심한 가뭄이 들자, 진안군의 마령교당 교무 송벽조는 일본 동경의 일왕 앞으로 항의서한을 보내 극심한 가뭄이 일제 강권 통치자들에게 하늘이 내리는 징벌이라고 주장하며 이를 깊이 반성하도록 촉구하였다. 일경의 수사로 결국 거사의 전말과 투서인이 송벽조라는 사실이 밝혀져 송벽조와 교단에 탄압이 가해지게 되었다."(같은 글 26면)

15 같은 글 33면.

16 백낙청 「3·1과 한반도식 나라만들기」, 백영서 엮음 『백년의 변혁: 3·1에서 촛불까지』, 창비 2019, 30면.

17 일제가 한국 민족종교에 가한 탄압에 대해서는 윤이흠의 『일제의 한국 민족종교 말살책: 그 정책의 실상과 자료』(모시는사람들 2007)가 있고, 불법연구회가 감시와 탄압을 받은 정황과 내용에 대한 원불교 측 자료로는 『대종경선외록』 「교단수난장」, 박광전의 「일제하의 원불교 상황」(『원불교사상』 16집) 등이 있다.

의 길을 걸었고 불법연구회가 총독부의 해산명령을 받았으리라는 추측이 무리는 아닐 것이다.

"독립운동의 노선과 그 방법은 차원이 다른 문제"라는 백낙청의 지적처럼, "일본의 철권통치 아래 평화적인 독립운동이 심각하게 제약된 상황에서 나라 안팎의 무장투쟁·폭력투쟁을 폄하"[18]해서는 안 될 일이지만, 동시에 무장투쟁이나 폭력투쟁의 방식으로 행동하지 않으면 민족적 지향성이 약하다거나 독립운동의 실적이 없다는 평가도 재고되어야 한다. 예컨대 도산이 1920년 상해동포 신년축하회 연설에서 "누군가 말하기를 '준비, 준비하지 말라. 과거 1년간을 준비하느라고 아무것도 못하지 않았느냐' 하지만 과거 10년간 못 나간 것은 준비한다 하여 못 나간 것이 아니요, 나간다, 나간다 하면서 준비하지 않았기 때문에 못 나간 것입니다"[19]라고 외친바, '나간다'고 목청 높여 외치거나 무모하게라도 행동하지 않는다고 해서 곧 타협주의 또는 투항이라고 볼 수 없는 것이다. 변혁이라는 목표 아래 국내외 정세를 냉철하게 통찰하며 민족이 발 딛은 현실에서 최선의 실천노선을 찾는 중도의 사상을 '현실 문제와 거리를 둔 채 현실에 타협하는 온건주의'로 볼 수 없음은 두말할 나위 없다.[20]

---

18 백낙청 「3·1과 한반도식 나라만들기」, 백영서 엮음, 앞의 책 29면.

19 강경석 편저 『안창호: 민족혁명의 이정표』, 창비 2024, 114면.

20 변혁을 목표로 하되 현실에 대한 냉철한 판단으로 중도적 실천을 보여준 예는 수운·증산·소태산에게서 공통적으로 나타나는 특징이기도 하다. 수운이 포덕을 시작하자 많은 민중들이 그를 따랐는데, 그중 상당수는 '다시개벽'의 새로운 세상이 당장이라도 열릴 것으로 기대하며 조급해했다. 수운은 이러한 대중의 마음을 크게 경계하며 『동경대전』 「탄도유심급」에서 "봄빛 좋은 시절 없지 않건만 다만 때 아니어서 오지 않았을 뿐"(박맹수 편저 『최제우·최시형·강일순: 개벽 세상을 꿈꾸다』, 창비 2024, 104면)이니 조급한 마음을 거두고 공부에 전념할 것을 당부했다. 또한 준비 없이 벌인 동학농민혁명에 가담하는 민중들에게 증산은 동학군이 "패멸될 것을 예언하며 망동하지 말라고 효유(曉諭)"했고, 동학군 접주에게는 "삼가 전란에 참가하기를 회피하여 무고한 생민을 전화(戰禍)에 몰

식민지 상황에서 전개된 사상과 활동이 표면상 온건노선으로 비춰짐으로 인해 발생한 오해를 풀어내는 것은 소태산의 정신개벽 사상의 혁명성과 중도적 실천성을 온전히 평가하고 그 사상적 자원을 오늘 우리의 현실에 바로 비춰보는 데 중요하다. 마음공부와 사회변혁을 둘로 보지 않으면서 식민지배 현실을 변혁하려는 중도적 실천이 종교적 차원에서 이루어진 역사를 되짚어봄으로써, 소태산의 정신개벽 사상과 운동이 동시대에 이루어진 식민지 극복 운동의 일환이었음을 확인할 수 있을 것이라고 기대한다. 이 글이 소태산의 사상과 활동을 변혁적 중도주의의 관점으로 새롭게 고찰하려는 이유이기도 하다.

3. 소태산의 정신개벽과 변혁적 중도주의

변혁적 중도주의란 한반도에 고착된 분단체제를 극복하는 일이 남과 북 모두에게 절실한 시대적 과제라는 전제하에 이를 극복하는 남쪽의 실천방안으로 제기된 담론이다.[21] 분단체제 변혁을 목표로 한국 현대정치에서 중도세력을 형성하자는 실천이론인데, 이를 일제강점기에 적용할 때는 변혁의 대상이 '식민지체제'로 바뀌며 독립이라는 목표를 달성하기

아들지 말라"(같은 책 238~39면)고 꾸짖었다. 소태산도 미륵불 용화회상을 기다리는 사람들에게 용화회상은 "말만 가지고 되는 것이 아니니, 비록 말은 아니 할지라도 오직 그 회상에서 미륵불의 참뜻을 먼저 깨닫고 미륵불이 하는 일만 하고 있으면 자연 용화회상이 될 것"(『대종경』 전망품 17, 390~91면)이라 했고, "큰 공부에 뜻하고 큰일을 착수한 사람은 먼저 마땅히 작은 일부터 공을 쌓기 시작하여야 되나니라"(『대종경』 수행품 44, 169면)라고 말했다.

21 백낙청 「변혁적 중도수의와 소태산의 개벽사상」, 박윤철 엮음, 앞의 책 250면.

위한 중도노선이자 '정도(正道)의 중간 길'을 뜻한다. 변혁적 중도주의를 처음 제기한 백낙청은 '변혁적 중도주의의 선구자'로 도산 안창호, 만해 한용운, 우사 김규식, 백범 김구 등을 호명한 바 있는데, 변혁적 중도주의를 일제강점기의 운동가·사상가들에게 적용함으로써 "일본의 식민지체제에 대해 개량 아닌 변혁(곧 독립)을 지향하되 양극단을 배제한 '정도의 중간 길'을 추구한 노력의 소중함을 인식할 필요가 있고, 오늘의 변혁적 중도주의가 식민지시대로 소급되는 뿌리를 지녔음을 상기하는 일도 중요"[22]하다고 보았다.

한편 백낙청은 소태산의 개벽사상과 변혁적 중도주의의 연관성을 검증하면서 양자의 친화성을 소개한 바 있다. 그에 따르면 "소태산의 사상과 실천은 일제하의 선명한 독립운동과는 거리를 두었"지만 일제강점기에 조선인이 종교단체를 설립·운영하는 것 자체가 "당시로서는 극히 불온한" 활동이었으며, "소태산 자신의 온건노선은 오히려 후천개벽(後天開闢)이라는 엄청난 변혁 과제를 설정했기 때문에 근시안적인 과격노선을 배제했던 것이지, 순응주의와는 무관"하다. 특히 인도정의의 공정한 법칙인 법률은(法律恩)을 '없어서는 살 수 없는' 큰 은혜라고 본 소태산의 본의는 "법률이라고 해서 무조건 따라주는 것이 법률은에 보은하는 길은 결코 아니며" "실정법이 인도정의의 법칙에 어긋나면 인도정의를 위해서" 싸우는 것이 옳다고 보았다.[23] 따라서 "불법연구회의 입장에서는 아무리 국가나 사회에 부조리가 있다고 할지라도 법률은 질서로〔서〕 그것은 결코 밟고 넘어서서는 안되는 것"이며 "불법연구회는 일본 통치를 비판하는 일 없이 어디까지나 순종적이었다"[24]는 부당한 평가는 재고해야 한다.

---

22 백낙청 「3·1과 한반도식 나라만들기」, 백영서 엮음, 앞의 책 28~29면.

23 백낙청 「변혁적 중도주의와 소태산의 개벽사상」, 박윤철 엮음, 앞의 책 255~59면.

중도는 소태산의 사상에서 중요한 개념의 하나다. 그는 중도를 일원(一圓)의 진리나 천지의 도(道)를 실행하는 방법으로 보았으며, 마음공부에 있어서도 중요한 표준으로 삼았다. 예컨대 모든 일에 중도행을 하는 것이 일원의 진리〔空·圓·正〕 중에서 정(正)을 실행하는 것이라고 보았고[25] "만사를 작용할 때 원·근·친·소(遠近親疎)와 희·로·애·락(喜怒哀樂)에 끌리지 아니하고 오직 중도를 잡"[26]는 것이 천지의 지극히 공정한 도(道)를 체받아 덕(德)을 나누는 보은의 실행법이라고 했다. 또한 "희·로·애·락을 곳과 때에 마땅하게 써서 자유로운 마음 기틀을 걸림 없이 운용하되 중도에만 어그러지지 않게"[27] 함이 큰 공부라고 말했다. 한편 정산도 "종교의 귀일처는 일원(一圓)이요, 정치의 표준은 중도(中道)"라고 하면서 "일원의 진리를 깨닫고 그 진리를 해석해 보면 모든 진리의 귀일할 곳이 일원임을 알게 될 것이며, 정치의 도에 여러 조건이 많으나 모든 정치의 요점을 세상에 맞도록 종합하면 과불급 없는 중도 정치라야 능히 모든 정치의 표준이 될 것"[28]이라고 보았다.

물론 이러한 '중도'와 정치노선으로서의 '중도주의'는 서로 다른 차원이다. 하지만 식민지체제(분단 이후에는 한반도 분단체제)를 변혁하기 위한 정도(正道)의 중간 길인 '변혁적 중도주의'가 될 때는 "현실정치의 노선임에도 불구하고 원래의 중도에 다시 가까워"진다는 것이 백낙청의

---

24 조경달, 앞의 글 294면.

25 『대종경』 교의품 7, 115면. 해당 부분만 발췌하면 다음과 같다. "일원의 진리를 요약하여 말하자면 곧 공(空)과 원(圓)과 정(正)이니 (…) 솔성(率性)에 있어서는 (…) 모든 일에 중도행을 하는 것이 정(正)이니라."

26 『정전』 교의편 사은 '천지은', 29면

27 『대종경』 수행품 37, 164면.

28 『정산종사법어』 도운편 9, 980면.

주장이다. 왜냐하면 자본주의가 탐·진·치(貪瞋癡) 삼독심(三毒心)을 원리로 작동하고 변혁의 대상인 식민지체제(또는 분단체제)가 삼독심의 위세를 보장하고 키워주므로 "지금 이곳에서의 탐·진·치 극복작업과 결합"이 요구되며, 따라서 "유(有)와 무(無)의 두 극단을 아울러 넘어선 공(空)의 경지"이자 "나와 법이 다 빈(我法兩空) 자리"이되 "일상생활에서 탐·진·치를 여의는 수행 및 현실 속의 보살행을 떠난 '공 타령'과는 무관한" 진정한 중도의 마음공부는 식민지체제(또는 분단체제)의 "변혁을 지향하는 정치적 실천을 수반할 수밖에"[29] 없다는 것이다.

그렇다면 소태산의 정신개벽 사상이 어떤 점에서 '공 타령'과 무관한 중도이며 왜 식민지체제(또는 분단체제)를 변혁하는 공부길인지 따져볼 필요가 있다. 이에 백낙청은 "〔정신개벽의〕 마음공부를 원불교식 3대력 공부로 이해하면 마음공부하고 〔변혁적 중도주의의〕 실행·실천하고의 간극은 없다"[30]고 보았다. 여기서 말하는 삼대력 공부란, 정신수양·사리연구·작업취사의 삼학을 병진하는 마음공부를 말한다. 일심을 기르는 수양공부, 일과 이치에 대한 알음알이를 얻는 연구와 알음알이를 넘어서는 깨달음의 지혜를 함께 닦는 사리연구, 그리고 정의는 취하고 불의는 제거하는 작업취사를 병진하되 취사의 실행을 수행의 결실로 보는 공부법이라 할 수 있다.[31]

---

29 백낙청 「2013년체제와 변혁적 중도주의」, 정현곤 엮음, 『변혁적 중도론』, 창비 2016, 10면, 87면, 91면; 『근대의 이중과제와 한반도식 나라만들기』, 창비 2021, 190~93면.

30 백낙청 외 『변화의 시대를 공부하다: 분단체제론과 변혁적 중도주의』, 창비 2018, 200~201면.

31 이러한 원불교의 마음공부가 과거 불교의 수행과 어떤 면에서 다른지를 정산은 다음과 같이 요약한 바 있다. "과거에도 삼학이 있었으나 계·정·혜와 우리의 삼학은 그 범위가 다르나니, 계는 계문을 주로 하여 개인의 지계에 치중하셨지마는 취사는 수신제가치국평천하의 모든 작업에 빠짐없이 취사케 하는 요긴한 공부며, 혜도 자성에서 발하는 혜에 치

이러한 마음공부를 해나가되, 그것이 '물질개벽에 상응하는' 마음공부여야 정신개벽이 가능하다는 것이 소태산의 입장이다. "근대 유럽에서 정밀한 알음알이의 학문이 근대기술과 결합해 엄청난 변화를 만들어냈고, 여기에 자본과 정치권력 등이 결부되어 물질개벽 시대 특유의 과학문명이 형성"[32]되고 있으며 이것이 오늘날 자본주의 세계체제를 형성하면서 온갖 문명의 위기를 생산해내고 있음을 소태산은 치열한 성찰과 정밀한 분석을 통해 간파했고, 이를 감당할 새로운 종교운동을 기획했던 것이다. 물질이 개벽되는 현실에 대한 정밀한 진단과 그에 따른 근본적이고 사실적인 처방을 제시했다는 점에서 그가 수운 이래의 한반도 후천개벽사상을 한단계 진보시켰다고 평가할 수 있다. 이렇듯 그가 물질개벽 시대에 적합한 정신개벽의 길을 제시했다는 점은 정신개벽 사상의 중요한 면모이자 소태산의 사상에 식민지체제를 흔드는 변혁적 성격이 내재했음을 말해준다.

4. 변혁적 중도주의로 본 소태산의 3·1운동 대응과 불법 선언

3·1운동에 대한 소태산의 인식과 대응은 정신개벽의 변혁적 중도성을 가늠하는 데 중요한 지점이다. "3·1은 한국 근대의 본격적인 출발 지점"[33]

중하여 말씀하셨지마는 연구는 모든 일 모든 이치에 두루 알음알이를 얻는 공부며, 정도 선정에 치중하여 말씀하셨지마는 수양은 동정 간에 자성을 떠나지 아니하는 일심 공부라, 만사의 성공에 이 삼학을 벗어나지 못하는 것이니 이 위에 더 원만한 공부 길은 없나니라."(『정산종사법어』 경의편 13, 842면)

32 졸고 「한국이 낳은 세계적인 사상가, 소태산 박중빈과 정산 송규」, 허석 편저 『박중빈·송규: 물질이 개벽되니 정신을 개벽하자』, 창비 2024, 17면.

33 임형택 「3·1운동, 한국 근현대사에서 다시 묻다」, 백영서 엮음, 앞의 책 48면.

이라는 임형택의 평가처럼 3·1로 인해 한국인의 근대정신이 깨어나고 이를 계기로 한국의 근대문화가 본격적으로 창출될 수 있었다면, 이러한 역사적 변곡점을 소태산이 어떻게 인식하고 어떤 태도를 보였는지는 그의 현실노선을 파악하는 데 중요한 지표이기 때문이다.[34] 소태산은 1916년 대각 직후 자신이 태어나 구도한 전남 영광의 이웃 주민과 친척을 모아 조합을 결성하고 새로운 생활을 개척하는 생활 혁신운동을 전개한다. 1918년부터는 갯벌을 농토로 만들어 종교운동의 물적 기반을 마련하는 방언공사를 실시하는데, 1년 동안의 공사가 마무리되던 시점에서 소태산과 제자들은 3·1운동을 맞게 되었다.

1919년 당시는 소태산이 불법연구회를 결성하기 전이었고, 1916년 깨달음을 얻은 후 제자들과 주변 지인들 수십명을 모아 공동체 활동을 막 시작하던 때다. 또한 1918년 봄부터 시작된 방언공사가 이듬해 봄에 마무리될 때까지 소태산은 일본 경찰의 감시하에 있었고, 특히 공사가 마무리되어 2만 6천여평에 상당한 농지를 얻게 되자 일경은 소태산을 일주일간 연행해 공사자금 출처와 독립운동과의 관계 등을 조사했다. 이는 소태산과 그의 공동체에 큰 위협이었고, 이후 활동에 상당한 제약으로 작용했다. 당시 적극적인 만세운동을 벌일 수 있는 현실적인 세력을 갖추기 전

---

34 다만 백낙청이 지적한 바와 같이 "세계사적 시대구분상의 '근대'는 자본주의 시대"로 보고 "3·1 이전 및 이후 근대에 대한 여러 주체적 대응의 맥락 속에서 검토"한다면, "조선조 말기에 또 하나의 중요한 주체적 대응 시도"인 "1894년의 동학농민전쟁"을 기억할 필요가 있다. 그의 말처럼 "한말의 척사·개화·개벽 3파 중 그나마 이중과제론적 문제의식이 뚜렷하고 실행도 무시할 수 없었던 것이 개벽파"이며, 3·1의 역사적 의미에 대해서도 "단순히 천도교 교단과 교도들의 대대적 참여를 기억하는 일을 넘어, 동학운동과 동학농민전쟁을 거친 민족이기에 3·1의 대규모 민중운동이 가능했고 동학의 개벽사상이 있었기에 민주공화주의로의 전환과 새로운 인류문명에 대한 구상이 한결 수월"했기 때문이다(백낙청 「3·1과 한반도식 나라만들기」, 백영서 엮음, 앞의 책 24~27면).

이었고, 외부 환경도 호의적이지 않았다. 이런 안팎의 사정에서 3·1을 맞이한 소태산이 당시의 상황을 어떻게 이해했는지를 알 수 있는 기록이 『정산종사법어』에 소개되어 있다.

> 어느날 한 교도가 묻기를 "기미년 만세운동 때 대종사께서 시국에 대하여 특별히 하신 말씀은 없었나이까." 말씀하시기를 "'개벽을 재촉하는 상두소리니 바쁘다 어서 방언 마치고 기도 드리자' 하셨나니라."[35]

소태산은 3·1의 거족적 함성을 "개벽을 재촉하는 상두소리"라고 했다. 상두소리란 장례식 때 상두꾼이 상여를 메고 가며 부르는 소리다. 즉, 선천시대를 마무리 짓고 새로운 시대가 도래하기를 '재촉'하는 민중들의 염원이자 역사적 실천을 '상두소리'에 비유한 것이다. 개항과 식민지화로 서구 자본주의 근대로의 이행을 강요당한 민중들이 스스로의 힘으로 서구적 근대에 적응하면서 동시에 근대극복을 이룩하고자 하는 역사적 변곡점에 다다랐음을 소태산은 간파했다고 볼 수 있다. "불법연구회는 교단적으로는 거족적으로 일어난 3·1운동과는 아무런 관련이 없었다"[36]는 일부의 평가는 온당하지 않음을 3·1에 대한 소태산의 앞선 발언을 통해 확인할 수 있다.

"바쁘다 어서 방언 마치고 기도 드리자"는 말처럼, 소태산은 방언공사를 마무리함과 동시에 제자 9인과 함께 기도(祈禱) 결사에 돌입했다.[37] 소

---

35 『정산종사법어』 국운편 3, 782면.

36 조경달, 앞의 글 283면.

37 이 기도는 1919년 음력 3월 26일부터 매월 세차례(6일·16일·26일)씩 10월 6일까지 진행되었다. 음력 7월 26일에는 기도를 떠나기 전, 사무여한(死無餘恨, 죽어도 여한이 없음)을 적은 증서에 인주 없이 지장을 찍어 마지막 결의를 다신 후 사결하러 가딘 길에 흰 종

태산과 9인 제자들의 기도는 "당시 천도교나 기독교에 비해 아직 제대로 된 조직과 규모를 갖추지 못한 처지에서 시행되었지만, 그 나름의 시국인식을 대변하는 정신적 차원의 민족운동"[38]이었다는 평가가 합당할 것이다. 나아가 기도의 목적을 설명한 소태산의 발언 속에는 자본주의 근대에 대한 전면적인 비판과 이를 극복하기 위한 노력이 담겨 있었다. 소태산이 1919년 음력 3월 방언공사를 마친 후 기도에 들어가기 전 그 의미를 제자들에게 설명한 내용의 일부를 소개하면 다음과 같다.

> 현하 물질문명은 금전(金錢)의 세력을 확장하게 하여줌으로 금전의 세력이 이와 같이 날로 융성하여지니 이 세력으로 인하여 개인·가정·사회·국가가 모두 안정을 얻지 못하고 모든 사람의 도탄이 장차 한이 없게 될 것이니 단원(團員)된 우리로서 어찌 이를 범연히 생각하고 있으리오. 고래(古來) 현성(賢聖)도 일체중생을 위하여 지성으로 천지에 기도한 일이 있으니, 제군들이여 이때를 당하여 한번 순일한 마음과 지극한 정성으로 모든 사람의 정신이 물욕에 끌리지 아니하고 물질을 사용하는 사람이 되어주기를 기도하여 기어이 천의(天意)의 감동하심이 있게 할지어다.[39]

이에 혈인(血印)의 흔적이 나타나자 소태산은 제자들의 자결을 멈추게 했다. 그리고 소태산은 제자들에게 세계 공명(公名)인 법명과 법호를 주면서 창생을 제도하는 새로운 사람이 되어 공부와 사업에 힘쓰라고 말한다. 이 사건은 법계로부터 창생을 제도할 회상임을 인증받았다 하여 법인기도(法認祈禱)라고 부르는데, 소태산은 "음부공사가 이제 판결이 났으니, 우리의 성공은 이로부터 비롯"(『대종경』 서품 14, 101~102면)되었다며 이 기도에 상당한 의미를 부여했다. 법인기도에 대한 자세한 내용은 졸고 「원불교 법인기도의 정신적 자기희생과 종교적 함의」, 『종교연구』 80집, 한국종교학회 2020 참고.

38 김도형 「도산 안창호의 '불법연구회' 방문과 그 성격」, 『원불교사상과 종교문화』 80집, 2019, 43면.

39 서문성 『주석 불법연구회창건사』, 원불교출판사 2018, 109면.

이 기도문에는 정신개벽의 참뜻을 제자들에게 내면화하고 깨달음의 체험에 이르도록 하는 더 발본적인 의도가 있음을 확인할 수 있다. 그 첫 머리에 "물질문명은 금전의 세력을 확장하게" 한다는 것은, 물질이 개벽되는 작금의 문명이 '자본주의'를 그 원동력으로 작동하고 있음을 말한다. 이러한 금전의 세력이 날로 융성해짐에 따라 모든 사람이 정신의 안정을 얻지 못하고 장차 도탄이 한이 없는 상황이 전개될 것임을 예견하고 있는데, 이는 소태산의 정신개벽 사상을 압축적으로 설명하는『정전』'개교의 동기'의 원형에 해당한다. 그가 물질개벽으로 인해 인류에게 발생할 문명의 첫번째 병으로 밝힌 것도 '돈의 병'이었다.[40] 이렇듯 소태산은 물질개벽의 현실을 돈이 모든 방면의 절대적 가치로 자리매김한 근대 자본주의체제로 본 것이며, 물질개벽에 대한 과학적 진단과 그에 따른 처방을 내놓은 것이야말로 소태산 사상의 중요한 성취라 할 수 있다.

법인기도는 전남 영광의 평범한 민중들이 소태산의 제자가 되어 전인류의 정신이 물욕에 끌리지 않고 물질을 바르게 구하고 바르게 사용하는 사람이 되어주기를 염원하며 목숨을 바쳐 기도함으로써 일종의 정신개벽을 집단적으로 체험한 사건이라 할 수 있다. 당시의 폭력적이고 억압적인 사회구조를 사랑과 화해, 평화와 평등, 상생과 은혜의 관계로 대전환하고자 했던 하나의 종교적 실천의 역사였기에, 소태산은 앞으로의 성공이 이 기도로부터 비롯될 것이라고 말했다. 소태산의 9인 제자들은 법인기도를 통해 물질개벽에 상응하는 정신개벽을 이루는 데 온통 모든 생의 노력을 다 바치겠다는 의지로 목숨을 건 기도를 했고, 이러한 각오와 서

40『대종경』교의품 34, 133~35면.

원은 원불교의 창립정신으로 계승되어오고 있다.

한편 소태산은 법인기도를 마무리하는 해제식에서 '불법(佛法)에 대한 선언'을 한다. 이는 정신개벽 사상의 중심을 불법에 두겠다는 뜻이다. 물론 소태산의 불법에 대한 착안은 1916년 대각 직후의 시점으로 거슬러 올라간다. 그는 깨달음을 얻은 후 각 종교의 경전을 열람하다 『금강경』을 통해 석가모니불의 위대함과 "불법은 천하의 큰 도"임을 알고 불법을 주체로 새 회상 창립을 구상했다.[41] 그러나 시대의 인심과 제자들의 공부 정도가 아직 정법(正法) 신앙을 하기에는 부족하다고 생각해오다가, 3·1과 법인기도를 지내면서 이제는 방편신앙에서 정법신앙으로의 전환이 가능해진 상황이라고 판단한 것으로 보인다.[42]

소태산은 "참된 성품의 원리를 밝히고 생사의 큰일을 해결하며 인과의 이치를 드러내고 수행의 길을 갖춘"[43] 불법의 우수한 점을 받아들여 원만한 진리관과 촘촘한 수행법을 지닌 '완전무결한 새 회상'을 건설하고자 했다. 다만 소태산이 선언한 불법은 과거의 불법이 아니라 '미래의 불법'을 의미한다는 점에서 기존 불교에 대한 근본적인 혁신을 지닌 것인데, 소태산이 구상한 새로운 불법의 비전과 방향에 대해서는 '불법에 대한 선언'의 내용을 통해 짐작해볼 수 있다.

미래의 불법은 재래와 같은 제도의 불법이 아니라 사·농·공·상을 여의지

41 『대종경』 서품 2·3, 95면.

42 소태산의 '불법에 대한 선언' 발언을 살펴보면, "진작 이 불법의 진리를 알았으나" "열리지 못한 인심에 시대의 존경을 받지 못할까 하여" "인심의 정도를 따라 순서 없는 교화로 한갓 발심 신앙에만 주력"했지만, 이제부터는 불법을 주체로 삼고 "불법의 대의를 연구해서 그 진리를 깨치는 데 노력"(『대종경』 서품 15, 102~103면)하자고 말한다.

43 『대종경』 서품 3, 95면.

아니하고, 또는 재가·출가를 막론하고 일반적으로 공부하는 불법이 될 것이며, 부처를 숭배하는 것도 한갓 국한된 불상에만 귀의하지 않고, 우주 만물 허공 법계를 다 부처로 알게 되므로 일과 공부가 따로 있지 아니하고, 세상일을 잘하면 그것이 곧 불법 공부를 잘하는 사람이요, 불법 공부를 잘하면 세상일을 잘하는 사람이 될 것이며, 또는 불공하는 법도 불공할 처소와 부처가 따로 있는 것이 아니라, 불공하는 이의 일과 원을 따라 그 불공하는 처소와 부처가 있게 되나니, 이리 된다면 법당과 부처가 없는 곳이 없게 되며, 부처의 은혜가 화피초목(化被草木) 뇌급만방(賴及萬方) 하여 상상하지 못할 이상의 불국토가 되리라.[44]

이를 요약하면, 누구나 생활 속에서 수행하고 공부할 수 있는 생활불교, 재가와 출가의 차별이 없는 불교, 우주만물 전체를 부처로 아는 진리적 신앙과 일과 원에 따라 사실적으로 불공하여 세상일에 도움을 주는 실천불교다. 더하여 미래 인류문명을 좌우할 과학과 배치되지 않고 과학문명을 잘 구하고 잘 사용하는 시대화된 불교를 지향했다. 개벽에 불법을 접목한 '미래의 불법'을 정신개벽 사상의 큰 방향으로 정한 소태산은 교리체계에 대한 구체적인 구상과 회상창립의 준비 작업에 본격 착수했다. 그는 1920년부터 약 5년간 전북 부안 변산에서 교리강령을 발표하고 『조선불교혁신론』을 초안하며 인연 규합과 조직운영을 구상했고 1924년 전북 익산에 본부를 둔 불법연구회를 창립하며 공식적인 종교활동을 시작했다.

44 『대종경』 서품 15, 102~103면.

5. '약자로 강자 되는 길'과 자력양성

소태산은 불법연구회를 창립하기 직전인 1924년 3월 첫 상경을 시작으로 1943년 3월 마지막 상경까지 19년 동안 약 100여회 이상 서울을 방문했다. 상경 후 체류한 기간을 합하면 상당한 시간을 서울에서 보낸 셈인데,[45] 당시의 정세를 파악하는 데 각별한 노력을 기울였을 뿐만 아니라 물질개벽의 현실을 산 경전으로 읽으려 했던 개벽사상가다운 면모를 확인할 수 있다. 그의 수많은 상경 중 1928년 음력 2월 서울 계동의 이공주(李共珠, 1896~1991) 집에서의 일은 특별한 의미가 있다. 이때 소태산은 이공주를 비롯한 불법연구회 경성지부의 여성 제자들에게 '약자로 강자 되는 법문'을 설한 것이다.

이 법설은 소태산이 대각 직후인 1916년 전남 영광 길룡리 인근 주민들에게 최초로 발언한 후, 1928년 계동에서 여성 제자들에게 설한 것을 동년 불법연구회 기관지인 『월말통신』 창간호(5월)에 실으며 공개되었다. 제목에서 알 수 있듯이, 그 내용은 약자가 강자로 변화하는 이치와 방법을 갑동리와 을동리의 비유를 들어 투박하지만 날카로운 표현으로 소개한 것이다. 여기서 갑동리는 약자를 을동리는 강자를 말하는데, 직접 드러내지 않았다 뿐이지 갑동리는 식민지배를 받는 조선인을, 을동리는 제국주의 일본을 가리켰다. 즉 식민지 조선인이 약자의 자리에서 강자로 진화하는 길을 밝힌 것이다. 전문의 일부를 소개하면 다음과 같다.

> 강자(强者)와 약자(弱者) 사이는 어찌하여 강자는 늘 강위(强位)를 여의지 아

45 방길튼 『소태산, 서울을 품다』, 원불교출판사 2016, 12면.

니하고 약자라도 강자가 되겠는가. 강자가 더욱 강하여 영원한 강자가 되고 약자라도 점점 강하여 영원한 강자가 되는 법이 있건마는 이 세상 사람들은 그 좋은 자리이타법(自利利他法)을 쓰지 못하고 약육강식을 하며, 약자는 강자를 미워만 하다가 강자와 약자와는 원수가 되며, 혹은 생명을 희생하며, 더욱 심하면 세세생생(世世生生)에 끊어짐이 없는 죄를 지어 고(苦)를 받느니라. 비(比)하여 한 예를 들어 말하면, 갑동리(甲洞里)와 을동리(乙洞里) 두 곳이 있는데, 갑동리는 모두 가난하고 무학(無學)하여 천견박식자(淺見薄識者)뿐이요, 을동리는 가세도 넉넉하며 유식하여 견문이 넓고 인격도 똑똑하여 누구에게든지 굴할 일이 없고 보면, 갑동리 즉 약자에게 덕을 베풀어 자리이타 되는 법을 쓰지 못하고 약자를 업신여겨 차차 을동리 사람들이 갑동리로 와서 여러가지 수단으로 둘러도 먹고 전곡 재산도 빼앗으며, 토지 전답도 저희가 차지하며, 심하면 그 땅의 세금을 저희가 받아먹고도 유의부족(有意不足)하여 무식자니 미개자니 야만인이니 하고 갖은 학대를 하여 문서 없는 노예를 삼고, 각색으로 부려 먹으면서도 압제는 압제대로 하게 되면 갑동리에서는 어찌하겠느냐?

(…) 을동리의 강자들이 와서 압제를 하며 토지와 전곡을 빼앗으며, 여러가지로 압제를 한다 하여도 아무 소리 말고 종노릇을 잘하여 주며, 경우에 따라서 매라도 맞고, 약자의 분수를 잘 지키고, 될 수 있는 대로 외면(外面)은 어리석고 못난 체를 하여 강자로 하여금 안심을 시키고, 내용으로 급히 할 일은 어떠한 방면으로든지 돈 벌기를 주장하고 배우기를 주장하며, 다만 몇 사람씩이라도 편심(片心)을 버리고 단심(團心) 만들기를 위주하여 자본금을 세우고, 교육기관을 설치하여 가지고 가르치며 배우고 서로 권고하되, '우리는 돈 없고 배운 것 없어서 약자가 된 것이니 아무쪼록 각성하여 근검저축하며, 배우기에 힘쓰며, 우리 동리가 일심단체가 되고 보면 무엇이 두려우리요. 우리는 을동리 이상의 강자가 되자' 하며, 한 사람이 열 사람을 가르치고, 열 사람이 백 사람

을 가르쳐서 서로 막혔던 울타리를 트며 개인주의를 버리고 단체주의를 하여 한 동리를 위할 만한 공공심(公公心)이 생긴다면, 곧 그 동리는 요부(饒富)도 할 것이오, 지식도 유여(裕餘)하게 될지라.[46]

법설의 비유처럼, 을동리 일본 제국주의는 식민지 민중을 수탈하고 자국의 이익만을 위한 자리타해(自利他害)의 부당한 의뢰 생활을 하다 끝내 패망의 길을 걷는다. 반면 갑동리 조선 식민지 민중들이 강자의 자리에 오르기 위해서는 을동리 강자의 압제에 맞서고 배척해서 될 일이 아니라 경제적·정신적 자력을 양성하고 배우고 가르치는 교육에 전력해야 한다고 역설했다. 또한 조각난 마음을 하나로 모으고, 개인을 위하는 이기심에서 벗어나 전체를 위하는 공공심으로 뭉쳐야 한다고도 말했다.

다만 약자가 강자로 진화하고 강자도 영원한 강을 얻기 위해서는 자리이타법을 써야 하는데, 이는 사회진화론에서처럼 강자와 약자가 상대를 억압하고 폭력을 행사하여 힘을 쟁취하는 방식이 아니다. 소태산이 말하

46 「약자로 강자 되는 법문」, 『월말통신』 1호, 1928. 5. 「약자로 강자 되는 법문」은 훗날 『보경육대요령』(1932)에서 '강자·약자의 진화상 요법'이라는 더 일반화된 제목과 압축된 내용으로 제3장 훈련편의 '최초법어'에 수록되었다. 참고로 '최초법어'는 '수신의 요법' '제가의 요법' '강자·약자의 진화상 요법' '지도인으로서 준비할 요법'을 두었는데, 그 구성이 유가의 『대학』에 등장하는 수신·제가·치국·평천하의 형태를 취한다. 약자가 강자가 되기 위해서는 자리이타법으로 강을 취해야 하겠지만, 그 과정에서 수신의 마음공부가 기반이 되어야 함을 알 수 있으며, 수신의 첫번째 조항인 "시대를 따라 학업에 종사하여 모든 학문(學文)을 준비할 것"(『정전』 수행편 '최초법어', 84~86면)은 마음공부가 세상을 등지고 하는 출세간적 공부가 아닌, 철저한 생활지향적 공부임을 알 수 있다. 또한 평천하의 자리에 '지도인으로서 준비할 요법'을 둔 것은 최고 통치자인 천자에 한정된 유가적 평천하와는 달리 지도인이 특정 계급에 한정되지 않는 (종교에 있어서는 사제계급에 한정되지 않는), 민중 한명 한명이 사회·국가·세계의 지도인으로 성장하기 위한 공부길을 제시한 점도 주목된다.

는 자리이타법은 강자·약자가 서로 호혜적 관계를 유지하는 가운데 강을 획득하는 길을 말하는데, 이를 위해서는 강자든 약자든 서로 "없어서는 살지 못할" 은혜의 관계임을 자각하는 근원적인 성찰이 요구된다. 현실에서의 강과 약이 "결국 인과보응의 이치에 따라 형성된 것임을 받아들이면서도, 그것의 극복 방식도 인과보응의 이치를 따라 지은(知恩)하고 보은(報恩)하는 과정을 통해 극복"[47]하자는 것이다. 결국 은(恩)을 느끼고 알아서 보은의 실행을 해가는 공부를 통해 강·약이 함께 진화하는 길을 제시했다.

소태산은 약자가 강자로 진화하고, 강자도 약자가 되지 않고 영원한 강자로 사는 구체적인 방안을 네가지 요법을 뜻하는 사요(四要)라고 했다. 사요는 자력양성·지자본위·타자녀교육·공도자숭배를 말하며, 원불교에서는 이 사요와 사은(四恩)을 함께 묶어 인생의 요도라고 한다. 사요를 실천하는 것이 인생의 길이자 종교적 신앙의 사실적 실천법이라고 본 것이다. 이중 첫째 조항인 자력양성은 불법연구회의 활동에서 가장 빛나는 분야 중 하나였다.

『정전』 자력양성의 강령을 보면 "자력이 없는 어린이가 되든지, 노혼(老昏)한 늙은이가 되든지, 어찌할 수 없는 병든 이가 되든지 하면이어니와, 그렇지 아니한 바에는 자력을 공부 삼아 양성하여 사람으로서 면할 수 없는 자기의 의무와 책임을 다하는 동시에, 힘 미치는 대로는 자력 없는 사람에게 보호를 주자는 것"[48]이라 말한다. 이는 스스로 자력을 양성해 사회적 의무와 책임을 성실히 이행하는 동시에 무자력한 타인을 힘 미치는 대로 보호하여 자력을 갖춘 사람이 되자는 것이다.

---

47 장진영 「"불법연구회의 성립과 활동: 최초법어를 중심으로"에 대한 논평」, 『원불교와 대종교의 민족운동』, 원광대학교 익산학연구소 공동학술대회 자료집 2024, 123면.

48 『정전』 교의편 사요 '자력양성', 39~41면.

이러한 자력양성의 목적은 인권 평등에 있으며, 자력양성이 '남녀권리동일'에서 출발했다는 점이 중요한 특징이다. 자력양성 조목은 최초에는 '부부권리동일'이었는데 『보경육대요령』에서 '남녀권리동일'이던 명칭을 『불교정전』에 와서 오늘날의 '자력양성'으로 바꿨다. 대신 남녀(또는 부부)권리동일의 내용이 자력양성의 조목으로 들어갔다. 즉 자력을 양성하기 위해서는 개인이 부당한 의뢰 생활을 하지 않는 실제적인 노력[49]과 함께 의뢰 생활을 양산하는 불평등한 사회문화나 제도를 변혁하는 일이 절실한데, 여성의 권리를 남성과 동일하게 하는 것이 민중의 자력을 양성하는 데 급선무라고 본 것이다. 다만 자력양성은 타력을 배척하자는 것이 아니라 '부당한 의뢰 생활'을 제거하자는 것이 그 본의이며, "자력은 타력의 근본이 되고 타력은 자력의 근본"[50]이 된다는 대전제 아래 자력을 위주로 하되 타력을 잘 활용하는 지혜를 발휘하는 자타력 병진의 원만한 생활을 하자는 것이다.[51]

또한 정신의 자주력과 육신의 자활력·경제의 자립력을 함께 양성하는 영육쌍전의 마음공부에 기반한 자력양성 운동이었다는 점은 일제강점기 실력양성운동이나 문화운동과의 결정적인 차이다. 자력양성은 경제적

---

49 소태산은 수행을 훈련시키기 위한 공부법으로 '정기훈련'을 두었는데, 그중 당일의 수입과 지출을 점검하고 작업 시간 수를 기재하여 가치있게 보낸 시간과 허송 시간을 사실적으로 점검하게 했다. 또한 한해의 수행 정도와 생활을 점검하기 위한 '신분검사법'에서는 당연등급과 부당등급의 수행뿐 아니라 1년의 수지대조를 통해 경제적 방면으로 복록과 빚을 조사하도록 했다.

50 『정전』 수행편 '심고와 기도', 78~80면.

51 자력양성과 함께 원불교 사요(四要)의 조목인 '지자본위'도 지자와 우자에 대해 근본적인 차별이 아니라 구하는 목적에 따른 지우차별을 두었고, '타자녀교육'의 핵심은 자타의 관념을 초월해 남의 자녀도 내 자녀처럼 교육하자는 내용을 담고 있다. 이는 사요가 일원의 진리를 실행하는 신앙법으로서 자력과 타력의 분별이 없는 자타불이의 경지, 유무초월의 도(道)를 전제로 한다는 점을 상기하게 한다.

방면의 자립을 추구할 뿐만 아니라 정신의 자주력과 육신의 자활력이라는 세 방면의 자력을 병진하는 것이다.[52] 일반적으로 종교가에서 정신의 자주력에 중점을 두고 육신과 경제 방면의 자력을 등한시하는 것과는 달리 소태산은 일심·알음알이·실행의 정신의 삼강령에 육신의 의식주 삼강령을 합해 인생에서 꼭 필요한 육대강령(六大綱領)[53]을 중시했다. 소태산의 공동체는 이러한 영육쌍전의 마음공부를 통해 정신의 자주력과 육신의 자활력, 경제의 자립력을 두루 양성해갔고, 이러한 이상적이고 원만한 자력양성의 공동체를 본 도산은 소태산이 "이룬 종교 공동체에 대해 놀라움을 표하고 그의 성공을 치하"[54]하며 '변혁적 중도주의자'로서 상호 공명할 수 있었던 것이 아닐까 생각한다.

6. 맺는말

소태산의 정신개벽 사상은 후천개벽이라는 더 큰 변혁의 과제, 즉 금전만능주의의 자본주의 세계체제를 변혁하는 목표 아래 전생령을 구원하고자 했기에 일제하에서의 과격한 방법을 배제했을 뿐 그 노선은 분명 '변혁적 중도주의'라 할 수 있다. 소태산과 그의 공동체는 일제하에서의 불온한 활동으로 여겨진 조선 민중들이 주체가 된 종교운동을 전개했고, 교세의 미약함으로 인해 현실적인 영향력에 한계가 있었다 하더라도 '약자로 강자되는 길'을 이소성대(以小成大)의 마음으로 걸어간 것이다. 식

---

52 『정전대의』 사요, 『대산종사법문집 1』, 원불교출판사 1977, 34면.

53 『대종경』 교의품 18, 122~23면.

54 김도형, 앞의 글 62면.

민지 민중들과 함께 주체적이고 자력적으로 정신개벽 운동을 펼친 소태산의 면모는 그가 단순한 종교 지도자나 사상가일 뿐만 아니라 탁월한 조직운영가임을 짐작케 한다. 더욱이 "수도와 생활이 둘 아닌 산 종교"[55]를 지향하며 문명의 병을 치료하자는 정신개벽 사상과 운동이 일제강점기라는 현실과 유리되거나 이를 외면한 채 조직의 유지를 위해 내성적으로 활동했다고 볼 수 없다.

소태산의 불법연구회는 식민지배를 견디며 약자인 조선 민중들이 강자로 깨어나고 진급하는 길을 조용하지만 철저하게 실사구시의 관점에서 실천한 단체였다. 식민지 민중의 역량을 키우고 남녀가 평등한 개벽적 사유와 실천을 통해 민족 재건의 버팀목으로 역할을 했던 소태산은 "금강이 현세계 하니(金剛現世界) 조선이 갱조선이라(朝鮮更朝鮮)"[56] 하며 민족의 장래를 크게 낙관했고, "지금은 묵은 세상의 끝이요, 새 세상의 처음"[57]이라는 거대한 선·후천 개벽의 안목 속에서 큰 혼란에 빠진 현실을 딛고 일어설 희망과 공부길을 제시했다. 그는 도산의 불법연구회 방문(1935), 구산 송벽조의 일왕 투서사건(1939) 등으로 불법연구회가 일제의 전방위적인 감시와 탄압을 받는 가운데 자신의 포부와 사상을 집약한 『불교정전』(1943)을 간행하고 그해 열반에 들었다.

교조의 열반으로 불법연구회가 자연 해체될 것이라는 일제의 예상과 달리 2대 지도자인 정산을 중심으로 교단은 결집했고 해방을 맞았다. 정산은 해방 직후인 1945년 10월 민중이 주인이 되는 자주적이고 민주적인 국가건설의 종합적인 방도를 담은 『건국론』을 선제적으로 발표했다. 또

55 『정전』 수행편 '영육쌍전법', 89면.

56 『대종경』 전망품 5, 379면.

57 『대종경』 전망품19, 392면

한 불법연구회는 동년 말부터 약 1년간 대대적인 전재동포구호사업에 나서는데, 이는 일제강점기 동안 응축되었던 자력의 힘이 해방공간을 맞아 민족재건과 건국을 위해 뿜어져 나온 것이라고 할 수 있다. 안타까운 것은, 해방공간에서도 우리의 힘으로 한반도에 자주적인 국가건설을 이루지 못한 채 오늘날까지 남북이 분단된 역사를 이어가고 있다는 점이다. 우리 사회가 산업화와 민주화를 거치며 사회·경제적으로 급속한 성장을 이루었지만, 그것이 한반도 남쪽만의 발전인 한에는 "한국 근현대가 3·1에 진 채무를 갚는"[58]데 큰 한계가 있음을 반성하면서 오늘의 역사적 현실에서 분단체제 극복의 노력에 큰 적공을 기울일 때다.

소태산은 "천하에 벌어진 모든 바깥 문명이 비록 찬란하다 하나 오직 마음 사용하는 법의 조종 여하에 따라 이 세상을 좋게도 하고 낮게도" 하는 것이니 "이 모든 법의 주인이 되는 용심법(用心法)을 부지런히 배워서 천만 경계에 항상 자리이타로 모든 것을 선용(善用)하는 마음의 조종사가 되며 그 조종 방법을 여러 사람에게 교화하여 물심양면으로 한가지 참 문명 세계를 건설하는 데에 노력"[59]하자고 말했다. 강자와 약자가 서로 진화하는 자리이타법이란, 물질개벽으로 급격하게 발전되어가는 모든 바깥 문명을 바르게 사용하는 용심법(用心法), 즉 마음공부라 할 수 있다. 다시 말해 탐·진·치 삼독심을 제거하고 정신의 경지를 일깨우는 수양공부, 일과 이치를 연구하여 지혜를 얻는 연구공부, 그리고 수양과 연구를 통해 판단된 정의를 실행하고 불의를 제거하는 취사공부를 병진하는 것이다. 수양·연구·취사의 삼학을 병진하되 그 일 그 일에 정의를 실행하는 취사를 공부의 결실로 삼은 점에서 자리이타법은 중도의 수행이 악취공에 떨

58 임형택, 앞의 글 72면.

59 『대종경』 교의품 30, 130~31면.

어지지 않으면서 동시에 사회변혁을 실행하는 공부길이다.

분단이 체제화되고 이를 더욱 공고화하려는 시도가 있음에도 그 체제가 공고해지기보다는 흔들리기에 더 위험한 지금, 자본주의는 더욱 기승을 부리며 세계를 단일한 자본주의 시스템 하에 놓아두며 온갖 위기를 만들어내고 있지만 그 또한 말기적 증상이 농후해지고 있는 현실이다. 이제 한반도에 온전한 민주국가 건설을 염원했던 3·1운동에 진 채무를 갚고, 나라다운 나라를 꾸려가야 할 책무가 우리에게 주어져 있다. 삼학을 병진하는 마음공부와 은(恩)적 관계를 회복해가는 자리이타를 통해 영원한 강자로 진화하는 길을 제시한 소태산의 정신개벽 사상은 지금 우리의 분단된 현실을 변혁하는 중도적 실천노선으로 재평가되어야 한다.

3장

개벽의 인간학과 사회변혁론

문명전환기 최한기의 실천

이행훈

1. 대전환기 사상 마련

19세기 조선의 대내외적 위기에 맞서 최제우(1824~64)가 창도한 동학의 인간 이해는 주자학적 자연관에서 비롯한 이해와는 다르다. 그 스스로는 유학과 동학이 '대동소이'하다고 주장했으나 유학의 관점에서 동학은 이단으로 몰렸다. 최제우가 깨달음을 얻기까지 겪었던 고행과 신기하고 비상한 행적은 괴력난신(怪力亂神)을 멀리했던 유학의 학문 전통에서 한참 벗어난다. 무엇보다 유학이 우주만물을 운행하는 합리적인 법칙을 본받아 인간의 도덕을 상정했다면, 동학은 내 몸 안에 깃든 한울, 우주 삼라만상을 만들어내고 때로는 인격적이기도 한 천(天)에서 인간 자체의 존엄성을 확보했다는 점에서 확연히 구별된다. 비슷한 시기를 살았던 최한기도 자신이 정립한 기학을 문명이 개벽하는 세계에 쓰일 새로운 학문으로 자부했다. 조선 유학의 끄트머리에서 탄생한 기학의 핵심 개념인 '운화기(運化氣)'는 전통적인 기 개념에 서구 근대 과학기술의 성과를 반영한 것이다.

겨우 소과(小科) 생원시에 합격하고는 평생토록 책을 사들여 읽고 글을 쓰며 새로운 학문과 세계 구상에 침잠했던 혜강(惠岡) 최한기(崔漢綺, 1803~77)는 당대 주류 학문과 권력으로부터 떠나 서구 과학기술에 매료된 유교적 지식인이다. 일찍이 김정호의 『청구도』에 서문을 썼으며, 이규경과도 교류했던 것으로 전해진다. 그가 지닌 새로운 지식은 당대 재상의 눈에도 띄어 산림으로 천거하고자 했으나, 최한기는 관직에 나아가길 거부하고 학문의 길을 고집했다. 그의 학문과 사상이 '무형(無形)'에서 '유형(有形)'으로, '심학(心學)'과 '이학(理學)'에서 '기학(氣學)'으로 전개된 과정을 추적해가다보면, '신기(神氣)'와 '추측(推測)', '운화(運化)'라는 다소 낯선 개념과 마주하게 된다. 그는 다양한 전통철학 개념을 '하나의 기(氣)'로 통합하면서, 공자로부터 이어진 성인의 글을 찬술할 뿐 새로 짓지 않는다는 '술이부작(述而不作)'의 상고주의적(尙古主義的) 학문 풍토를 넘어 독창적인 글쓰기와 새로운 개념어를 만드는 데 주저하지 않았다. 그 동력의 하나는 그가 진정한 독서가였다는 점에서 찾을 수 있다. 변변한 관직도 없었으나 그의 장서는 당대 재상에 견줄 만했다 한다. 중국에서 수입된 태서신서(泰西新書)는 그에게 새로운 지식의 보고였다. 수천년, 수만리를 넘어 저자와 대화할 수 있는 독서야말로 '기학'이라는 학문을 주장하게 한 힘이었다. 최남선의 말을 빌리자면 그는 또한 천여권에 달하는, 조선 역사상 가장 많은 저술을 남긴 학자이다. 최한기 철학사상의 초석은 『기측체의』라는 저술에 담겨 있다. 세계에 대한 인식의 기본원리를 탐구한 이 책은 중국 북경에서 출판되었다. 오백년 역사의 조선 명맥이 끊겨가는 시대적 위기 속에서 최한기는 새로운 문명사적 전환을 한평생

〈최한기 주요 저술 연표〉

연도	편찬/저술 활동	분야
1834년 32세	『농정회요(農政會要)』 10책. 『육해법(陸海法)』 상하 1책. 고산자(古山子) 김정호(金正浩)와 『만국경위지구도(萬國經緯地球圖)』 판각. 김정호의 『청구도(靑邱圖)』 서문.	농업기술, 지리학
1835년 33세	『소모(素謨)』.	사회학
1836년 34세	『추측록(推測錄)』 6권 3책. 『강관론(講官論)』 4권 1책. 『신기통(神氣通)』 3권 2책. 『추측록(推測錄)』과 『신기통(神氣通)』을 묶어 『기측체의(氣測體義)』 9권 5책으로 함.	철학, 사회학
1838년 36세	『감평(鑑枰)』. 훗날 『인정(人政)』에 수록.	사회학
1842년 40세	『심기도설(心器圖說)』 1책.	과학기술
1843년 41세	『소차류찬(疏箚類纂)』 상하책.	상소문의 분류
1850년 48세	『습산진벌(習算津筏)』 5권 2책.	수리학
1857년 55세	『우주책(宇宙策)』 12권 6책(현존 여부 미상). 『지구전요(地球典要)』 13권 7책. 『기학(氣學)』 2권.	지리학, 천문학, 철학
1860년 58세	『인정(人政)』 25권 12책. 『운화측험(運化測驗)』 2권.	사회철학, 천체우주학
1866년 64세	『신기천험(身機踐驗)』 8권.	의학
1867년 65세	『성기운화(星氣運化)』 12권.	천체우주학
1868년 66세	『승순사무(承順事務)』 1책.	사회철학
1870년 68세	『향약추인(鄕約抽人)』 1책.	사회학

독서와 저술로 예비했다. 최한기 주요 저술을 소개하면 표와 같다.

의학, 수학, 지리학, 천문학 등 다양한 서구 과학기술에 대한 평생에 걸친 천착은 새로운 지식에 관한 그의 탐구욕을 여실히 드러낸다. 최한기는 지식 축적과 문명 발달의 상관성을 인정하면서도 학문의 궁극적인 목표를 서양 근대과학 수용에 두진 않았다. 우주자연의 원리가 과학기술에 의해 점차 규명되리라는 확신과 더불어 지식의 역사적 한계 또한 분명하게 인식했다. 우주자연의 운행원리인 유행지리(流行之理)와 인간이 밝혀낸 추측지리(推測之理)를 엄밀히 나눈 까닭도 그 때문이다. 이런 관점에서 역사상 발달한 학문은 당대 과학 수준을 반영한 추측지리의 집대성이라고 할 수 있고, 활동운화(活動運化) 하는 기의 법칙성을 올바르게 파악하려는 고투가 바로 인류문명사다. 그는 형이상학적 실체로까지 여겨졌던 이(理)를 기의 조리로 이해했다. 드러난 현상으로부터 귀납한 법칙, 즉 인간이 유추한 이치와 우주자연의 운행원리가 과연 일치하는가를 끊임없이 문제 삼았다. 만약 과거의 추측지리(학문)가 유행지리에 부합하지 않음이 현재에 새롭게 밝혀진다면 그 오류를 바로잡는 것이 학자의 마땅한 도리이자 사명이라고 여겼다. 최한기는 성리학을 비롯한 재래 학문의 형이상학적 구조와 서양 근대과학의 실증성이 갖는 괴리를 해소하고자 했다. 『성기운화』나 『신기천험』 단계에서는 서양 근대과학의 원소설을 이해했고, 이를 '원질(原質)'로 번역하기도 했다.[1]

최한기는 서양 근대과학의 성취를 혼돈을 깨고 새로운 세상을 여는 개벽에 견주기도 했다. 그의 학문과 사상의 실천적 지향점은 우주가 인간 앞에 드러나고 동서가 만나는 문명사적 대전환기에 부합하는 새로운 인류문명의 기획이었다. 그것을 밑받침하는 '기학'을 구상하여 궁극적으로는 사람다운 삶의 이상을 실현하는 것이었다.

1 『신기천험』 권8 「수질론(水質論)」.

2. 서양과학의 주체적 수용

최한기는 『기학』에 앞서 이미 『추측록』에서 세계 모든 존재의 본원을 하나의 기라고 인식했다. 종전의 천(天)·제(帝), 도(道)·명(命), 심(心)·성(性), 귀(鬼)·신(神), 음(陰)·양(陽), 동(動)·정(靜) 등은 기의 작용과 역할, 성격에 따른 명명일 뿐이고[2] 이 세상에 존재하는 것은 생성에서 소멸에 이르기까지 모두 '유형한 대기(大氣)'에 의해 이뤄진 것에 불과하다는 것이다.[3] 활동운화 하는 기로 자연에 대한 객관적 이해를 추구한 그는 인간과 사회 그리고 자연을 통일하는 지적 실험을 벌여 이를 일신운화(一身運化), 통민운화(統民運化), 대기운화(大氣運化)의 삼중구조로 체계화한다. 자연의 순환과 변화, 사회의 치란과 성쇠, 사람의 소장과 성쇠를 유기적으로 연결하는 이 구조 안에서 인간은 삶을 영위한다. 자연과 인간의 일치〔天人一致〕를 지향하는 최한기의 운화론은 유형의 기를 표준으로 한다는 점에서 종래 성리학적 자연관과 구별되며, 자연의 객관적 실재를 중시하면서도 도덕적 전형으로서의 가능태를 부정하지 않는다는 점에서 서구 기계론적 자연관과도 다르다. 경험과 검증을 통해 규명한 사실이라 할지라도 인간의 추측인 이상 자연 그 자체를 온전히 반영하지 못할 수 있다. 과학기술은 세계의 존재 양태를 설명할 뿐 자연의 이치 자체는 아니다. 지식의 축적과 발전을 긍정하지만 그 한계 또한 분명하게 인식해야 함을 강변한다는 점에서 근대 이성주의나 인간중심주의와도 구별된다. 이러한 사유방식은 서구과학의 수용 과정에서도 드러난다. 최한기의 우주설을 구성하는 기본 요소는 지구구형설, 지구자전설, 태양중심설 등

---

2 『추측록』 권2 '추기측리(推氣測理)' 「일기이칭(一氣異稱)」

3 『기학』 권1.

이다. 30대에 『기측체의』에서 지구자전설에 머물렀던 이해는 『기학』 출간과 같은 해인 1857년에 편찬된 『지구전요(地球典要)』와 1860년의 『운화측험(運化測驗)』에서 지동설에 기초한 '기륜설(氣輪說)'로 전개되고, 1867년의 『성기운화(星氣運化)』에 이르면 뉴턴(Isaac Newton, 1642~1727)의 역학을 기륜설로 재해석한다.

『성기운화』의 저본인 『담천(談天)』은 뉴턴의 만유인력과 역학의 법칙으로 천체의 운행을 설명한 근대적 천문서다. 태양계의 행성은 태양을 가운데 두고 타원을 그리며 운행하는데, 행성 간 인력으로 인해 행성의 타원 궤도가 변하는 것을 섭동(攝動)이라 하고, 섭동 현상이 일어나는 원인, 즉 만유인력을 섭력(攝力)이라고 한다.[4] 최한기는 만유인력의 법칙이 천체의 운행과 그 운행의 변화를 설명하고 예측하는 데는 뛰어나지만, 인력이 작용하는 이유에 대해서는 해답을 주지 못한다고 보았다. 따라서 행성과 행성 사이가 텅 비었고 연결되지 않았는데도 서로 영향을 미치는 이유를 설명해야 했다. 그는 떨어진 두 물체가 서로에게 어떤 작용을 가한다면, 둘은 어떤 형태로든 연결되어 있어야 한다고 생각했다. 우주 공간을 꽉 채운 기에 이어, '기륜(氣輪)' 개념이 여기서 만들어졌다. 기륜은 말 그대로 기의 바퀴다. 하나의 행성이 회전할 때 그를 둘러싼 기도 같이 돌면서 기의 바퀴가 형성된다. 천체를 둘러싼 기륜은 멀어질수록 층차에 따라 옅어지지만, 천체 반경의 수천배가 될 정도로 크므로 다른 천체의 기륜과 만나 서로 밀고 당긴다.[5]

마찬가지로 최한기는 서양의학의 성과, 특히 해부학의 발전에 큰 공감을 보이면서도 전적으로 수긍하지는 않았다. 최한기는 상해에서 활동한

4 『담천』 권14 「축시경위도차(逐時經緯度差)」.

5 『성기운화』 권1 「지기수(地氣數)」; 권10 「기륜섭동(氣輪攝動)」.

영국인 의사 홉슨(合信, Benjamin Hobson, 1816~73)의 『전체신론(全體新論)』 『내과신설(內科新說)』 『서의약론(西醫略論)』 『부영신설(婦嬰新說)』, 『박물신편(博物新編)』 등을 연구하여 『신기천험(身機踐驗)』(1866)을 편찬했다. 그는 분명 인간의 신체를 시계에 비유해 설명했지만,[6] 인간을 단순한 물질 이상으로 사유했다. 인간은 천지의 신기운화를 바탕으로 존재하고 부모의 신기운화를 이어받아 몸의 기틀을 이루었으며, 시계나 증기기관의 작동이 정묘하더라도 사람의 생기운화(生氣運化)의 질서에는 미칠 수 없다고 주장했다.[7] 최한기에 의하면 중국의학은 기화의 맥락에 어두워 진단과 처방이 모두 방술을 좇고, 약과 인체의 장기를 오행에 따라 나누어서 상생상극의 설로 견강부회한다.[8] 반면 서양의학은 주재자가 만물을 창조한다는 뜻을 답습해 뇌수의 지각작용과 혈액의 순환을 주재자의 신묘한 공덕으로 설명하니, 천박할 뿐만 아니라 신기의 형질과 운화의 맥락을 구명하는 데 방해가 된다고 비판했다.[9]

그는 뇌가 지각을 주관한다는 서양의학의 설을 접한 후 지각의 주체에 대해 고심한 후, 심(心)이 지각을 주관한다는 전통적인 설과 뇌가 지각을 주관한다는 서양의 설을 모두 비판했다.[10] 그 대안으로 뇌근골수(腦筋骨髓)와 혈맥기관(血脈氣管)이 유기적으로 작동하여 지각운동이 일어난다는 설을 제기했다.[11] 그러면서도 뇌보다는 심이 지각을 주관한다는 설이 더 낫다는 의견을 피력했는데, 이때 심은 장부의 심이 아니라 신기(神氣)

---

6 『추측록』 권6 '추물측사(推物測事)' 「신기위본(身爲器本)」.

7 『신기천험』 권2 「신기총론(身機叢論)」.

8 『신기천험』 권1 범례.

9 같은 글.

10 『신기천험』 권1 서(序).

11 같은 글.

의 심이니 중심(重心)의 심과 같다고 했다.[12] 그 이유는 인간의 신체는 각종 기관이 어우러져 하나의 기틀을 이루고 있어서 지각작용을 단지 뇌 하나의 기능으로 볼 수 없다는 판단 때문이다. 신체의 전체적인 메커니즘 속에서 인간의 정신작용이 이루어지고, 그 메커니즘을 심이 주관한다는 것이다. 그러나 지각의 주체로서의 심은, 신체 전체를 운화하는 신기이지 심학에서 말하는 심과 다르다.[13] 만약 그 심이 심장처럼 한자리에 고정되어 있다면, 그것은 뇌가 그러하듯이 신체를 구성하는 하나의 기관에 지나지 않는다. 이처럼 인간의 신체는 각종 기관이 어우러져 단일한 메커니즘에 의해서 기계적으로 정교하게 작동하는 동시에 신기가 운화하는 공간이며, 정신작용 역시 신기운화의 하나인 것이다. 최한기의 지적 실험은 근대과학 위에서 이루어졌으나 과학적인 것은 아니었다. 불가지 영역이 다양한 상상력과 때로는 무모해 보이는 도전과 시행착오를 거쳐 밝혀져 왔음을 상기할 때, 오히려 지금 여기 우리는 기계적 합리에 우리의 상상력을 떠넘긴 채 점점 무지해지는 건 아닌지 되돌아봐야 한다.

3. 기학은 자연학인가 인간학인가

사람의 성을 다하고 사물의 성을 다하면 천지의 화육(化育)을 도와 천지와 나란히 설 수 있다.[14]

12 『신기천험』 권1 범례.

13 『신기천험』 권1 「뇌위일신지주(腦爲一身之主)」.

14 『중용』 22장.

최한기 사상의 중심은 자연학이 아니라 인간학에 있었다. 자연에 대한 탐구는 인간에 대한 이해와 항상 결부되어 있었다. 이(理)의 보편적 지위를 강화하면서 인간의 도덕적 실천을 이끌었던 송대 신유학의 전형은 조선 성리학에서 계승·발전되었다. 이(理)와 기로 해석된 세계와 인간 이해는 도덕과 윤리의 영역을 넘어 사회·정치 제도의 영역으로 확장되었다. 천명이라는 자연적 규범으로부터 도출된 '성즉리(性卽理)' 명제는 인간의 덕성을 선험적으로 규정한다. 현실의 불선(不善)은 기질의 가리움에 그 원인이 있다고 보고 심성수양을 학문의 근본 목표로 삼는다. 이러한 배경에서 전개된 '사단칠정' '인심도심' '인물성동이' 등 논변은 인간 본성에 관한 조선 성리학의 이론적 심화를 가져왔다. 그런데 이기론의 형이상학적 심화와 심성론의 체계화는 종래의 천 관념에 내재한 신비하고 종교적인 색채를 퇴색시켰다. 유교 지식인 사이의 오랜 이기 심성 논쟁은 일반 인민의 도덕적 실천을 끌어내는 데에 한계가 있었다. 수기치인과 내성외왕의 이상은 간명했으나 그에 도달하기 위한 성리학의 이론은 논쟁적이고 이해하기 어려워졌다.

그리하여 동학은 천과 인간의 본원적 관념에 다시 물음을 제기하는 데에서 출발하여 일반 인민의 관심과 참여를 유도했다. 동학을 창제한 최제우는 세상 사람 모두가 자기밖에 모르는 '각자위심(各自爲心)'에 빠져 하늘의 이치에 순종하지 않고 하늘의 뜻을 살피지 않게 되었다고 진단했다.[15] 『동경대전』은 첫머리에 「포덕문」「논학문」「수덕문」, 3문을 두었고, 『용담유사』에는 「도덕가」가 실려 있다는 점에서 도와 덕이 동학의 중심 논제임을 알 수 있다. 최제우는 천도와 인도의 일치를 주장해온 옛 성현

15 『동경대전』「포덕문」.

의 업적을 칭송하고 우주자연의 변함없는 운행을 '천도(天道)'로, 그러한 자연의 섭리를 따르는 사람의 도리를 '천덕(天德)'으로 규정했다. 천도에 상응했던 인도의 자리에 천덕을 배치한 데서 천인관계에 관한 동학의 새로운 시각을 확인할 수 있다. 실천덕목으로 성경신(誠敬信) 세가지를 간명하게 제시했는데, 이는 무위이화(無爲而化)하는 천도와 신령이 내재한 천덕을 믿어 경천하고 정성을 다해 수행하는 것이다. 사람의 도리를 이루고 덕을 세우는 일이 오직 스스로 정성을 다하는 데 달려 있다고 강조함으로써 실천을 촉구한 것도 주목할 대목이다.[16]

유교와 대동소이를 주장한 최제우와 달리 최한기는 자신의 기학을 새로운 시대의 학문으로 자부했다. 그럼에도 선진 유학으로부터 신유학을 거쳐 성숙한 조선 성리학을 도외시할 수 없었다. 특히 인간 본성에 관한 학문적 축적은 성리학의 개념이나 범주를 무시하고 이루어지기 어려웠다. 최한기의 기학적 인간 이해는 경전에 대한 재해석과 당시 유행한 담론에 대한 비판을 통해 차별적 지점을 만들어나갔다. 최한기는 기질은 바꿀 수 없고 다만 습관은 바꿀 수 있다고 지적했다. "「중용전」에 '기질을 변화한다'는 말은 성실히 배우면 비록 어리석은 사람일지라도 밝게 되며 유약한 사람이라도 강하게 된다는 뜻이지 이미 품부받은 기품을 증감하거나 변화시킨다는 말은 아니다"[17]라고 하여 기질을 태어날 때 부여받은 생체적 특성으로 규정한다. 예컨대 보고 듣고 말하는 데에 어려움이 있다면 대상을 인식하거나 소통하는 데에 제약이 따를 수밖에 없다. 그러나 성인과 범인, 지혜로운 자와 우둔한 자가 기질에 따라 결정된다고 보지

16 『동경대전』「수덕문」. '도덕성립(道成德立), 재성재인(在誠在人), 혹문유언이수지(或聞流言而修之), 혹문유주이송언(或聞流呪而誦焉), 기불비재(豈不非哉), 감불민연(敢不憫然).'

17 『인정』 권7 '측인문 7' 「논기품(論氣稟)」.

않는다. 후천적인 지각과 추측으로 인식이 확대되고 지식이 축적되기 때문이다. 더욱이 사람의 선악은 기질이 아니라 행위에 따라 판단해야 한다고 주장한다.

기학의 핵심 개념인 '운화기'는 '형질기'와 다르다. 운화기는 세계의 시원이자 본질적인 기로서 소멸하지 않고 운동·변화한다. 형질기는 운화기와 만나 개개의 형체를 이룬다. 사람도 운화기와 형질기의 두 측면을 갖는다. 그런데 최한기는 '형색이 천성이다(形色天性也)'라는 맹자의 말[18]을 예로 들어 천성과 기질을 둘로 나눌 수 없다고 한다.

> 사람의 기질이란 곧 운화의 기가 성취된 것이다. 눈으로 보고 귀로 듣고 입으로 말하고 손으로 잡고 발로 걷는 것은 모두 기질이니, 소위 천성이란 것이 모두 여기에 의거하여 유행하는 것이다. 어렸을 때의 시청언동(視聽言動)은 장년의 시청언동과 다르고 쇠로한 때의 시청언동도 다르니, 이것이 바로 운화하는 기질이며 운화하는 천성(天性)이다. 천성과 기질은 둘로 나눌 수 없으니, 『맹자』에서 '형색(形色)이 천성이다'라고 한 것이 바로 이것이다. 그러니 기질을 버리고서야 어디에서 천지의 성을 구하고, 나의 기질을 버리고서야 어떻게 다른 사람의 천성을 구하고, 사람의 기질을 버리고서야 어디에서 사람의 천성을 구하겠는가.[19]

최한기가 '천성과 기질'을 같다고까지 말하지는 않지만 나눌 수 없음을 강조한 이유는 무엇일까. 이 지점에서 우리는 '추'와 '측'에 다시 주목할 필요가 있다. '추'는 객관 대상을 근거로 하는 것이고 '측'은 '추'를 통

18 『맹자』 「진심」(上) 38.

19 『인정』 권9 '교인문 2' 「기질즉천성(氣質卽天性)」.

해 얻은 바를 인간이 분석·종합·추상화(원리화 혹은 법칙화)하는 일체를 뜻한다. 따라서 기질에서 천성을 찾아야 한다는 말은 구체적으로 드러난 현상과 실재를 앎의 대상으로 삼아야 한다는 것이다. 구체적인 대상으로부터 형태가 없는 추상적인 것으로 확장해나가는 '추측'은, 다시 '측추'를 통해 증험의 과정을 반드시 거쳐야 한다. 최한기가 인식 과정에서 추와 측의 연결을 강조하면서도 굳이 구분한 이유는 형태가 없는 성(性)을 가지고 더는 논란하지 말자는 뜻이다. 인간 본성을 성선·성악으로 나누는 논쟁도 무용하다.

> 성에 있으면 순역이라 하고 정에 있으면 선악이라 한다. 그러므로 정의 선한 것은 그 성에 순한 것에서 연유하고, 정의 악한 것은 그 성을 거스른 것에서 연유한다. (…) 또 만일 정의 선은 성에서 연유하나 정의 악은 성에서 연유하지 않는다거나, 정의 악은 성에서 연유하나 정의 선은 성에서 연유하지 않는다고 한다면, 이는 선과 악이 각각 성과 정에 따로 해당됨이 있는 것이니, 맹자의 성선설과 순자의 성악설은 다만 후인들의 변설만 더하게 할 뿐이다. 또 만일 정의 선악이 성에서 연유하지 않는다고 한다면, 이것은 성과 정의 관계가 없어져 선악이 생길 수 없게 된다.[20]

이 말을 요약하면 다음과 같다. 첫째, 성에는 순역만 있고 선악은 정에 달려 있다. 둘째, 정의 선악은 성에 대한 순역에서 기인한다. 선악 판단은 정에 관계된 일이지만, 그 정이 선한가 악한가는 성을 따르는가 거스르는가에 달렸다. 최한기는 『논어』의 '사람의 본성은 서로 가까우나 익힌 데

20 『추측록』 권3 '추정측성(推情測性)' 「성순역정선악(性順逆情善惡)」.

에 따라 멀어진다(性相近也, 習相遠也)'[21]를 근거로 선악의 나뉨을 후천적 경험과 학습에서 찾았다.

> 악에 습관이 된 사람은 추측하는 것이 악에 있고, 선에 습관이 된 사람은 추측하는 것이 선에 있는 것은, 오직 하나 미루어 헤아리는 것이 습관을 따라 서로 멀어진 것이다. (…) 비록 습관을 버리더라도 추측은 남아 있어서 평생의 수용이 되니, 습관이야말로 중대한 것이다. 천하의 사람은 누구나 다 습관을 지니고, 선하고 악한 모든 일은 다 습관으로 되어가는 것이니, 만약에 선악에 무심하면 습관이 된 대로 맡길 것이나, 조금이라도 권징하는 뜻이 있다면 먼저 익힐 것을 스스로 가려서, 남이 익히는 데까지 미쳐야 한다. 『논어』에 '천성은 서로 비슷하나 습관으로 인하여 서로 달라진다' 하였는데, 천성이라 습관이라 말한 것이 무한한 도리를 포괄하여, 참으로 만세의 표준이 될 만하다.[22]

인간의 천성이 모두 같다는 점을 강조하고 후천적 습관과 경험을 중시하는 태도는 신분과 가문에 따른 차별의 소지를 근원적으로 제거하는 이론적 토대가 될 수 있다. 최한기는 누구나 요순이 될 수 있다는 맹자의 언급을 이끌어, 자신이 얻은 지식은 결국 실천을 통해서 완성된다는 점을 강조한다. "사물을 참작하여 그것을 얻는 것은 나에게 달려 있으니, 이미 내가 그것을 얻은 다음에 그것을 이루는 것은 행사에 달려 있다. 사람들이 간혹 '인의예지는 본래부터 나의 성에 갖추어져 있는 것이다'라고 하는데, 이런 생각의 폐단이 결국 사물을 도외시하고 오직 나에게서만 모든 것을 구하려 하니, 이렇게 해서야 어찌 구하여 얻는 방법을 논할 수 있겠

21 『논어』「양화」 2.

22 『추측록』 권1 '추측제강(推測提綱)'「습변(習變)」.

는가. (…) 그러므로 맹자는 '사람은 누구나 요순이 될 수 있다'라고 하였을 뿐, '사람은 누구나 요순인데, 다만 요순의 도를 행하지 않을 뿐이다'라고는 말하지 않은 것이다"[23] 결국 최한기가 말하고 싶었던 바는, 선악은 성품으로 결정되지 않는다는 것이다. 신분의 귀천은 더 말할 것도 없다. 단지 어떻게 실행하는가가 관건일 뿐이다.

4. 문명전환과 진보

최한기는 경험을 통해 축적된 지식이 인류문명의 진보를 이끈다고 믿었다. 지식의 축적은 총량의 단순한 증가가 아니라 발달을 의미했다. "고금 사람의 지각은 운화에 따라 다르다는 것을 통찰해야 한다. 옛날의 질략(質略, 질박하고 소략함)함은 초창기이기 때문이요, 중고(中古)의 경박은 문화(文華)가 점차 사치스러워졌기 때문이다. 오늘날 이것을 손익(損益, 덜어내거나 보탬)하게 된 것은 기수(氣數)가 점차 밝아졌기 때문이다"[24]라는 대목에서 지각의 발달은 궁극적으로 인류 역사와 문명 발전의 원동력이다. 그는 상고, 중고, 근고, 방금으로 역사 시기를 구분하면서, 한 시대를 특징지을 만한 학문과 그 변천을 시대의 산물로 파악했다. 예컨대 상고에는 제가(齊家)와 치국의 대경대법(大經大法)이 세워졌고, 중고에는 한대 훈고학과 불교의 선설(禪說), 위진남북조의 현학(玄學)이 성행했고, 근고에는 당·송·원·명의 성학(性學), 이학, 심학이 발달했으며, 방금에는 지구

---

23 『추측록』 권3 '추정측성(推情測性)' 「인의예지(仁義禮知)」.

24 『인정』 권25 '용인문' 「제욕불감간섭(諸欲不敢干涉)」. 『인정』 권16 '선인문 3' 「고금인비교(古今人比較)」에서도 지식의 축적과 문명 발달의 상관성을 거론한 바 있다.

가 드러나서 사해의 인도가 통합되고 운화가 밝혀져 만물의 조화가 표준이 있게 되었다고 정리했다.[25] 기학의 탄생 배경이 바로 여기에 있다. 기수의 학은 천문학, 물리학을 포함한 근대적인 자연과학이다. 고대에는 밝혀지지 않았던 기의 활동운화가 밝혀진 것은 역시 과학기술 발달에 힘입은 바 크다. 상고시대에서 현재에 이르기까지 보편적인 상식과 금과옥조로 떠받들어지고 한 시대를 풍미하던 진리라 할지라도 현재에 오류로 판명되면 마땅히 수정되어야 한다. 대상을 판단하고 취사선택이 뒤따라야 한다. 이 또한 최한기가 강조하는 변통이요, 활동운화 하는 세계에서 시대마다 적절한 변통을 통해 현재에 이른 게 인류역사다. 이른바 서세동점 속에서 최한기는 개벽에 버금가는 인류의 문명사적 대전환을 예견했다. 그리고 이러한 변화를 "훈풍이 계곡에 불어오면 구름과 안개가 그것을 막지 못하고, 아침 해가 창공에 떠오르면 강과 호수가 그것을 잠기게 할 수 없는 것"[26]에 비유하면서, 새로운 시대를 대비할 사유 실험을 지속했다.

최한기는 근대의 지리적 발견을 천지가 열리는 '개벽'에 비유했다. 그것은 종래와는 다른 사유 지평의 대전환을 예비하는 일대 사건이었다.

> 또 신기가 통하는 것에는 각자 크고 작고 두루 통하고 편벽된 차이가 있으므로 얻어지는 교법도 따라서 크고 작고 두루 통하고 편벽된 차이가 생긴다. 대개 천하가 두루 통한 것은 중국의 명나라 홍치〔弘治, 명의 연호〕 연간의 일이다. 구라파(歐羅巴) 서해(西海)의 한 모퉁이에 있는 뽀르뚜갈〔布路亞〕 사람인 까노〔嘉奴〕가 처음으로 지구를 한바퀴 돌았으니, 이것은 바로 천지가 개벽(開闢)

25 『인정』 권16 '선인문 3' 「학문비교(學問比較)」.
26 『인정』 권9 '교인문 2' 「본원고천하(本源告天下)」.

한 것이라 하겠다. (…) 모름지기 하늘과 사람의 신기를 어기거나 벗어나지 않는 것으로 범위(範圍)를 정하여 세우고 조리(條理)를 뚜렷이 밝혀야 할 것이니, 나는 다만 말로 발표할 따름이나, 실상은 바로 하늘과 사람이 저절로 행하는 만고의 경상(經常)인 것이다. 유도(儒道) 중에서는 윤리와 강상과 인의(仁義)를 취하고 귀신과 재앙이나 상서에 대한 것을 분변하여 버리며, 서양의 법 중에서 역산(曆算)과 기설(氣說)을 취하고 괴이하고 속이는 것과 화복에 관한 것은 제거하며, 불교 중에서 허무(虛無)를 실유(實有)로 바꾸어서, 삼교(三敎)를 화합하여 하나로 돌아가게 하되 옛것을 기본으로 삼아 새로운 것으로 개혁하면, 진실로 온 천하를 통하여 행할 수 있는 교가 될 것이다.[27]

엘까노(Juan Sebastián Elcano, 1476~1526)는 마젤란과 함께 원정에 나서 세계일주를 완수했다. 최한기는 세계일주를 통해 지구가 둥글다는 것을 밝혀냄으로써 세계 각국이 선박으로 왕래하고 문물교류가 활성화된 일을 인류역사의 대전환으로 보아 경탄했다. 지구가 둥글다는 사실이나 자신이 주장한 '운화의 기'가 인류문명 초기에 발견되지 않고 근래 시험에 의해 드러나게 된 것은 인류의 경험이 축적되고 지식이 확장되었기 때문이다.

또다른 개벽 언급은 우주자연의 이치를 탐구하고 서로 자신의 주장이 옳다고 논란하더라도 실제 이치에 인위적으로 더할 게 없다는 대목에서 찾을 수 있다. 유행지리와 추측지리를 엄격하게 구분한 연유와 하등 다를 게 없다. 최한기는 인식에서 실재하는 객관 대상을 전제한다. 그는 천지에 가득 차고 물체에 푹 젖어 있는 것 모두 기 아닌 게 없다고 하여,[28] 기

27 『신기통』 권1 '체통(體通)' 「천하교법취천인이질정(天下敎法就天人而質正)」.
28 『신기통』 권1 '체통(體通)' 「천인지기(天人之氣)」.

를 모든 존재의 본질로, 이(理)는 기의 조리로 인식했다. 인식하기 전에 선천적으로 주어진 지식의 존재를 부정했다. 사람에게는 다만 사물과 세계를 인식할 수 있는 신기(神氣)가 있을 따름이다. 신기는 인식의 근거이자 존재의 본질이다. 한 몸의 신기는 여러 감각기관〔諸竅〕을 따라 대기운화에 통달하고, 소리와 색, 냄새와 맛은 강보(襁褓)에서부터 점점 물들어 익숙해지는 것[29]이라는 그의 설명은 경험주의에 근사하다. 오관을 통한 감각경험이 축적되고 추측으로 경험이 확장하면서 지각을 형성한다. 우주 자연의 기의 운동법칙 그 자체는 유행지리이며, 이를 인식한 것은 추측지리로 분별하여 인식된 세계와 객관 세계의 괴리를 줄이는 방법으로 증험을 강조했다. 즉 감각기관을 통해 표상된 사물의 경험을 축적하고, 축적된 경험으로 미처 알지 못했던 것을 헤아리는 추측의 단계로 나아간다. 추측한 것은 다시 경험을 통해 검증될 때 진리가 된다.

또다른 문제는 인간 개개인의 각각 다른 경험의 옳고 그름을 판단할 수 있는 기준이다. 최한기는 대기운화와 활동운화를 판단 기준으로 제시한다. 즉 '현재의 활동운화'〔方今運化〕가 일신·통민 등 전후의 모든 운화를 증험할 수 있는 근거가 된다.[30] 대기운화를 모르고 신령한 것에 미혹되어 단지 심리로 성현의 말을 구명한다면 이는 견강부회하는 경설(經說)에 불과하다는 것이다.[31]

과학기술의 발달은 추론에 그쳤던 사실을 실증할 수 있게 했고, 잘못된 추론을 교정할 수 있게 했다. 비과학적 인식에 기초했던 종교적·형이상학적 논의의 허황함과 무용함이 잇따라 드러났다. 국가·사회로부터 일상

29 『인정』 권11 '교인문 4' 「지각지원(知覺之源)」.
30 『인정』 권5 '측인문 5' 「기유수변(氣有隨變)」.
31 『인정』 권14 '선인문 1' 「선경술(選經術)」.

의 영역에 작용했던 합리성에 균열이 일어났다. 자연의 법칙인 천도로부터 사람의 법칙인 인도를 도출했던 사유에 변화가 요구되었다. 최한기는 사유의 출발점을 새롭게 정초했다. 즉 도덕형이상학적 논의의 출발을 하늘이 아니라 인사(人事)에 두고, 우주 천체에 대한 인식도 기초적인 물체의 형태를 이해하는 데서 비롯해야 한다는 것이다. 그럼으로써 사람은 우주자연의 이치에 순응하고, 인류의 생활을 올바르고 이로운 방향으로 이끌어갈 수 있게 된다.[32]

최한기는 지리상의 발견으로 동서문명이 교류하면서 인류의 지식이 더욱 축적되고 이전까지 알지 못했던 사실이 밝혀짐으로써 인류문명이 새로운 전기에 이르렀음을 절감했다. 그는 이로써 천하의 모든 일이 미미한 데서 현저한 데로, 허황된 데서 실질적인 데로 나아간다고 믿었고,[33] 이는 실재했으나 미처 알지 못했던 사실이 밝혀지고 몰라서 헛된 말로 중언부언하던 사변을 증험할 수 있게 되었음을 가리킨다. 이학과 심학의 단계를 지나 기학의 시대가 열렸다는 것이다. 여기서 '현저함'과 '실질'은 지향점이다. 시대마다 내용은 다를 수 있다. 그 옳고 그름은 오직 시의(方今運化)에 부합하는가와 인류 공동을 지향하는지의 여부다. 최한기는 기의 속성인 운(運)에 근거하여 동서의 학문과 사상을 시대의 요구에 맞춰 적극적으로 활용할 방법을 고민하여 기학을 제창했다. 나아가 화(化)에 근거해 동서의 문물제도를 충분히 변통하면 만물의 원리를 밝혀 천하의 사무를 모두 성취할 수 있다고 단언했다. 이는 그가 『인정』과 『기학』에서 누누히 강조한 변통론의 연장이다. 이러한 최한기의 운화론적 세계 구상은 문호를 개방하여 세계가 소통해야 한다고 보는 점에서 이후 개화파의

---

32 『추측록』 권5 '추기측인(推氣測人)' 「무보어리무익인교(無輔於理無益人巧)」.

33 『인정』 권10 '교인문 3' 「역대점차수명(歷代漸次修明)」.

주장과 유사해 보이지만, 최한기의 기학이 대동세계와 평화를 지향한 것과 달리, 개화론 일부는 서구문명론에 경도되어 약자에 대한 지배를 합리화하는 제국주의 논리를 무분별하게 수용하고 있어 주의가 필요하다.

역사의 변화 또한 기의 운행과 변화다. 운화기의 실상이 드러나 확장된 지식은 문명의 진보를 낙관하게 했다. 자연과 합일된 존재이자 문명 창달의 주체로서 인간은 자신의 역사를 부단히 발전시켜왔다. 우주의 운화법칙에 승순해야 하는 인간은 그 필연성에 속박된 존재가 아니라, 창발적으로 지나간 역사를 미루어 미래를 예측하며 양극단을 절충할 수 있는(推前測後 折衷兩端) 주체다. 이러한 역사 인식과 인간관으로 최한기는 상고주의적 학문 풍토에서 벗어났다. 학문은 고금을 참작해야 하지만, 과거의 학문에만 정통하느니 차라리 지금의 학문에 정통하는 것이 낫다고 여겼다. 특히 고금을 통해 변함없는 도덕적 가치는 예나 지금이나 다르지 않으므로 반드시 옛것을 고집할 이유가 없다.[34] 그는 문학과 기학을 각각 과거를 통해 현재를 아는 것과 현재를 통해 과거를 증험하는 것으로 구분했는데, 이때 문학은 문헌으로 전해진 과거 학문 일반을 지칭한다. 만약 과거의 학문과 지금의 학문 중 취사선택해야 한다면, 당연히 내가 생활하고 의지하며 쓰고 따라야 할 현재의 학문을 취해야 한다고 주장한다.[35]

성인이 제작한 문물제도도 예외가 아니다. 성현의 법제 또한 당시의 사정을 반영한 시대의 산물이다. 법제가 시의에 적합하지 않다면 마땅히 시의에 맞게 바꿔야 한다. 문물제도의 변화는 대기운화가 춘하추동의 변화를 낳는 것처럼 시의에 마땅한 바를 따라야 한다. 정치도 마찬가지다. 현재 백성의 호오에 따라 법을 시행하는 게 시의에 맞는 것이다. 백성의 뜻

---

34 『신기통』 권1 '체통(體通)' 「고금인경험부등(古今人經驗不等)」.

35 『인정』 권11 '교인문 4' 「고금통불통(古今通不通)」.

에 따라 법을 제정하고 민속을 따라 교육의 방법을 수립하고 백성이 좋아하는 데 따라 인재를 선거해야 한다.[36] 시의에 맞지 않는 법은 활법이 아니라 죽은 법이다.[37] 이런 맥락에서 최한기는 당대 발발했던 민란에 대해 "민생을 침탈하는 가혹한 정치를 하지 않았다면 백성이 어찌 이런 난역까지 하겠는가. 포학을 견디지 못해 군중이 일어나는 것이니, 이는 하늘이 백성을 낳은 큰 원리와 법칙의 자연스런 발로"[38]라고 설명했다.

5. 대동의 평화세계 구상

1830년대에 정립한 '신기'와 '추측' 개념은 1850년대 후반 '기학'을 수립하는 이론적 기반이었다. 최한기는 자신의 기학은 동서고금의 모든 사람이 따르고 실행한 것이지만 무지로 인해 서로 다투고 때로는 잘못된 인식으로 인해 이 학문으로 귀일하지 못했다고 평한다.[39] 인지하건 못하건 인간의 삶은 운화하는 기 안에서 계속되어왔고 『기학』은 이를 자신의 언어로 설명한 데에 지나지 않는다는 것이다. 기학이 보편적 진리를 담고 있다는 자긍심은 여기서 비롯된다. 『기학』이 최한기 철학의 이론 틀이라면 『인정』은 그 실현 방안의 집대성이다. 인간과 사회, 우주자연의 유기적 연결망인 일신·통민·대기의 삼등운화 가운데 통민운화의 구체적인 방도가 『인정』에 제시되었다. 사람을 헤아리고 가르치고 선발해서 적재

36 『인정』 권16 '선인문 3' 「선인이선경륜(選人而選經綸)」.
37 『인정』 권15 '선인문 2' 「천거격식(薦擧格式)」.
38 『인정』 권23 '용인문 4' 「용인대세(用人大勢)」.
39 『기학』 권1.

적소에서 제대로 역할을 하게 한다는 네 부문의 구성은 가깝게는 세도정치로 피폐해진 민생을 회복하고 정치를 바로잡는다는 과제에 충실하다. 그러나 이는 일국 차원에 머물지 않고 인류 전체로 나아간다.

> 운화기의 이치나 운화기의 신(神)으로 보면, 세상이 모두 같고 사람과 사물이 모두 같아서 옛날부터 본래 그러하였다. 다만 사람이 스스로 자신의 마음에 국한되어 천지의 기를 통달하지 못했다. 이제 크게 밝혀졌으니, 평천하의 의논이 어찌 운화를 모르던 때처럼 치국의 규모나 미루어 확대할 뿐 변통함이 없을 수 있겠는가. 세상의 교화를 한가지로 통합해서 운화에 승순하여 어김이 없게 한다면, 이것이 곧 세상을 평화롭게 하는 대도(大道)이므로 4주〔대륙〕 각 지방의 어질고 빼어난 자가 이 도를 밝히고 이 도를 행하여, 백성을 천민(天民)이 되게 하고 정치를 천정(天政)이 되게 할 것이다.[40]

'하늘 백성'〔天民〕과 '하늘 정치'〔天政〕는 대기운화에 승순하며 살아가는 사람과 정치를 가리킨다. 이런 우주론적 시각에서 보면 서로 다른 지역의 습속이나 규범 등 문화적인 차이는 모두 인간의 활동운화로서 결국 대기운화에 승순하는 단일한 구조이다.[41] 사회·문화·경제·정치의 상황이 각기 다르지만 운화하는 기의 본질을 안다면 모두가 운화에 따라 대동소이한 정교(政敎)를 시행하고 있음을 알 수 있고 이를 규명하여 구체화한 것이 바로 『인정』이라고 할 수 있다. 통민운화의 실현은 대중을 이끌어 운화를 알게 하고 승순하게 하는 것이다. 예컨대, "온 백성의 마음으로 마음을 삼고 일통의 다스림으로 다스림을 삼아, 운화에 승순하고 사무를

---

40 『인정』 권9 '교인문 2' 「부운화평우내(敷運化平宇內)」.

41 『인정』 권19 '선인문 6' 「기선리선(氣選理選)」.

조화시켜야 한다"[42]는 것이다.

> 천하를 위하여 사람을 쓰는 자는, 만국의 교화를 펼 수 있는 성현이 천하에 수립해놓은 떳떳한 치안을 근거로 그 도를 높이고 그 법을 본떠, 규범을 조정하여 시의에 부합되도록 하고 운화를 발명하여 그 조짐을 점차 드러낸다. 그래서 천하를 태평하게 만들 방법을 개척하고 억조의 정당한 학문을 유도하여, 만국으로 하여금 일통된 천칙(天則)에 승순하고 피차의 구별 없이 일체 치안정교(治安政敎)에 따르도록 한다.[43]

최한기의 사회정치 철학은 확대된 세계에 대한 인식 위에 이루어진 것으로, 그 대상이 '만국' '천하' '억조'로 제시됨을 확인할 수 있다. 여기서 '천하'는 중국 중심의 천하 개념과 구별해야 한다. 그가 15세기 말부터 16세기 초에 이루어진 지리상의 발견에 대하여 정확하게 알고 있었고, 이를 천지의 개벽이라고 할 정도로 중대한 사건으로 받아들였기 때문이다. 『추측록』에서 이런 상황에 대해, "지금은 서양 선박이 동서로 왕래하여 지구를 도는 데 불과 8~9개월이 걸린다. 이에 물산이 온 세계에 통하고, 여러 종교가 천하에 섞였다. 따라서 변화에 대처하는 방법은 마땅히 변화를 가지고 변화를 막아야 할 것이고, 변화하지 않는 것을 가지고 변화를 막는 것은 마땅하지 않다"[44]고 주장했다. 변화하는 것은 방금의 활동운화이고 변화하지 않는 것은 이미 지나간 과거 운화의 자취다. 최한기는 동서문명의 교류를 인류문명이 새로운 경지로 나아가게 할 계기로 인식

---

42 『인정』 권20 '용인문 1' 「용인도재만성(用人道在萬姓)」.

43 『인정』 권23 '용인문 4' 「위신가국천하용인(爲身家國天下用人)」.

44 『추측록』 권6 '추물측사(推物測事)' 「해박주통(海舶周通)」.

하여 주체의 능동적인 대응을 촉구했다.

최한기는 『지구전요(地球典要)』를 편찬하면서, 기화를 기준으로 하여 각국의 지지를 넷으로 분류했다. 첫째, 기화가 만든 부문(강역·산수·관습·인민·물산). 둘째, 기화에 순응하여 갖춘 부문(의식·궁성·문자·역법·농업·상업·공업, 각종 기구). 셋째, 기화를 인도하는 통법(정치·교육·학문·예법·형률·미풍·외교). 넷째, 기화가 지나온 자취 부문(각부 연혁)이 그것이다.[45] 상이한 문명이 존재하는 까닭도 기화 때문이다. 다양한 문명은 서열화되거나 차별되어선 안 된다. 결국 대기운화는 한가지이고, 문명 간의 공존과 조화의 가능성도 여기서 열린다. 자기동일성의 강화와 타자에 대한 지배와 폭력을 정당화하는 도구로 작동한 19세기 서구문명담론과의 차이가 뚜렷하다.

최한기는 기화에 따른 문명 간 차이에도 불구하고 신기가 소통하는 인간의 본질은 대동하다고 주장했다. 따라서 다양한 문명을 오히려 변화·발전의 동력으로 간주했다. "세상 여러 나라에서 조금 다른 것은 풍토와 물산이고, 크게 같은 것은 신기운화(神氣運化)다. 여러 곳에 흩어져 사는 사람들은 그 작은 차이에 따라 자잘한 행위와 습속을 이루고 크게 같은 것을 계승하여서는 윤리 규범과 정치 교화를 이룬다"[46]고 하여, 역사·문화적 차이를 넘어선 보편적 도덕과 규범을 추론했다. 지역마다 풍습과 정교가 다르더라도 모두 운화에 승순하는 생활을 영위한다. 활동운화 하는 세계의 법칙은 보편적 천칙이며, 동서고금을 떠나 발견할 수 있는 천칙은 대동의 준거가 된다. 심지어 운화를 몰라도 무관하다. 세상 사람이 다 함께하는 대동의 즐거움을 즐거움의 근원으로 삼고, 다 함께하는 대동의 근

---

45 양보경 「최한기의 지리사상」, 진단학회 엮음 『명남루총서』, 일조각 2001, 82~84면 참조.
46 『기학』 권1.

심을 따라 근심의 근본으로 삼으면 된다.[47]

위원(魏源)이 『해국도지』(1842)의 저술 목적을 '오랑캐로 오랑캐를 제압한다'(以夷制夷)에 두었던 위기의식과 비교하면, 최한기의 서구 근대 인식은 지극히 낙관적이다. 그는 당대 유행하던 '서양 오랑캐'(洋夷)라는 용어를 사용하지 않는다. '서양'이라고 쓰고 '서유(西儒)' '서사(西士)'[48]로 서양인을 지칭하며 폄하하지 않는다. 혐오와 차별 없는 이러한 인식은 '기학' 패러다임 자체가 일통적 구조를 지향하며, 충돌과 갈등은 일시적이고 머지않아 해소되리라는 신념에 기반한다. 쇄국이 아니라 문호를 개방해야 한다. 그에겐 문명 간의 충돌이 아니라 문명의 교류를 막아 서로의 장점을 취하지 못하는 게 문제였다.

> 궁극적으로 승패 우열은 풍속이나 예교에 있지 아니하니, 오직 실용을 힘쓰는 사람은 이기고 허문을 숭상하는 사람은 패하며, 남에게서 취하여 이익을 삼는 사람은 이기고 남을 그르다 하여 고루한 것을 지키는 사람은 패한다. 그러므로 서교(西敎)가 천하에 만연하는 것은 근심할 게 아니고, 실용을 십분 취하여 쓰지 못하는 게 바로 걱정할 바이다.[49]

그도 저술 여러곳에서 천주교와 이슬람교를 허학으로 분류하여 비판하기도 했다. 인도와 치안에 아무런 도움이 되지 않는다는 판단 때문이다. 그러나 세계 각국이 인도와 치안으로 화호를 통한다면 이 나라 저 나라의 경계를 굳이 구분할 일이 없다고까지 주장한다. 이 점에서 최한기의

---

47 『인정』 권21 '용인문 2' 「우락용인(憂樂用人)」.
48 『지구전요』 권11 「중서동이(中西同異)」.
49 『추측록』 권6 '추물측사(推物測事)' 「동서취사(東西取捨)」.

사상이 근대적 국가사상에 취약하다는 비판도 있으나, 어쩌면 이제라도 가야 할 길일 수 있다. 근대 국민국가를 넘어서기 위한 상상력은 경제적 블록화를 넘어 연합의회를 설립하는 등으로 유럽연합에서 이미 시험하고 있다. 최한기는 언어와 문자가 다른 사람들이 상호 소통할 수 있는 근거로 인도와 학문의 대체에 모두 뜻을 모을 수 있다는 점을 제시했다. 사람이 마땅히 걸어가야 할 길은 대동소이하다. 서로 다른 점은 운화를 기준으로 변통하면 될 일이다.

여기에 문명 간의 교류를 강조하기 위한 조어로 '교접운화(交接運化)'와 '조민유화(兆民有和)'가 주목에 값한다. 최한기는 오륜에 조민유화 하나를 더해야 한다고 주장했다. '조민'은 『예기』의 「월령」에도 나오듯이 만백성을 가리킨다. 이때 조민은 천자의 교화가 미치는 백성을 의미하는데, 조민유화의 조민은 인종·민족·국가의 경계를 넘어선 인류 전체를 의미한다는 점에서 차이가 있다. 교접운화를 잘한다면 넓어지고 개방된 세계 속에서 서로 다른 주체가 상호 소통할 수 있는 방법을 찾는 일은 어렵지 않다.

최한기는 의복, 음식, 기물, 그리고 언어나 예절 등은 운화에서 비롯하여 오랜 세월을 지속해왔기 때문에 하나로 정할 수 없지만, 유도, 불교, 서법 가운데 장점을 취해 새로운 문명세계를 창도할 가르침을 제공해야 한다고 주장했다.[50] 그의 사상 마련에 따르면 삼교를 화합하여 하나로 돌아가게 하는 가르침은 유교, 불교, 서양학술도 아닌 기학이다. 통민운화의 준적(準的)으로 유술(儒術)을 말하고 인의를 보편적 가치로 내세운다는 점에서 유교의 울타리가 크다는 점을 부정할 수 없지만 기학의 사유는 그 경계 너머를 향하고 있기 때문이다.

---

50 『신기통』 권1 '체통(體通)' 「천하교법 취천인이질정(天下敎法 就天人而質正)」.

6. 창조적 변혁을 위한 성찰

자연을 도구화하고 지배할 수 있다는 인간중심적 사고는 지구생태계를 파멸로 이끌고 있다. 최근 증가하는 온실가스 배출량은 역사상 최악의 기후위기로 인류를 내몰고 있다. 근대국가의 틀 안에서 자국의 이익만을 고집해서 결코 이 상황을 해결할 수 없음을 모두 인지하면서도 경계를 허물지 못한다. 거대 자본과 권력의 카르텔은 공고하기만 하다. 민족, 종교 분쟁, 인종차별, 세대와 젠더 갈등, 진보와 보수의 대립 저변에 혐오의 정서가 만연하다. 서구 근대를 뒤좇던 지난 한세기를 뒤로하고 이제 세계가 우리의 문화에 주목하고 있으나 우리 사회 일각에는 아직도 일제강점과 민족분단의 잔재, 민주주의 정착 과정의 상흔이 고통스럽게 남아 있다.

한편으로 인공지능과 로봇이 가져올 제4차 산업혁명이 문명대변혁을 가속화하리란 전망도 쏟아진다.[51] 낙관론과 비관론이 교차하는 이른바 문명전환의 시기는 그 어느 때보다 인간의 본질에 대해 되묻고 실천의 방향을 가늠하게 한다. 최제우나 최한기의 사유가 하나의 성찰의 단서가 될 수 있다. 최제우는 하늘과 인간의 본원적 관념에 대한 물음을 다시 제기했다. 스스로 상제와 대화를 나눈 강령 체험에도 불구하고 천상의 상제의 실체를 인정하지 않았다.[52] 우주만물을 생성하는 이치는 사시가 갈마드는 것처럼 항존하는 원리이고 음양은 만물화생의 속성이다. 그러므로 천지도 귀신도 모두 음양의 조화일 뿐, 만물을 생성하고 주재하는 초월적 절대자가 따로 존재하지 않는다는 것이다. 인간이라는 유적 존재 또한 음

---

51 김용학 외 『문명대변혁의 시대: 사회구조 변화와 학문적 조망』, 나남출판 2024 참조.

52 이때 상제는 천주교의 유일신 내지 조물주 관념을 의미하며, 하늘 또는 천의 공능을 의인화한 범칭으로서의 신이 아니다.

양이 서로 조화를 이루어 만물의 하나로 화생해 나오는 것이다. 다만 그 가운데 사람이 가장 신령하다.[53] 결국 도와 덕도 외계로부터 부여받은 게 아니며, 천도와 천덕이 바로 인도와 인덕이다. 최제우는 자신의 무극대도를 가르쳐 세상 사람들이 모두 깨닫게 되기를 바랐다. 이러한 무극대도를 실천하는 방안이 수심정기(修心正氣)이다. 그는 "인의예지는 옛 성인의 가르친 바요, 수심정기는 내가 다시 정한 것이니라"[54]라고 하여 '수심정기'가 자신이 창안한 것임을 단언한다. 동학 수양론의 핵심인 수심정기는 그 스스로 심학이라고 말한 바와 같이 마음을 닦고 기운을 바르게 하는 것이지만 무위이화 하는 지기(至氣)와 신령한 하늘이 내 안에 이미 자재하다는 점에서 다른 사상과 확연히 구별된다. 타력신앙이 아니라 자력신앙에 가깝다.

수심이야말로 덕을 아는 요체이고, 사람의 도리는 덕을 밝히는 데 있다. 수심과 더불어 운위되는 정기는 마음을 흐리는 기운을 제거하는 것이다. 그래서 도를 자각하기 위해서는 심주를 굳건히 해야 하고, 흐린 기운을 일소하고 맑은 기운을 어린아이 기르듯이 하라고 한다. 마음을 바르게 하면 모든 일이 하나의 이치로 돌아갈 것이니, 남의 허물을 논란하지 말고 나의 적은 지혜라도 남에게 베풀라고 주장한다.[55]

동학의 도는 비록 넓지만 간략하여 별다른 말을 많이 할 것 없다. 별다른 도리가 있는 게 아니라 성경신 세글자이다.[56] 그 셋 중에 신(信)이 우선 요구된다. 신이란 옳고 그름을 분별하여 옳은 말은 취하고 그른 말은 버리어

53 『동경대전』「논학문」; 『용담유사』「도덕가」.

54 『동경대전』「수덕문」.

55 『동경대전』「탄도유심급」.

56 『동경대전』「좌잠」.

거듭 생각하여 마음을 정하고 작정한 후에는 정성을 다해 믿는 것이다.[57] 결국 성경신은 경천과 수심정기를 통해 애인의 실천을 지향한다고 할 수 있다.

인류의 역사가 필연적으로 발전하고 인식이 확대되는 것은 막을 수 없다고 보는 진보적 역사 인식이라는 점에서 최한기의 사유체계는 지나치게 낙관적이라는 비판도 받지만, 문명의 다양성과 대동의 평화세계를 지향한다는 점에서 여전히 목표해야 할 길이기도 하다. 최한기의 기학적 세계관은 전통과 현대를 매개하는 전환기 사고의 한 전형이다. 서구 자연과학에 심취하면서도 주체적인 해석과 수용의 면모를 보였고, 정신과 물질을 이원화하거나 대립적으로 사고하지 않았다. 기학이 지향한 세계는 다양한 문명의 차이를 인정하면서도 항상 일통과 대동의 가능성을 안에 담고 있다. 그의 문명관에서는 인종과 국경, 문화와 종교의 근대적 한계가 원리적 차원에서 해소된다.

서구학문 수용에 적극적이었던 최한기의 학문적 기반은 유학에 있었지만, 불교나 천주교는 물론이고 심학이나 이학도 증험 불가능한 무형의 이치를 좇는 학문으로 비판했다. 다만 학문은 그 시대를 반영한 것이므로 일정한 시대적 역할을 했음은 인정한다. 발달한 과학기술로 우주자연의 운행원리를 실증할 수 있게 되자 학문이 무형의 이치를 좇다가 유형의 이치를 추구하는 방향으로 변화하게 되었다는 선언은 단순한 과학주의가 아니다. 『기측체의』에서 『기학』 그리고 『인정』과 『승순사무』로 이어지는 학문 여정은 자연학을 도구 삼아 인간과 자연을 통일적으로 사고하는 새로운 이론에 대한 모색이었다. 그 끝에 인간과 우주를 통관하는 기학이

57 『동경대전』「수덕문」.

정립된 것이다. 측인, 교인, 선인, 용인의 네 부문으로 구성한 『인정』은 최한기 인간학의 목표와 실천적 지향을 여실히 드러낸다. 공의와 공론에 따라 민관이 함께하는 공치(共治), 인도와 치안에 보탬이 되는 정치는 그가 누누이 강조한 모두 함께 원하는 바를 담아내는 정치이다.

독일의 개념사를 선도한 라인하르트 코젤레크(Reinhart Koselleck)는 '근대'(Neuzeit)라는 새로운 시대를 경험 공간과 기대 지평의 간극이 점차 벌어지는 가운데 미래의 도전이 점점 커지는 시간대로 설명한 바 있다. 박근갑은 언어 사용의 새로움이란 지나간 시간의 회고의식에서 벗어남을 뜻하며, 그때부터 사람들은 다가올 시간의 시작점에서 자기 존재를 찾고자 애쓰는데, 이런 현상을 바로 지금 순간, 곧 '우리 시대의 역사'에서 '신기원의 문턱'(epochale Schwelle)이 만들어지는 것과 같다고 설명했다.[58] 최제우의 말로 바꾸자면 '개벽'이다. 불평등하고 불합리하며 부조리한 낡은 세계를 평등하고 합리적이며 정의로운 세계로 전환할 주체의 예비가 개벽사상의 핵심이자 지향이다. 개벽이라는 혁명적 사유는 서구의 충격에 대한 응전에 그치지 않는다. 투철한 자기개조의 동력이자 도달해야 할 목표이기도 하다. 오늘 사회에는 민주주의 이념 성숙에도 불구하고 사람을 인격이 아니라 관계로, 목적이 아니라 수단으로 삼는 일이 왕왕 발생한다. 이상주의라는 비판에도 불구하고 개벽사상이 그려낸 세계와 인간은 여전히 실현해야 할 과제이자 가치를 지닌 '지나간 미래'다.[59]

인공지능과 로봇 기술의 발달이 인류에게 재앙이 될지도 모른다는 우

58 박근갑 「경계의 시간: '근대(Neuzeit)'를 이해하는 방법론 소고」, 『개념과 소통』 27호, 2021, 421면.

59 졸고 「1920년대 '도덕'의 의미망과 개념의 재구축: 『개벽』을 중심으로」, 『한국철학논집』 79집, 2023, 46면.

려가 심심치 않게 들려온다. 문명사적 대변혁, 대전환이 편익에 매몰됐던 근대의 연장이 되어선 안 된다. 최한기는 서구 과학기술의 성취에 경탄했으나 경도되지 않았다. 과학기술은 세계에 대한 인식을 확장하고 다시 인간의 삶을 돌아보는 것이어야 했다. 우리가 발 딛고 선 그 자리가 항상 학문의 시작이요 끝이었다. 동학이 손병희에 이르러 물질개벽에서 정신개벽으로의 확장을 주장했다면, 최한기는 기학을 통해 자연학과 인간학을 아우르고자 했다.

4장
개벽의 정신으로 본 전병훈 『정신철학통편』

백민정

1. 개벽의 시대와 전병훈의 문제의식

1876년의 강화도조약 이후 조선은 열강에 의해 강제로 문호를 개방했고 개국통상조약을 맺었다. 일반적으로 한국사회의 근대 전환기를 이 시점에서부터 찾는다. 두번에 걸친 전쟁—임진·병자—이 끝날 무렵인 17세기 중반 청나라를 통해 서양 학술과 문화가 조선에 유입되기 시작했다. 서양 중세의 자연과학과 천주학이 바로 그것이다. 그러나 19세기 서양과의 만남은 그런 학술과 문화, 종교의 유입에 한정되지 않았다. 종교를 앞세운 서구 근대의 산업자본주의, 제국주의의 식민정책이 19세기 조선이 만난 서양 문명의 적나라한 모습이었다. 1860년대 아편전쟁에서 유럽의 영불 연합군이 중국의 수도 북경을 함락해서 중국을 반식민 상태에 빠뜨렸고, 다급한 국제 정세를 목격했던 조선의 위정자와 지식인들은 심각한 충격을 받았다.

조선 정부는 천주교를 탄압하고 서양 책을 금지하는 등 폐쇄적인 정책으로 일관했기 때문에 급변하는 국제 정세에 대처할 만한 안목과 힘이 없었다. 수도권과 충청 지역의 노론 지식인들 그리고 영남지역의 남인 학자들은 무절제한 욕망과 폭력에 기반한 서양 문물을 기(氣)의 세계로 폄하하는 한편 필사적으로 이(理)의 가치를 수호하고자 했다. 그러나 이(理)의 신념에 기반한 유학자들의 위정척사운동 역시 복잡한 정치적 난국을 해결하기에는 역부족이었다. 더구나 19세기 중반 조선에는 역병으로 알려진 콜레라가 창궐해서 엄청난 사망자가 발생했다. 민심의 동요 그리고 민란이 전국 각지에서 발생한 것도 이즈음이다. 이 같은 조선의 정치·사회적 상황에서 인격적 상제(上帝)와 영혼의 불멸, 신상필벌(信賞必罰)의 심판을 내세운 천주교가 급속도로 민간에 퍼져나갔다.

주지하듯이 동학(東學)의 창도는 위력적인 서양 문물의 유입과 서교(西敎), 즉 천주교의 유포를 심각하게 고민하면서 시작되었다. 수운 최제우는 서양인이 말로만 천주(天主)를 앞세울 뿐 제대로 천주를 섬기지도 않고 자신의 이익만 내세우는 '각자위심(各自爲心)'의 태도를 심각하게 우려했다. 성경신(誠敬信)의 자세로 마음을 연마하여 내 안의 천주를 섬기자는 동학의 심법(心法)과 믿음은 이런 시대 상황을 배경으로 민중에 널리 퍼졌고 강력한 유대의 힘을 만들었다. 아편전쟁을 목도하며 순망치한(脣亡齒寒)의 위기가 곧 닥칠 것이라고 경계했던 최제우는 유불도 수천년의 운수가 이미 다한 것인가 스스로 자문하며 '다시개벽'의 기치를 내걸었다. 수운의 정신을 이어 받은 해월 최시형은 요순과 공맹(孔孟)의 도덕만으로 세상을 구제할 수 없다고 본 것이 수운의 개벽사상의 의미라고 이해했고, 이를 토대로 후천개벽의 새로운 세상을 설파했다. 최시형은 물질개벽의 선천(先天)과 인심개벽의 후천(後天)을 구분했으며 수운의 개벽사상을 한층 더 심화시켰다.

그렇다면 개벽이란 무엇이며 개벽의 사상은 20세기 초 위기에 처한 한반도 민중의 삶에 어떤 의미를 던져준 것일까? 큰 열림과 개시를 뜻하는 글자 표현 그대로 개벽이라는 발상은 우리 사유와 인식의 지평을 급격하게 전환시키는 폭발적 힘과 에너지를 갖고 있다. 우리가 딛고 선 앎의 토대를 파헤치고 인식의 속박을 깨뜨린다는 점에서 개벽은 자기해체적인 파괴력을 갖지만 다른 한편 새로운 사유의 원석을 주조하는 건설적 에너지로도 작용할 수 있다. 수많은 사유와 지적 상상력을 자극하는 개벽이란 화두는 19세기 중반 동학을 필두로 시작되었다. 다만 개벽이 갖는 풍부한 함의와 가능성을 우리에게 잘 알려진 동학의 계보만으로 한정할 필요는 없을 것이다. 동서의 문명, 전통과 현대 사이에서 자신의 중심을 잡고, 서구 근대에 경도된 개화도, 전통을 고수하는 위정척사도 아닌 다른 방식의 삶의 원리와 균형을 고민한 수많은 인물들이 19세기를 관통하며 개벽에 값하는 발본적 차원에서 세상을 성찰하고 삶의 위기를 진단했기 때문이다.[1]

이 글은 개벽적 사상의 맥락에서 서우(曙宇) 전병훈(全秉薰, 1857~1927)과 그가 중국에서 출간한 저서 『정신철학통편(精神哲學通編)』(1920)의 내용과 의미를 살펴보고자 한다.[2] 전병훈의 삶과 이력, 그의 저술은 외견상

---

1 개벽적 사유를 탐색한 연구자들의 협업으로는 다음 저술을 참조할 수 있다. 강경석 외 『개벽의 사상사: 최제우에서 김수영까지, 문명전환기의 한국사상』, 창비 2022. 또한 개벽파를 서구적 근대화를 추구한 개화도, 척사도 아닌 제3의 길로 주목해서 한국적 근대 모델을 고민한 저술로 다음을 참조하라. 조성환 『한국 근대의 탄생: 개화에서 개벽으로』, 모시는 사람들 2018.

2 전병훈에 대한 연구는 1980년대부터 시작되었다. 박종홍과 금장태의 개괄적인 소개에 이어서 2000년도 전후 본격적인 연구가 진행되었다. 김성환의 『우주의 정오: 서우 전병훈과 만나는 철학 그리고 문명의 시간』(소나무 2016)은 좋은 길잡이다. 2000년대 이후 전병훈 사상에 관한 선행연구 흐름은 이대승의 논문을 참조할 수 있다. 이대승 「20세기

동학이 천명한 '다시개벽'의 사유와 별다른 접점이 없는 것처럼 보인다. 그는 평안남도 출신의 정부 관료였고 유교적 소양을 갖춘 지식인이었다. 『고종실록』과 『승정원일기』에는 전병훈이 올린 시무책과 상소문이 여럿 보인다. 그는 1898년 고종에게 『백선미근(百選美芹)』과 「만언소」를 올려 자신의 경세적 포부를 피력했다. 전병훈의 이력을 소개한 연구에 따르면, 그는 1892년 36세에 의금부 도사를 시작으로 벼슬길에 올랐고, 김홍집 내각과의 이견으로 잠시 관직에서 물러나기도 했으며, 이후에 다시 황해도 양무감리, 정3품 통정대부, 양덕군수와 부령군수 등의 직책을 수행했다. 그는 고종 시대에 관직 생활을 하면서 당시 복잡한 정치적·외교적·군사적 실상을 목격할 수 있었다. 1907년 고종이 폐위되었을 때 그는 중국으로 망명했고 몇해 뒤 북경에서 자신의 책을 출간했다.

전병훈은 유학자 관료임에도 불구하고 망명 이후에 중국에서 수련 도교를 깊이 익혔고 십여년간 도교 경전인 도장(道藏)을 읽었으며, 중국 인사들이 번역한 서양 철학과 과학, 심리학 관련 서적을 두루 독파했다. 무엇이라고 정의 내리기 어려운 전병훈의 사유에는 여러 갈래들의 지적 고민과 성찰이 복잡한 실타래처럼 얽혀 있다. 중국에서 출간된 번역서를 통해서 서양 철학과 과학을 처음 만났던 전병훈, 그에게 보편적인 철리로서의 '철학'이란 과연 어떤 의미를 가졌을까? 이른바 자신이 '정신학(精神學)'이라고 이름 붙였던 학문에 몰두하면서 그는 어떤 세계와 인간상을 그려 보인 것일까? 유불도의 전통은 물론이려니와 서양 철학과 과학 사이를 종횡무진하며 자신의 지적 중심을 잡아가던 전병훈의 사유의 여정에서 우리는 뜻하지 않게 상제(上帝)와 심령(心靈), 우주의 원신(元神)과

초 조선 지식인의 동서양 심(리)학 융합의 방식: 전병훈의 『정신철학통편』 「심리철학」 분석을 중심으로」, 이경배 외 『동서양의 인간 이해』, 흐름 2022.

신기(神氣)의 세계를 만나게 된다. 전병훈이 주목했던 철학에서 상제와 원신, 심령은 어떤 역할을 맡았을까?

전병훈은 특정한 계파나 조직에 속하지 않았고 뚜렷한 사승관계도 가지지 않았다. 그의 글에는 전통과 현대, 유불도와 서양 철학·과학 간의 긴장과 갈등, 소통과 대화의 흔적이 드러난다. 그는 어느 한 면에 경사되기보다 지적 균형을 잡으려고 노력했고 이질적인 단서들을 호환하고 보합하면서 이상적 사유를 조제하려고 시도했다. 전병훈의 이 같은 사유 경향에서 새로운 탐색의 가능성, 이른바 개벽적 사유의 단초들을 발견할 수 있지 않을까? 이런 물음에서 이 글은 시작되었다. 조선 지식인으로서 서구발 '철학'과 만났던 첫 세대 인물인 서우 전병훈, 그는 서양의 학술과 유불도의 지적 전통을 배경으로 자신이 지향한 보편적 철리로서의 새로운 철학을 주조해갔다. 그는 근원적 철리로서의 철학은 도교 내단학과 유교적 심법, 불교 수행론과 만남으로써 비로소 보편적인 힘과 지혜를 획득할 수 있다고 믿었다. 동서의 사유를 관통하며 전통과 현대 사이에서 성찰하고 고민했던 전병훈의 독특한 지적 모색을 살펴보며 우리가 개벽의 정신이라고 부를 만한 면모들이 어떻게 구현되었는지 알아보자.

2. 전통과 현대 사이 자기중심 잡기

전병훈에게 '정신(精神)'은 협의로는 수련 도교에서 주목한 정(精)·기(氣)·신(神)의 작용을 가리키며, 광의로는 인간의 심리 현상 전반을 모두 포괄하는 용어였다. 그가 '정신학'이라고 말할 때 그것은 유불도의 전통적 사유뿐만 아니라 서양 철학과 과학에서 인간의 심리 현상을 소개한 다양한 맥락을 포괄하는 넓은 의미의 학술을 가리켰다. 정신학의 보편적 의미를 탐색하면서 전병훈은 서구에서 들어온 이른바 '철학'이란 학문에 주목한다. 그는 중국어 번역을 통해 만나게 된 철학을 서구 최고의 학술이자 모든 원리와 지식에 관한 학문이라고 이해했다. 그는 철학을 다른 말로 '형이상학' 혹은 '태극의 과학'—과학 중의 과학—이라고도 부르는데, 우리 사상과 비교하면 유학의 궁리진성(窮理盡性)의 학문, 도교 그리고 불교와 유사한 근원을 가지며 결국 이것들과 마찬가지로 정신을 탐구하는 학문이라고 보았다.[3]

그런데 서구에서 일컫는 철학이 근원적인 원리와 보편적 지식을 탐구하는 학문이라고는 하지만, 서우는 서양의 정신학설이 가장 보편적이거나 완비된 것이라고 생각하지 않았다. 서양 학문이 정신을 수련하는 방법, 전병훈의 표현으로는 정·기·신을 응결해서 진아(眞我)를 이루며 목숨을 안정시키고 그 바탕 위에서 세상과 사람을 구제하는 진인(眞人)과 성인(聖人)의 덕업을 온전히 갖추지 못했다고 판단했기 때문이다. "우주 안의 세계가 지금 물질만을 숭상하지만 물질로부터 장차 정신으로 들어갈 것이 분명하다. 지금 비록 정신의 학설이 있으나—서양의 정신학설은 아직 도가·불가의 극치를 뛰어넘지 못했으니 최면술 등이야 말할 것이 있으랴—이처럼 정신을 응결해서 참나를 이루고 목숨을 안정시키는 학술이 오히려 부족하다. 하물며 이 〔동양〕 학술은 내면의 수양만 하는 것이 아니다. 위로 진인과 성인이 되어서 자신의 병을 물리치고 장생하며

3 『정신철학통편』, 19면. 이하 전병훈의 글을 인용하는 경우 명문당에서 영인한 『정신철학통편(全)』(1983)의 면수를 표기했다. 이하 이 책의 인용은 본문에 면수만 밝힌다. 번역서로는 윤창대 『정신철학통편』(우리출판사 2004)과 임채우 『완역 정신철학통편』(인월담 2021)을 볼 수 있다. 이 글에서는 완역된 후자의 번역서를 토대로 일부 표현을 수정했다.

세상과 사람을 구제하니, 이것은 성인의 덕을 겸비한 철리(哲理)의 극치를 경험한 것이 아니겠는가!"(23면) 이 대목의 발언에서 전병훈은 도교 수련과 유가적 구세의 정신을 밝혀야 참된 나를 실현하고 세상을 구제하는 보편적 앎과 지식이 실현될 수 있으며 그때라야 비로소 가장 근원적인 원리로서의 철리(哲理) 혹은 철학이라고 볼 수 있음을 자신의 관점에서 재해석한다. 이미 서양 번역서에 나온 철학의 의미를 상당 부분 변용하고 있는 것이다.

전병훈은 자신이 서양철학을 제대로 배운 적이 없고 다만 번역된 신서들을 몇권 보았을 뿐이라고 고백한다. 그는 서양철학을 번역한 첫 세대 중국인들—엄복, 담사동, 양계초 등—의 번역서를 읽으면서 철학이 사물의 원리와 근본을 탐구하는 최고의 학술임을 알게 되었다. 나아가 철학과 종교, 철학과 과학의 관계 그리고 철학에서 마지막으로 분과되어 나온 독립된 경험과학으로서 심리학의 탄생 과정 등을 어느정도 이해했던 것으로 보인다. 그는 서구 종교도 결국 철학에서 기원한 것이라고 보았는데 그것은 서우가 그리스 철학의 시원과 문제의식에 깊은 감명을 받았기 때문이다. 그는 서구 중세의 종교계에 심각한 폐단이 쌓이고 잔혹한 형벌〔砲烙之刑〕을 자행하기까지 하자 격분한 과학자들이 급기야 무신론을 제기하기에 이르렀다고 보았다. 하지만 무신론(無神論)은 한자어의 문맥상 전병훈에게는 세상을 이루는 신령한 기운〔靈氣〕, 즉 정신(精神)의 존재 자체를 부정하는 것을 의미했기 때문에 그는 서구 과학자들이 종교의 폐단을 바로잡으려다가 도리어 또다른 편견에 빠지는 우를 범했다고 비판했다.(128~29면)

그는 인간을 포함한 모든 존재에게 신(神)이 있다고 보았고, 철학자들은 바로 이런 허령(虛靈)한 정신을 탐구하는 자들〔哲學家虛靈說〕이며, 나아가 성인과 철인이라야 상제(上帝)가 혁혁하게 자신의 곁에 임재(臨齋) 하여 있음을 항상 의식하면서 두려운 경외심(敬畏心)을 가질 수 있다고 보았다. 이른바 철학자는 정신을 탐구하면서 정신의 근원이 되는 상제 혹은 원신의 존재를 자각해야 한다는 것이다. 전병훈은 정신을 탐구해온 철학과 오늘날 실증적 경험과 결과를 중시하는 과학이 어느 한 극단에 치우치면 안 된다고 생각했다. 물론 이것은 그가 접한 서양 철학과 과학 사이의 문제일 뿐만 아니라, 서양철학에 전무하다고 그가 판단했던 일종의 천인 상관적인 세계관을 염두에 둔 주장이다. 전병훈은 정신이 하늘에 근원을 둔 것이라는 점(精神原天), 즉 정신이 개체를 넘어서는 우주적인 실재라는 점과 정신을 고양하는 방법으로서 동아시아의 유불도가 제시한 전통적인 수행법의 중요성을 강조한다. 특히 내단학 수련자로서 중국에서 오랫동안 도장(道藏)을 읽었고 수련 도교를 익혔던 전병훈은 도가(道家)가 제시한 정신의 응결과 진아(眞我)의 형성을 위한 도교적 수련법을 가장 중시할 수밖에 없었다.

서양에서는 철학을 최고의 학술로 삼지만 나는 진아를 이루는 도교의 학문을 세계 최고의 학술이라고 본다. 왜 그러한가? 칸트는 세계의 통일과 영원한 평화를 주장하면서 중앙의 통일 정부를 구상해서 전쟁을 없애고 평화가 깃들게 해야 한다고 말했다. (…) 공자도 잔혹한 살상을 버리자며 대동(大同) 세계를 논했으나 이상적인 공리공담에 그쳤을 뿐이다. 내 생각으로는 사람에게 참으로 이익이 되는 것은 성인이 되고 신선이 되는 것만한 것이 없다. 그래서 전 세계에서 전쟁을 멈추고 영원한 평화를 누리는 길도 오직 여기에 있을 뿐이다. 왜 그러한가? 예로부터 왕위에 있던 영웅호걸들은 권력과 명예에 대한 욕망이 두배나 많았다. 진시황, 한무제, 나폴레옹 같은 무리가 그런 이들이다. 그 욕망의 구렁텅이에서도 불사(不死)의 욕망이 가장 컸는데 진시황과 한무제는 모두 신선이 되려고 했다가 그렇게 하지 못했다. 오늘날 영웅과 제왕들이 어찌 다르겠는가? 다만 불사를 배울 수 없음을 한탄스러워할 뿐이다. (…) 이것〔도교적 수련〕은 참으로 욕망으로 욕망을 제어하는 보물 같은 부적이다. (…) 정신을 변화시키는 방법도 이곳에 있지 않겠는가?(24~25면)

이 인용문은 정신철학의 서문에 해당하는 글이다. 서우는 19세기 이후 극심해진 제국주의 식민정책과 전쟁이 결국 위정자들의 탐욕, 인간의 욕망 때문이라고 진단하였다. 공자도 대동 세상을 말하고 서구 근대의 칸트도 세계 통일 정부와 영구평화를 말했지만, 이런 주장만으로 의미있는 결과가 나올지 의문스럽다고 보았다. 위정자들의 욕망을 가라앉히기 위해서는 그들이 전쟁과 침략으로 추구하는 욕망보다 더 큰 욕망을 제시해야 한다고 본 전병훈은 사람이 추구하는 최후의 욕망, 즉 불로장생의 욕망을 지목한다. 물론 불로장생은 도가에서도 근기가 낮은 이들을 위한 유인책에 불과하다. 그는 자신도 불로장생을 위해서 도교 수련을 시작했지만 점차 욕망이 줄어들고 권력욕도 사그라드는 선진(仙眞)을 체험하면서, 욕망으로 욕망을 제어하는 효과적인 방책을 깨닫게 되었다고 술회한다. 그는 도교적 수련을 통해서 욕망을 통제하고 또한 유불도와 서양 근세의 심리학—뇌신경학과 관련된—이 제시한 심리철학을 배우며, 나아가 실천과 실행의 문맥에서 덕업(德業)과 덕정(德政)을 이루는 도덕철학과 정치철학까지 겸비해야 비로소 세상을 조금이라도 변화시킬 수 있다는 긴 안목과 포부를 제시한다.

전병훈은 세상이 온통 권력을 숭상하며 강자는 번성하고 약자는 쇠멸하는데 어느 겨를에 자신의 욕망을 막고 스스로 수양할 틈이 있겠냐고 반문하는 세간의 혹자의 질문에 이렇게 답변했다. 그는 지금 물질문명이 치성하지만 곧 정신문명을 돌아보게 될 것이며, 단계와 절차, 시간이 필요해서 더딜지는 몰라도 결국 자신이 제시한 욕망의 수련과 예치(禮治)의 문화를 조성함으로써 비로소 전쟁을 막고 평화와 공존이 가능한 세상을 열 수 있다고 주장한다.

『도감(道鑒)』에서 이르기를 영웅이 한번 고개를 돌리면 신선(神仙)이 된다고 했다. 세계의 전란과 전쟁은 제왕과 재상의 권력과 이기심으로 말미암아 시작된 것이다. (…) 진실로 그 생각을 돌리면 욕망을 줄이고 도를 추구할 것이 분명하다. (…) 아직 현빈(玄牝)의 도가 유럽에 퍼지지 않았으니 바라건대 이제 세상에 선포해서 영웅과 제왕과 재상이 점차 입도하여 진아를 닦는다면 전란이 줄어들어 세계가 영원한 평화를 구가할 것이다. 사람들이 이 책이 상제께서 살리는 것을 좋아하는 마음을 우러러 본받아 편찬했다고 말한 것은, 바로 욕망을 통제하여 난을 멈추고 평화를 이룰 수 있는 원리가 참으로 이 안에 있기 때문이 아니겠는가? 또한 오늘날 물질문명이 정신문명으로 들어가고 법치(法治)가 장차 예치(禮治)로 변화되는 현상이 어찌 필연적인 추세가 아니겠는가? (...) 내가 정신철학서와 예치에 관한 글로 세계사회의 동포형제가 원신(元神)을 통할 수 있기를 깊이 바라는 것은, 우리가 사는 곳을 우주 안으로 여기고 지구 밖까지 마음으로 포용해서 하늘에 따라 운행하면서 천지의 만물화육에 동참하는 것이, 현관(玄關)[4]에 정신을 응결하는 것에서부터 시작하기 때문이다."(65면)

전병훈은 『정신철학통편』의 정신·심리편에 집중된 자신의 정신학과

4 현관은 깊고 심오한 이치에 들어가는 관문, 어귀를 뜻하며 불교와 도교의 수련법에서 자주 쓰이는 표현이다.

도덕·정치철학에서 피력한 국가와 세계정부의 운영 방식이, 만물을 살리는 것을 좋아하는 상제의 마음(上帝好生之心)을 본뜬 것이라고 설명한다. 그리고 그 핵심 내용을 도교적인 정신수련법과 유교적 예치로 삼았다.[5] 나아가 그는 우주의 정신(元神)을 연마하고 변화시킴으로써(神通變化) 사회·동포와 지구 밖의 모든 세계(球外)를 아우르는 세상의 운행과 변화에 사람이 적극적으로 참여할 수 있을 것이라고 보았다. 그리고 이런 원대한 여정의 첫 시작을 사람 뇌수(腦髓)의 '현관(玄關)'에 정과 신을 응결시키는 도교적 수행에서부터 시작할 수 있다고 제안한다. 정신을 응결하는 도교적 수련법은 그에게 우주의 신령과 인간을 연결하는 행위일 뿐만 아니라 사회와 동포, 세상을 잇는 중요한 원리이자 방법이었다.[6]

전병훈이 도교를 포함한 동아시아 유불도의 전통을 일방적으로 지지하거나 반대로 서양 학문, 즉 최고의 원리로서 철학과 오늘날 경험과학 등을 비판했던 것은 아니다. 그는 서양의 경험적이고 실증적인 학문 전통이 과학과 심리학뿐만 아니라 학술 전체를 진보시키고 새로운 지식을 추구하는 힘이 되었다고 판단했다. 학술과 물리는 옛것을 연구해서 새로운 지식으로 갱신하는데 서양철학은 경험과 실증을 중시했기에 지식의 진

5 전병훈의 정치철학, 특히 예치에 관한 문제는 다음 연구를 참조할 수 있다. 김성환, 앞의 책 761~89면; 이대승 「20세기 초 조선 지식인의 예치론: 전병훈의 '정치철학'을 중심으로」, 『한국종교』 54집, 2023; 졸고 「전병훈 『정신철학통편』의 예치론과 정치사상: 정약용 경세론과의 비교를 중심으로」, 『한국철학논집』 79호, 2023. 특히 김성환은 『우주의 정오』에서 '법치와 예치의 병진' '민본과 민주의 조우' 등에서 서우의 예치론, 민주론의 함의를 상세히 분석했다.

6 동아시아에서 전개된 도교 사상사와 관련해 내단학 수련자로서 전병훈이 전개한 사유의 특징을 분석한 것으로 다음 글을 참조할 수 있다. 김형석 「근대전환기 도교전통의 모색: 전병훈의 『정신철학통편』에 보이는 근대적 문제의식을 중심으로」, 『인문학연구』 52집, 2016; 이근철 「『정신철학통편』의 내단사상(內丹思想)」, 『도교문화연구』 40집, 2014 ; 이근철 「전병훈(全秉薰)의 천일합일사상(天人合一 思想)」, 『도교문화연구』 31집, 2009.

보와 축적이 가능했다고 본 반면 동아시아의 학문은 낡은 지식에 사로잡혀 새로운 것을 소홀히 했다고 자성하기도 했다.(25면) 특히 서우는 철학에서 독립한 현대 서구 심리학이 뇌신경학에 주목하면서 비로소 인간의 정신활동을 두뇌의 신경작용에서 해명하기 시작한 것에 깊이 공감했다. 그가 동양이 서구의 뇌신경학의 경험적 지식을 습득해야 한다고 보았음은 물론이다.

다만 최근의 서구 심리학이 이론적·경험적 진보를 통해 인간의 두뇌와 신경조직, 기능을 구체적으로 해명하기 시작했음에도 불구하고, 전병훈은 이런 경험과학적 학문의 발전과 진보를 넘어 서구문명 자체에 내재한 근본적인 한계를 심각하게 고민하지 않을 수 없었다. 그가 지목한 서구문명의 가장 큰 문제점은 무력의 숭상, 다수의 공리(功利) 추구, 우승열패의 세계관이었다. 그는 힘에 기반해서 강자만 살아남으며 약자의 도태를 당연시하고 힘과 권력이 있는 자들의 목소리를 공리주의 철학이 대변하는 세태를 심각하게 우려했다.(246면) 스토아학파와 에피쿠로스학파의 수행법이 욕망을 조율해서 행복을 추구하는 데 유효한 방법이라고 인정했던 반면, 전병훈은 벤담의 공리주의(樂利主義)의 경우 사리(私利)와 공리(公利)가 서로 합치될 수 있고 타인의 이익과 내 이익이 서로 화해한다고 주장하지만 결국 공리(功利)와 권리(權利)를 다투는 폐해를 파생시킬 것이라고 경계했다. 상대적으로 그는 근세 철학자 칸트의 의무론적인 윤리설이 타당하다고 생각했다.(229면)

도교적 수련법에 기초해서 유불도의 전통적 세계관과 수행법을 숙지하고 중국에서 자신이 접한 서양철학과 과학, 최신의 심리학 정보를 익혔던 전병훈은 기본적으로 어떤 사상을 배제하는 대신 자신을 중심으로 재구성하는 유연한 학문적 태도를 견지했다. 말하자면 그는 서구에 대한 추종이나 전통과의 단절이 아니라 자기중심을 잡는 지적 균형감각을 지녔다고 볼 수 있다. 비록 서양철학 초기의 번역이 초래한 오역과 몰이해가 적지 않던 상황이었지만, 그는 비교가 가능한 서양철학의 문맥을 최대한 발굴하여 동아시아의 사유와 연결했으며 상대를 통해 단점을 보완하고 서로의 장점을 교환하며 종합하는 지적 소통과 대화의 자세를 지녔다. 처음 접했던 서양 학문과 지식에 대한 태도가 이러했기에 그는 유불도 전통, 특히 조선의 학문과 문화, 정치에 대해서도 추종이나 거부, 단절과는 거리가 먼 균형 잡힌 비평감각을 드러낸다.

> 조선이 나라를 세운 것은 전적으로 덕(德)과 예(禮)에 의거했다. 주나라 전성기의 미덕과 같으며 면면히 5백년의 장구한 역사를 이어왔다. 하지만 글〔文〕에만 치우쳐서 나라가 매우 약해졌기에 유신(維新) 해서 과학과 물질을 아울러 다스리지 못했다. 그러니 나라를 어찌 보존할 수 있었겠는가? 다만 조광조의 신묘한 덕화와 예치의 구비, 〔정조 때〕『향례합편』의 반포, 율곡의 『성학집요』, 유형원의 『반계수록』 등과 같은 경제〔經國濟世〕, 도덕의 서적들이 있었다. 장차 세계가 대동하는 날, 어찌 모범으로 채택되지 않으리라고 장담할 수 있겠는가? (…) 물질문명의 시대에 한국이 다만 홀로 예치문명을 실천한 것이 어찌 동주(東周) 이래 문명을 지켜온 분명하고 큰 증거가 아니겠는가? 단군과 기자가 〔세상을 구제하는〕 성인의 덕을 겸했던〔兼聖〕 기풍이 오래도록 변하지 않은 것이 참으로 이와 같았다.(212면)

단군과 기자로 대변되는 한국 초기 문명에 대한 전병훈의 서술은 신화적이거나 모호한 것만은 아니었다. 그는 단군의 등장 역시 민(民)의 추대(推戴)에 의한 정치적 결과로 이해했다. 이 문제의 역사적 진실과는 별개로 그에게 단군 서사가 중요했던 것은 민중의 추대에 의한 권력의 발생, 덕정(德政)과 이용후생(利用厚生)의 정치를 말하기 위해서였다.(202면) 그가 한국의 고대 역사를 중국과 비견하며 천지가 개벽한 이후로 성인이 출현한 점은 중국(요순)이나 한국(단군)이 마찬가지라고 말했던 것도 덕과 예에 기반한 문명개화의 양상이 비슷했다고 보았기 때문이다. 흥미로운 것은 그가 문명교화의 또다른 중요한 가치가 공적 보편성, 공공성에 있다고 보았던 점이다. 가령 백제의 왕인(王仁)이 일본으로 건너가 유학의 문화와 학술을 전파한 것을 두고 전병훈은 국경의 한계를 넘어선 공적인 도덕심〔公德心〕의 발로라고 높게 평가했다.(204~205면) 그는 이러한 공덕심이 없으면 한 나라의 동포라도 경계를 나누는 편견에 사로잡히는데, 공덕심을 발휘하면 세계 만국의 국경을 뛰어넘을 수 있다고 보았다.

다만 도덕을 익히고 연마하며 심령(心靈)과 심력(心力)이 중국과 마찬가지로 뛰어났던 조선은 무력을 숭상하지 않고 학문을 존숭했던 점에서 훌륭했지만, 다른 면에서는 지나치게 정주학(程朱學, 성리학)만을 숭상했기 때문에 결국 도교 수련의 가치를 제대로 이해하지 못했고, 나아가 새로운 사상을 수용하고 학습하는 데도 장애가 있었다고 자성했다.(208면) 도덕철학을 결론지으면서 전병훈은 정신, 심리, 정의, 공도(公道)를 밝혀서 도덕을 분명하게 이해하고 실천해야 비로소 서양에서 공리(功利)와 강권(强權)을 내세우는 학설들이 자연스럽게 물러나게 될 것이고, 나아가 동아시아에서 오랫동안 문장을 숭상해서 문장 꾸미는 것에만 치우쳤던 폐단 그리고 도를 말하면서도 도를 배반하고 손상시키는〔道士然〕 위선적인 풍조를 떨쳐낼 수 있을 것이라고 진단한다.(246면) 요컨대 전병훈은 전통과 서양 학술에 대해서 자신의 지적 중심을 잡고 균형감을 놓치지 않으려고 노력했다. 나아가 동서양 사상 각각의 문제점과 병폐를 극복하려면 정신과 심리, 도덕철학을 새롭게 재구성하고 이를 실천적으로 연마해야 비로소 해결의 실마리를 얻을 수 있다고 보았다. 이 점은 동서양의 학술을 적절히 조제(調劑)하고 보합함으로써 비로소 원만한 사유를 수립할 수 있다고 본 그의 관점으로 이어진다.

3. 천인관계와 자아 극복의 공부

'정신철학이 하늘에 근원을 둔다'〔精神原天〕는 점을 강조한 것에서 연상되듯이 전병훈은 우주와 인간의 연속성, 일종의 천인 상응의 논리와 세계관을 상정하였다. 우주의 원기(元氣)에 근거해서 천체가 운행하며 사람도 원기가 증식하면서 만들어지는 존재라고 이해했다. 사람은 조상과 부모로부터 형화지기(形化之氣)를 부여받는데 그 역시 원기에서 연원한 것이라고 보았다.(46면) 그는 우주에 충만한 원기 혹은 원신의 작용을 다른 말로 상제(上帝)라고 부르기도 했다. 그에게 상제는 인격적인 존재라기보다 세상에 가득한 원신(元神)의 한계 없는 작용을 의미했던 것으로 보인다. 인간 개체에 한정된 정과 신을 연마하여 우주의 원신과 소통하게 하는 것이 그가 중시했던 도교 내단학의 핵심이었다.

> 신(神)은 원신(元神)이다. 성품의 진면목〔眞〕은 곧 천진한 자연의 신(神)이다. 사람이 처음 생겨날 때 하늘이 부여한 삶의 원리가 본성〔性〕을 이룬다. 사람의 본성이 작용하면 마음〔心〕이 된다. 마음이 응결하면 신(神)이라고 하고, 신이 안정되면 본성〔性〕이라고 한다.(같은 면)

정(精)·기(氣)·신(神)이 엉기고 모여 사람의 몸을 이룬다. 그러므로 도법(道法)은 현빈(玄牝) 안에서 신(神)으로 정(精)과 기(氣)를 운용하는 것이다. 정(精)을 단련하여 기(氣)로 변화하고, 기(氣)가 변화하여 신(神)이 되며, 신(神)이 변화하여 진아(眞我)를 이루어서 하늘에 부합하는 것이 대도(大道)의 참된 전승〔眞專〕이다.(19면)

전병훈에 따르면 사람은 우주의 원신(元神)에서 만들어진다. 사람이 태어날 때 받은 본성은 자연의 원신의 모습이다. 그 원신이 사람 안에서 작용하면서 마음〔心〕을 구성한다. 그런데 반대로 마음이 어떻게 작용하느냐에 따라 사람의 정·기·신이 잘 응결하기도 하고 그렇지 못하기도 한다. 마음 상태에 따라 정·기·신이 제대로 작동하는 모습을 그는 다시 본성〔性〕이라고 불렀다. 결국 인간의 뇌수(腦髓, 뇌궁腦宮 = 신실神室 = 니환泥丸)에서 시작되는 정신의 운행은 자신의 본성이기도 하면서 동시에 우주의 원신이 작용하는 하늘의 운행이기도 하다. 이 점에서 서우의 세계관을 천인 상관적 모델이라고 할 수 있다. 두번째 인용문의 '현빈'은 『도덕경』에 나오는 표현이다.[7] 서우의 문법에서 현빈이란 현관(玄關)을 지칭하는 다른 용어이다. 이곳은 깨달음으로 진입하는 관문이면서 동시에 원신이 거주하는 곳으로 여겨졌다. 서우는 원신이 현관의 뇌궁에 있다고 보았는데, 이 원신을 오늘날의 서구과학에서 말하는 뇌신경의 작용과도 유사한 것으로 이해했다. 그가 중시한 도교의 내단(內丹) 수련학은 정(精)을 단련하면서 기(氣)로 변화시키고 기를 변화시켜서 신(神)으로 화(化)하도록 하며 이러한 신의 작용으로 진아를 이룸으로써 우주의 원신과 부합하는 경

7 『도덕경』(왕필본) 제6장. "곡신불사(谷神不死), 시위현빈(是謂玄牝). 현빈지문(玄牝之門), 시위천지근(是謂天地根), 면면약존(綿綿若存), 용지불근(用之不勤)."

지를 수행의 목표로 삼았다.

전병훈은 뇌 안의 원신〔腦中元神〕과 몸 전체에 분포하는 식신〔肉團識神〕을 구별했다(97~98면).[8] 원신은 일종의 정신 에너지와 유사하고 식신은 육체적 감각과 연관된 일반적인 의식 에너지라고 구분할 수 있다.[9] 이 구분에 따르면 정신 에너지는 뇌궁, 니환 등으로 불리는 뇌 중심의 한 장소에 순일하게 응결되며 의식 에너지는 몸 전체의 감각과 감정, 의지, 사려 등 다양한 의식작용을 반영한다. 서구의 뇌과학에 견주어 살펴보면, 인체의 뇌신경망을 타고 온몸에 흐르는 의식작용과 에너지를 식신(識神)이라고 볼 수 있고, 원신은 뇌에 집중적으로 응결된 중추 에너지의 작용이라고 볼 수 있을 것이다.[10] 전병훈은 정신(精神, 원신)과 의식(意識)을 구분하면서 이것이 심리(心理)의 체와 용을 이룬다고 설명하고 있다.(150면) 그는 인간의 감정과 의지, 지력, 감각, 관념 등이 모두 이 정신〔元神〕과 의식의 유기적인 작용으로 발생한다고 이해한 것이다. "근세 서양철학과 심리학에서 전문적으로 대소 뇌의 신경에 주목해서 말한다. 금단(金丹)의 방법도 '정(精)을 환류하여 뇌(腦)를 보완'〔還精補腦〕 하는 것에 전념하니 뇌 가운데 원신이 이를 주관한다. 중국과 한국, 서양철학이 모두 뇌수(腦髓)로 마음〔心〕과 정신〔神〕의 작용을 삼았다."(77~78면) 전병훈은 오늘날 과학적 실증성과 경험적 증거까지 겸비한 서양 학술, 즉 포괄적 의미의 서양철학이 인간의 뇌신경 작용을 밝히게 된 점을 중요한 공로로 인정했다.

이처럼 전병훈은 서구의 심리과학과 도교적 수련법이 공히 인간의 뇌와 신경에 주목하고 뇌가 인간의 심신을 구성하고 변화시키는 동력이라

8 심리철학, 제2장 '인심도심정일지지(人心道心精一之旨)' 참조.

9 김성환, 앞의 책 365~68면 참조.

10 같은 책 366면.

고 간주했던 점에서 통한다고 보고 이를 높이 평가했다. 다만 서양 학술이 두뇌의 구조와 작용을 밝히는 기술적 관점에서 뇌신경을 설명했다면, 전병훈이 강조한 도교의 내단학은 뇌신경의 흐름과 작용을 조율하는 일종의 실천적 수행법이었다. 그는 양자의 차이점을 다음과 같이 설명한다.

> 정신에 원신(元神)과 식신(識神)의 구별이 있다. 이것은 중국과 서양의 여러 학문에서 투철하지 못했던 점이다. 오직 도가와 요순이 이를 드러내서 밝혔다. 배우는 사람들이 진실로 먼저 원신과 식신을 밝게 구별한다면, 그 뒤에 인심(人心)과 도심(道心)의 작용을 정밀히 관찰할 수 있을 것이다. 그런데 서양철학의 심리학설은 오히려 여기까지 살피지는 못했으니 어찌 마음을 온전하게 다 실현할 수가 있겠는가? 우리 동아시아의 심리학이 또한 『천부경』을 얻은 이후에 뇌신경과 도심의 이치가 더욱 정미하고 명백하게 되었다.(96면)

도가의 수련법 이외에 전병훈이 중시한 것은 『서경(書經)』「대우모(大禹謨)」에 나오는 요순 임금의 '인심도심설'이었다.[11] 이것은 전통적으로 유학자들이 매우 중시한 16자 심법(心法)인데, 흥미롭게도 전병훈은 유교적 심법을 도교의 수련학으로 재해석하고 있다.[12] 유가적 도심론이 윤리적 문맥에서 기능하던 것이라면 서우의 도심론은 신체활동, 특히 뇌의 활동에 수반되는 정신작용으로 풀이된 것이다. "뇌 안의 원신(元神)은 순전한 천리(天理)로서 곧 도심이다. 육체의 식신(識神)은 몸 기운의 사욕

11 『서경』「대우모」. "인심은 위태롭고 도심은 미미하니 정밀히 살피고 한결같이 해서 진실로 그 중을 잡으라."〔人心惟危, 道心惟微, 惟精惟一, 允執厥中〕

12 이 글에서 언급하지 않았지만 전병훈은 『천부경』에 최초로 공식적인 해석을 단 것으로 유명하다. 임채우는 전병훈의 『천부경』 주석의 선도수련적 의미에 대해 분석한 바 있다. 임채우 「전병훈의 『천부경』 주석이 갖는 선도수련의 의미」, 『선도문화』 5집, 2008 참조.

(私慾)으로서 곧 인심이다."(같은 면) 그는 『서경』의 '정일심법(精一心法)'을 심학의 연원을 연 '개산지조(開山之祖)'라고 부르기도 했다(95면). 그리고 상제가 부여한 사람의 양심을 곧 도심이라고 풀이한다. 이 도심이 육체의 형기와 물욕에 끌리면 곧 인심이 된다. 오직 정밀하게 관찰하여 한결같이 지켜서 도심을 잘 유지해야 과불급의 폐단을 피할 수 있는데, 이렇게 어떤 순간에도 한쪽으로 기울거나 지나침이 없는 균형 잡힌 마음이 곧 천심(天心)에 부합하는 것이라고도 말한다.

전병훈은 요순의 '정일심법'이 심학의 도통(道統)과 정맥(正脈)이지만 아직은 단지 그 개요만 간략히 서술한 것에 그쳤다고 보았다. 후대에 북송의 주돈이(주렴계)가 신(神)이 지(知)를 일으킨다고 말하고, 주희가 허령불매(虛靈不昧)한 심(心)을 말했으며, 영명(靈明)을 중시한 왕수인(왕양명)이 심즉리(心卽理)를 설파했지만, 유가의 심학은 여전히 심령(心靈)이 뇌부위의 신경〔心靈必寄於腦部神經〕에 의지한다는 것을 분명하게 알아내지 못했다고 평가했다(113~14면). 동아시아에서는 다만 도가만이 뇌 가운데 원신의 이치를 분명히 깨달았고 이로 인해서 이미 뇌신경과 심단(心丹)의 이치를 설파할 수 있었는데, 이에 비해 유학자들은 단지 방촌(方寸)의 협소한 마음, 즉 육체에 연루된 식신(識神)에 불과한 마음의 지각작용만을 알았을 뿐 뇌신경에 대해서는 거의 한마디도 언급하지 못했던 점을 그 한계로 지적했다(120~21면). 그는 도교적 문법으로 도심을 새롭게 해석하면서 다음과 같이 '연기(煉己)'의 수양론을 전개한다. "수양에 뜻을 둔 사람이라면 반드시 도심을 위주로 해야 한다. 이른바 '연기'라는 것은 욕심을 줄이고 감정을 잊으며 삿된 생각이 일어나지 않고 (…) 항상 맑고 텅 비게 하여 마음〔心〕이 죽고 신(神)이 살아나며, 비움의 극치에 이르러 고요함을 돈독히 하는 것이다. 마음이 오직 한결같이 중(中)을 지켜서 옮기지 않으면〔중(中)은 곧 현관(玄關)으로 한 몸과 천지의 정중앙이다〕 이것이 곧 연기(煉己)의 공법이다."(67면)

전병훈은 정신철학에서 내단학의 여러 단계를 세밀하게 설명한 다음 정신의 공부가 다음의 경지에 이르면 일을 마친 것이라고 표현하였다. 나의 정(精)으로 천지만물의 정(精)과 합하고 나의 신(神)으로 천지만물의 신(神)에 합하여 신통변화(神通變化)하면 이른바 "몸 밖에 몸이 있고 광촉(光燭)이 세상 끝에 미쳐서 모이면 형체를 이루고 흩어지면 기가 되는" 경지에 이른다는 것이다(83면). 요컨대 이것은 자신을 무화(無化)함으로써 우주의 원신과 하나가 되는 일종의 도가적인 신선 상태라고 볼 수 있다. "출신(出神)하면 이 신(神)은 오고 감이 자유자재하며, 형상이 없이 태허(太虛)와 일체가 된다. (…) 나의 신기(神氣)는 천지에 가득하니 가서 두루 이르지 않는 곳이 없다. 초연히 사물의 표면을 넘어 하늘과 함께 장구하니 이를 대라상선(大羅上仙)이라고 한다."(84면) 그는 뇌궁에 신(神)이 응결하여 목숨을 평안히 하고 장수하는 것을 낮은 단계의 인선(人仙)으로, 단(丹)을 이루고 수백년을 살며 지상에 공효를 펼치는 것을 지선(地仙)으로, 그리고 신(神)을 더욱 연마하여 허무(虛無)에 짝하고 공(功)이 천지에 가득하여 하늘에 오르는 것을 마지막 천선(天仙)의 경지로 구분했다. 자신을 연마하여 신(神)이 세상에 소통되면 자아와 우주의 경계가 사라진다고 이해했던 것이다.

개체의 한계를 넘어서며 우주와 합일되는 긴 공부의 여정에 항상 상제가 등장한다. 서우는 밤하늘의 수많은 성신을 바라보며 그것이 인간의 선악에 거울처럼 조응한다고 상상했다. 그는 하늘과 인간의 이와 같은 조응을 깨달으면 곧 상제의 천덕(天德)에 부합할 수 있다고도 말한다(247면). 그는 자신의 마음을 붙잡는 공부〔操心〕를 하는 자는 상제가 위에 강림한

듯이 두려워하고 삼가며 경계한다고 보았다(94면). 서우는 마음의 사특한 생각을 막고 하늘을 섬기는 공부〔閑邪事天之功〕를 중시했다. 『서경』과 『시경』을 인용하면서 상제의 굽어살핌과 하늘이 정한 과보(果報)의 증거를 언급하기도 했다(245면). 정신을 수련하는 인간과 상제의 관계를 전병훈은 다음과 같이 해명하였다.

천지는 만물을 살리는 것을 마음으로 삼는다. 하지만 모름지기 사람을 통해서 그 덕을 이루지 않을 수가 없다. 무릇 만물이 나서 자라고 거두어지며 저장되는데〔生長收藏〕 사람 마음의 힘이 아니라면 어떻게 그 공을 완성할 수가 있겠는가? 그러므로 하늘이 성인(聖人)과 신인(神人)을 내어 군주와 재상, 대신으로 삼아서 음양의 섭리를 보좌하여 이를 완성하도록 한 것이다. 성인의 마음은 천지의 마음이니, 그 범위와 제도, 만물을 곡진하게 이루어주는〔曲成萬物〕 점에서 상제의 마음을 우러러 체현하여 사용하지 않은 것이 없다. 따라서 사람〔人〕을 천지의 마음〔天地心〕이라고 한다. 마음을 논하면서 그것이 하늘에서 근원한 것을 모른다면 곧 마음을 모르는 것이다. 사람이 천지의 정(精)·기(氣)·신(神)을 받아서 살아가는 철리(哲理)로 미루어 보면, 심(心)과 신(神)의 허령(虛靈)한 지각이 곧 하늘〔天〕이 아니면 무엇이겠는가?(93~94면)

유학자들이 '천지생물지심(天地生物之心)'을 인간의 근본적 마음으로 본 것처럼 전병훈도 사람의 마음이 천지심(天地心)과 같다고 보았다. 그런데 생장수장(生長收藏)하는 하늘의 운행은 사람의 공로가 아니면 이루어질 수가 없다고 말한다. 그래서 상제는 성인과 신인을 낳아서 군주와 재상, 대신으로 삼아 그들로 하여금 천지화육과 음양의 섭리를 대행하도록 했다는 것이다. 성인은 상제의 마음을 본받아서 만물을 곡진히 실현시키고 제도를 완비하므로 성인심(聖人心)이 곧 천지심(天地心)이며, 사람〔人〕 자체가 곧 천지심(天地心)이라고도 말한다. 이 점에서 인간의 심(心)과 정·기·신을 모두 하늘에서 근원한 것으로 이해하며 천인의 관계를 상응하는 유기적 존재로 해명해야 비로소 철리(哲理), 즉 보편적 앎과 지식으로서 철학이란 학문이 성립될 수 있다고 보았다. 이 대목에서 전병훈은 서구철학의 어떤 결함, 즉 천인 상응의 논리가 부재하고 천과의 관계에서 마음을 수련하는 자기 극복의 수행법을 결여한 점을 보완하면서 자신의 방식으로 철리의 새로운 의미를 제시했다.

전병훈은 정신철학 부문의 총결에서 이 편이 비록 매우 소략하지만 성인의 경지에 들고 진아(眞我)를 연마하는 조리를 분명히 밝혔다고 자부했다. 『천부경』이 간단명료하게 그 핵심을 짚었다고도 부연한다. 사무가 급하고 바쁜 사람들 누구라도 이것을 잘 익혀서 공부하면 충분히 효험을 볼 수 있다고 말했다. 다만 그는 "일상사를 멀리하고 사물과 단절하며 세상을 버린 채 오직 단(丹)을 이룬다면, 수명이 비록 오륙백세가 된다고 한들 인간세에 무슨 도움이 되겠는가? 시체만 지키는 귀신이라고 말할 수 있을 뿐이다"라며 이 같은 태도를 극히 경계했다(87~88면). 그는 자신이 이 책에서 '정신지공학(精神之公學)'을 개작한 이유가 진아를 이루어 겸성(兼聖)하는 데 있다고 주장한다. 다시 말해 정신을 요양하여 스스로 병을 물리치고 목숨을 안정되게 하는 동시에 세상 사람들이 이로움을 얻도록 세상을 구제하는 것에 궁극적인 수련의 목표가 있다고 보고, 이것을 이름하여 공적인 정신학이라고 불렀던 것이다. 일월성신이 천지의 정신이라면 그 정신이 충만하여 세상이 태평하고 사물이 번성한다. 마찬가지로 사람의 정신도 그와 같은 공능을 갖는다. 덕에 나아가고〔進德〕 학업을 익히며〔修業〕 일을 처리하고〔處事〕 사물을 접하는 데〔接物〕에 이르기까지, 정신이 공적으로 작용하지 않음이 없다고 본 것이다.

전병훈은 먼저 진아를 이루고서 겸성(兼聖)의 행보를 차례대로 이어간다면, 분야를 막론하고 심리 지식을 벗어나는 학문이 무엇이 있겠냐고 반문한다(151면). 그래서 자신이 제안한 심리철학도 정신철학을 이어서 진아의 연마와 구세(救世) 그리고 겸성(兼聖)의 과업으로 연결된다고 설명한다. 심리철학을 총결하면서 전병훈은 이제 "심학(心學)을 총체학으로 삼고 모두 상제를 대하듯이 〔외경의 마음으로〕 실천함이 어떻겠는가?"라고 매듭을 지었다(같은 면). 그가 정신을 연마하는 여러 대목에서 언급한 상제는 공경과 두려움의 대상이면서 사람이 본받아야 할 천덕(天德)이자 천심(天心)을 상징했다. 정신을 수련하는 인간에게 이 같은 공경과 두려움의 대상, 혹은 인간이 닮고자 하는 천선(天仙)의 모습을 띤 상제는 일면 인격적인 존재였다고도 할 수 있다. 한편 서우는 상제를 우주의 원신이 작용하는 신묘한 모습으로 이해했다. 이 점에서 서우가 말한 상제는 인격을 넘어선 원신의 우주적 작용 그 자체였다고 볼 수 있다. 서우는 사람이 세상에 대처하고 사물을 주재하며 나라를 경영하고 사람을 구제하는 수많은 덕업들이, 결국 하늘이 공(功)을 운용하는〔天之動功〕 모습을 그대로 따른 것이라고 보았다(247면). 그는 태극에 작용 능력이 있음을 밝힌 자신의 도설〔太極有動能力之圖說〕에 바탕해서 인간이 심덕(心德)을 닦는다면 수련에 뛰어난 효과가 있을 것이라고 보았는데, 그것은 서우가 태극의 작용을 심(心)의 체용으로 보고(109면) 심의 체용으로 구현되는 태극의 작용 능력〔動能力〕이 곧 하늘〔상제〕이 공을 운용하는〔天之動功〕 것이라고 이해했기 때문이다. 이 또한 우주와 인간 마음의 상응에 관한 그의 관점을 잘 보여주는 한 대목이다.

4. 이질적 사유들의 조제보합(調劑補合)

전병훈은 도가의 뇌 수련을 중시했기 때문에 서구 근대 심리학이 분과학문으로 독립하여 과학으로 간주되던 상황을 예의주시했다. 그는 덴마크 심리학자 하랄 회프딩(Harald Høffding)이 저서 『심리학개론』에서 정신의 과학으로서 심리학이 철학과 다른 학문임을 밝힌 대목에 주목한다. "하랄 회프딩이 『심리학개론』에서 말한다. '심리학이란 정신의 과학이다. 정신은 일종의 비물질적 본체로 자기를 위해 존재하는 것이다. 완전하다는 증거가 아니겠는가? (…) 우리는 철학을 형이상학으로 해석하니 곧 우주의 원리를 추구한다. 그러나 심리학은 독립된 학문으로서 철학의 일부가 될 수 없다. 심리학의 위치는 자연과학과 정신과학이 만나는 접점에서 비롯된다.'"(144면) 전병훈은 심리학이 철학에서 독립하고 분과학문으로 자리매김되는 것을 보면서, "회프딩이 최근의 심리학 대가이며 그가 말한 심리의 본체와 작용이 매우 복잡하고 정밀하며 적절해서 취할 만하지만 (…) 그가 심리학 위주로 독립한다고 한 견해는 취하지 않는다"(144면)라고 자신의 입장을 밝혔다. 말하자면 서구 심리학이 실험과 실증적 증거를 중시하는 과학의 성격을 지닌 것은 인정하지만, 그렇다고 인간의 정신이 철학적·형이상학적으로 구명하는 지적 활동과 독립해서 존재할 수는 없다고 본 것이다. 그가 염두에 둔 정신, 우주의 원신은 물리화학적인 과학 정보만으로 온전히 해명될 수 없고 또한 연마될 수도 없다. 그는 서구철학이 형이상학적·종교적 사유는 물론이고 오늘날 과학적 심리철학과 뇌과학의 실증적 성과를 아우르며 나아가 동아시아 사유가 중시한 자기 극복의 수행법을 수용해야 비로소 보편적이고 원만한 학술의 체계를 구현할 수 있다고 생각했다.

그는 '근세의 유물론은 정신을 물질의 한 작용이나 한 측면으로 보며 이것은 오늘날 물질과 힘이 불멸한다는 이론을 충실히 구축하고 있다'는 회프딩의 평가에 대해서도, 물질의 고유한 힘이 동력(動力)과 정력(靜力)으로 구분되지만 다양한 역학(力學)은 결국 심학(心學)의 보조학문이라고 이해했다. "심리(心理)가 우주를 관통하고 천지를 움직인다. 미루어 말하면 원심력·흡인력·열력〔拒力·吸力·熱力〕 등이 서로 천지일월을 지탱하고 있는데, 이것은 모두 유기체와 동식물들이 있어서 어느 곳에서라도 생명력〔生力〕이 만들어낸 것〔결과〕이 아니겠는가? 이런 이유로 내가 태극에 작용 능력이 있다고 말한 것이니 이것이 바로 심력(心力)이다."(147~48면) 이 대목에서 비록 전병훈의 천체 물리학과 생물학적 지식은 오류가 있는 것으로 보이지만, 중요한 점은 우주 천체와 생물종 사이의 인과관계를 과학적으로 설명하는 것이 아니라 생명력, 다시 말해 원신(元神)과 천지심(天地心), 인심(人心)의 작용이 우주를 조율하는 근원적 힘이라고 그가 이해했다는 것이고, 이것은 앞서 상제로 지칭되던 우주적 원신 자체의 운행 모습이기도 하다. 이런 맥락에서 그는 원신과 접속하는 심학(心學)이 우주의 기본이고 역학(力學)은 그 보조학문라고 이해했던 것이다.

한편 전병훈은 서구 심리학이 마음의 작용을 경험적으로 관찰하고 실험한 데서 큰 진전을 이루었다고 평가한다. 심리학이 뇌신경에 주목했던 점을 높이 샀기 때문이다. 회프딩의 『심리학개론』을 인용하며 전병훈은 "뇌신경이 심리의 본체와 작용이 되는 것이 이처럼 명백하다"고 감탄한다(146면). 또한 "대뇌, 중뇌, 소뇌, 숨골, 여러 신경의 허령한 지각이 흉중의 육체적 의식〔肉團心=識神〕에 관통하여 흐르며 작용하는 것이 분명하다"고 부연하기도 했다(147면). 서우는 연결되기 어려울 것 같은 서구 심리학의 뇌과학 지식과 도교적 뇌 수련법을 연계하면서, 이질적인 사유가 기묘하게 동거하는 모습을 소개한다. 그는 기본적으로 서양의 철학이 정신의 공용(功用)을 밝게 드러냈기에 동아시아 정신학과 더불어 '호환(互換)'하고 '조제(調劑)'해야 한다는 관점을 견지한다(89면). 그는 인간의 심령이 작용하는 양상을 뇌를 통해 분석하려고 한 서양 현대학문의 관점을 지지하면서, 다른 한편 서양인들이 정신과 심령의 근원을 우주적 구조로 해명하지 못한 점, 정신을 훈련하고 연마하는 수련법을 제시하지 못한 점, 과욕(寡慾)과 양심법(養心法), 인륜 질서를 위한 효제의 윤리적 가치 등을 제대로 고려하지 못한 점 등을 서양 학술의 한계와 문제점으로 지목했다(114면).

오직 도가에서 뇌신(腦神)을 언급했는데 이는 근세 서양철학에서 새로 주창한 신경(神經)에 관한 견해와 같다. 그런데 그들의 이론이 더욱 정미한 것은 연구의 경향이 같지 않기 때문이다. (…) 다만 결국 정신(精神)과 의식(意識)으로 심리(心理)의 체용을 삼고, 감정〔情〕과 의지〔志〕, 지력(智力), 감각(感覺), 관념(觀念) 등으로 그 대요를 세움은 동서 심학(心學)의 경험이 법도에 맞는 것이다. 나는 서로 호환해서 도와야 한다〔互換相補〕고 말한다. 서양 학문은 우리의 하학이상달(下學而上達)의 방법을 보태야 하고, 효제와 윤리의 일에도 먼저 진심을 다 해야 한다. 그리고 청심(淸心)과 과욕(寡慾), 존심(存心)의 공부로 하늘을 섬기고 하늘에 효를 다해야 한다. 또한 마땅히 원신(元神)과 식신(識神)을 구별하여 연구함으로써 마음을 기르고 진인(眞人)을 이루어야 할 것이다. 우리 학문은 마땅히 정신 우주의 〔거대한〕 견해와 신경의 줄기줄기 나누어진 〔미세한〕 작용을 하나로 함께 만들어서 연구해야 하늘에 근원을 둔 심리학〔原天心理學〕이 원만하고 완전하게 될 것이다. 우리 신구(新舊)의 학문을 배우는 자들이 또한 〔양자를〕 소통하고 융합해서 원만한 덕과 성인의 덕을 겸비하는 뜻을 세

워야 하지 않겠는가?"(150면)

철학과 과학, 철학과 심리학의 단절을 우려했던 대목에서 엿볼 수 있는 것처럼 전병훈은 과학적 심리학만으로 인간 정신의 현상, 심령의 활동을 충분히 이해할 수는 없다고 보았다. 그렇기에 보편학문으로서 철학(철리) 혹은 학술은 반드시 동아시아 사상과 만나야 비로소 완전한 지식을 겸비할 수 있다고 그는 주장했다. 미세한 신경조직을 관찰하고 분석하는 과학적 심리학과 뇌신경학은 거대한 우주의 원신과 정신을 연구해온 동아시아의 사유 전통과 만나야 비로소 원만, 완미해진다는 말이 바로 그것을 의미한다.

또한 전병훈은 '원천심리(原天心理)' '원천도덕(原天道德)'을 말한다. 인간의 본성, 즉 정신을 우주의 원신으로 간주하는 천인 상관적인 세계관을 전제한 그는 자연과 분리된 인간의 정신활동, 심력의 존재를 이해하기가 매우 어려웠다. 따라서 하늘, 즉 우주와 자연에 근거를 둔 심리학과 도덕학을 구상했다. 오늘날이 과학의 시대라 하더라도 이러한 전병훈의 관점을 비과학적이거나 비합리적인 판단이라고 단정하기는 어렵다.

원천도덕의 철리를 논하는 데서 증공(曾公, 증국번)에 이르기까지, 역대 도덕을 실행한 정치가와 성현들은 도덕의 큰 근원이 천지에서 나오며 천지가 한 몸에 갖추어져 있음을 밝게 꿰뚫어 보았다. 언행이 천덕(天德)과 천리(天理) 아닌 것이 없었다. (…) 근세에 도덕을 논하면서 도덕의 신구를 분별하는 자들은 도덕이 하늘에 근원을 두고 있음을 모르고 있다. 무릇 물질적 도구와 물리·화학 같은 분야는 혁신적인 진화가 없을 수 없다. 그러나 도덕마저도 전적으로 공리(功利)에 따라 해석한다면, 시험 삼아 묻건대, 선을 남에게 보이려고 욕망

> 하는 것도 참된 선이라고 말할 수 있겠는가? 다만 〔신구의〕 도덕이 서로 결점을 바꾸고 도덕의 의미를 보완하면 분명히 인류의 행복이 될 것이다. (…) 『춘추』는 성인의 경세서로서 엄격하게 권선징악과 존화(尊華)를 중시했다. 그러나 중화가 예를 잃으면 오랑캐가 되고, 오랑캐에게 예가 있으면 곧 중화로 진입하니, 천리를 체득한 성인이 인도(人道)를 권장하여 공적인 도덕심〔公德心〕으로 나아가게 한 것을 살필 수 있다. 이것이 곧 유가 도덕의 정맥(正脈)이다. 아! 선도와 불교와 과학을 숭상하는 자라도 어찌 모르겠는가? 본성을 다하고 세상을 경영하는 유가의 도덕이 목숨을 안정시키고 진아를 이루는 도가의 도덕에 부합하지 않겠는가? 그런 뒤에야 비로소 성스러움을 겸하고 지극히 명철하며 원만한 도덕이라고 말할 수 있다(186~87면).

전병훈은 이 글에서 유가 도덕의 정맥(正脈)을 하늘에 근원을 둔 윤리학이라는 측면에서 소개했다. 물리·화학 등 과학의 세계에 급격한 변화가 일어나는 것은 불가피하지만, 도덕이 시대에 따라 급변하는 양상에 대해서 서우는 우려를 표한다. 특히 도덕을 다수의 의론이나 이익에 기반해서 주창하는 공리주의적 윤리설을 경계했다. 신구의 도덕이 서로 결점을 바꾼다는 말은 서구의 경험 학문이 윤리에도 어느정도 도움이 됨을 인정한 것이다. 전병훈은 보편적인 도덕심〔公德心〕을 유가의 도덕에서 찾았다. 공덕심은 중화·야만의 구분처럼 종족·지역·문화에 따라 차별적으로 적용되지 않고 어느 곳에서든 일관되게 발휘되는 것인데, 유가 도덕이 바로 이 점에서 올바른 도덕의 맥을 짚었다고 본 것이다. 도통(道統)은 전통적으로 송대 유학자들이 도학의 계보를 재구성한 것에서 유래한다. 요순에서부터 공맹, 북송과 남송의 유학자를 거쳐 동방(신라·고려·조선)의 열여덟 명현(名賢)에 이르기까지 문묘에 종사된 이들의 도학 계보가 어떻게 만들어졌는지는 잘 알려져 있다. 전병훈도 도통이란 용어를 간혹 사용하지만 그보다는 정맥(正脈)이라는 표현을 애용한 것으로 보인다. 아마도 자신의 관점에서 유불도 나아가 서양 학술까지 모두 포괄적으로 분석하고 평가하는 새로운 판단의 기준을 적용한 것일 테다. 말하자면 전통적 권위에 기반한 도통이 아닌, 더 유연하고 광범위한 정신의 맥으로서 도맥(道脈)의 새로운 흐름과 형성에 주목한 것이 아닌가 생각한다.

전병훈은 유가의 도덕이 하늘에 근원을 두고 구세의 과업에 진력한 점뿐만 아니라 수련 도교와 마찬가지로 오랜 시간 수양론적 심학(心學)을 개진한 점을 높이 평가했다. 그는 "내가 탐구하여 실험한 지극한 이치에 의하면, 동서양을 막론하고 깊이 명상하고 배움을 쌓을 때 반드시 고요함을 위주로 하는 공부〔主靜法〕를 써야 이치에 통달해서 도를 깨달을 수 있었다"라고 말한다(247면). 이것은 포괄적 언명이지만 주로 유학의 주정법, 경(敬) 공부와 불교적 명상법을 염두에 둔 것이다. 그는 조선시대의 유학자 조광조, 이황, 이이 등의 수행법에 주목했다. 그에 따르면 조광조는 마음이 활물(活物)임을 강조했고 허정(虛靜)을 지키고 응사접물(應事接物)할 때 항상 깨어 있는 의식〔常惺惺〕을 유지할 것을 말했다(110~11면). 마음이 허령(虛靈)하면 오히려 다른 삿된 생각이 쉽게 개입하지 못하는데 그것은 공경함의 경 공부를 통해 심의 주재력을 확보했기 때문이다. "공경함으로써 〔마음의〕 주재력을 세운다"고 본 것은 이황의 경우도 마찬가지다(111~12면). 그는 온갖 일이 일어났다가 사라져도 공경하는 마음은 항상 태연하므로 어떤 잡념도 자신의 우환이 되지 못한다고 말했다. 율곡 이이도 마음을 집중해서 산만하게 하지 않게 하는 주일무적(主一無適)의 공부법을 말한다. 그는 홀로 있을 때에 삼가는 근독(謹獨) 공부와 평소 말수를 줄이는 과언(寡言)의 태도를 중시했다(112~13면).

요컨대 도교 수련가로서 전병훈이 유가의 심법을 중시한 것은 결국 그것이 정신을 잘 보존하고 맑고 허령하게 응결되도록 하는 수련 과정과도 상통한다고 보았기 때문이다. 그는 성리학자들이 허령하고 밝은 마음의 주재력을 길렀던 점을 중시했다. 마음을 비움으로써, 즉 사적 자의식을 가라앉히고 텅 빈 듯한 맑고 청정한 마음을 기름으로써 어떤 사태와의 관계에서도 균형을 유지하도록 이끄는 심법을 높이 평가한 것이다. 같은 이유에서 서우는 유가와 도교, 나아가 불교의 심법을 마찬가지로 긍정적으로 평가한다. "『능엄경』에서 말한다. '청정함의 극치에서 밝음이 생기고 밝음의 극치에서 깨달음이 가득하다.' 이것은 진실로 이치에 맞는 지극한 말이다. 내가 일찍이 고요한 곳에서 밝음이 생기는 것을 스스로 체험했다. 그래서 사람들에게 자주 추천하여 권했다."(246면) 그는 주희를 필두로 유학자들이 불교와 도교를 배척해온 편향된 태도를 비판했다. 불교의 소의경전 중 하나인 『능엄경』이 신기(神氣)를 정묘하게 응결하는 방법을 잘 말했는데, 왜 유학자들이 불교의 심학을 비판하기만 하는지 의구심을 표명한 것이다. 유학자들이 싫어했던 적멸(寂滅)의 표현도 결국 공자가 『주역』에서 말한 적연부동(寂然不動)한 마음, 욕망을 억제하여 가라앉히는 『논어』의 극기복례(克己復禮)와 같으므로 적멸(寂滅)의 표현을 쓴다는 이유로 불교를 배척할 수는 없다고 지적했다(126~27면). 그는 불경이 전적으로 심성서(心性書)이며 본심(本心)을 즐겨 말하는데, 도리어 유학자들이 심(心)과 이(理)를 둘로 구분한 것은 아닌지 의심하기도 했다(127면). 불교가 하학(下學)의 공부를 폐기하고 출세간을 지향하면서 청정한 본성을 지키는 상달(上達)만 추구한 것이 다소 문제라고 할 수는 있지만 전병훈은 욕망을 조절하고 억제하는 데 불교의 수행법이 중요한 역할을 담당했다고 인정했다(105~106면). 그는 정일심법(精一心法), 존심(存心)·양성

(養性)〔경공부〕, 신독(愼獨), 극기복례, 과욕(寡慾)의 공부는 공히 유불도를 관통하는 것이며, 이 점에서 서양 학술이 갖지 못한 점을 충분히 보완할 수 있다고 말한다.

> 내가 감히 유불도와 철학을 하나로 결합한 이론을 주장하니 이것이 바로 새로 발명하여 서로 조제(調劑)하는 것이 아니겠는가? 그러니 도를 숭상하는 사람이라면, 유가의 심리 학설이 이처럼 하늘에서 기원해서 세상을 경륜함을 어찌 모를 수가 있겠는가? 유가 역시 도가의 뇌와 정신, 마음에 관한 창조적 견해를 어찌 따르지 않을 수가 있겠는가? 『황제경』에서 뇌수(腦髓)가 단(丹)이 맺히는 장소이며 뇌궁(腦宮)은 원신(元神)이 머무는 신(神)의 거처라고 말했다. 유가는 마음을 말했지만 애석하게도 지금까지 뇌신경에 주목한 적이 없었다. 오로지 〔도교의〕 황제와 광성자의 견해가 근세의 서양철학에 들어맞는다. 지금 이것들을 하나의 학문 체계로 만든다면 또한 원만하지 않겠는가?"(114면)

유교는 전통적으로 불교와 도가의 편향된 관점을 비판하고, 그것이 정치와 인륜을 위한 학문이 될 수 없다고 폄하했다. 그러나 전병훈의 사유 문법에서 유교와 도가, 불교는 서로 만나게 된다. 유교의 심리설이 하늘에 근원을 두고 공경함을 위주로 하는 학설이라면, 도가는 뇌수와 정신의 연마 과정을 밝혀 무병장수와 초탈한 심성을 가능하게 한다. 불교 역시 욕망의 억제와 허정한 심성을 닦는 비법을 제시한다. 나아가 서구 근대 심리학은 뇌신경에 대한 과학적 정보를 제공함으로써 뇌의 구조적 이해와 특성을 좀더 분명하게 밝혔다. 서우는 이와 같은 서로 다른 이질적인 사유들을 하나의 유기적 학술로 구조화하는 지적 실험을 감행한다. "동서의 견해가 모두 '지극한 선'〔至善〕 '널리 사람을 사랑함'〔愛衆〕 '즐거움'

〔快樂〕으로 도덕의 체용을 삼은 것은 다르지 않다. 이른바 '조제(調劑)한다'는 것은, 서양철학이 하늘에 근원을 둔 이치를 연구하고 일상의 인륜에서 효친하는 범절을 연마해야 하며, 우리는 사회적으로 단결하고 물질의 사용을 공적으로 증진시키는 데 더욱 힘쓰는 것이다. 그때 비로소 원만하게 통할 것이다."(242~43면) 각자의 약점과 부족한 점을 상대를 통해 보완하고 이렇게 함으로써 서로 소통하여 공존하는 방법을 모색하는 것, 전병훈은 이것을 사상과 철학을 조제하여 상호 보합하는 과정으로 이해했다. 이와 같은 전병훈의 조제론의 중요한 특징은 이질적인 것들의 상호 교환〔互換〕, 빼고 더하는 상호 보완〔相補〕, 혼성의 질적 전환〔合冶〕, 보편타당한 충족〔圓滿〕, 막힘없는 소통〔通暢〕이라고 이야기된다.[13] 상이한 사유들의 충돌과 융합에서 새로운 창조적 사유를 모색하는 것, 새로운 사유가 한쪽으로 편향되거나 쏠리지 않고 원만함을 지향하게 하는 것, 상대를 통해 각자의 결함을 보완하고 겸비하되 서로의 이질성을 유지하면서 공존하는 방도를 모색하는 것, 이처럼 동서에 기원을 둔 서로 다른 사유들의 조제보합으로 보편적 학술인 정신철학을 추구한 것이 전병훈의 저작을 관통하는 중요한 문제의식이었다고 할 수 있다.[14]

---

13 김성환 「전병훈의 조제론 연구: 탈경계의 정신문명을 향한 철학적 모색」, 『도교문화연구』 59집, 2023, 195면 참조. 저자는 조선 16세기 율곡 이이의 '조제보합론'이 군자와 소인, 당류끼리의 경계 짓기의 이념에 그친 반면, 20세기 전병훈의 조제론은 동서고금과 유불도, 서구과학의 경계를 종횡으로 넘나드는 탈경계의 문맥에서 조제론을 말했음을 강조했다.

14 전병훈의 조제론을 '이상사회론'의 맥락에서 탐구한 이대승 「20세기 초 재중 한인 전병훈의 이상사회론」, 『기독교철학』 38집, 2023 참조. 이 글은 20세기 초 재중 한인으로서 전병훈이 중국 인사들과 달리 이상적 대동사회론에 도교 내단학의 수행론을 가미하고, 동양의 예치와 서구의 공화·민주·입헌의 철학적 요소들을 '조제'한 점을 중요한 특징으로 제시했다.

5. 개벽의 정신과 새로운 도맥의 형성

전병훈은 고종 시대에 다양한 관리 경험을 가진 유교적 소양의 지식인이었다. 1907년 고종의 강제 폐위 이후에 중국으로 망명했던 그는 1910년 53세에 중국 광둥성 나부산(羅浮山)의 충허관(沖虛觀)에서 고공섬(古空蟾)이라는 진인을 만나서 처음으로 도교의 내단학 수련을 받았다. 50대 중반에는 북경의 공교회(孔教會)에 출입하면서 수많은 중국의 문인들과 교류했다. 『정신철학통편』을 출간한 1920년대의 전병훈은 망명객으로 중국에 체류한 한인으로서 동서의 사상과 문화가 부딪치고 충돌하는 현장을 직접 목격했다. 그리고 전통적 사유와 서양 학술 사이에서 오랜 시간 고민을 거듭했다. 『정신철학통편』이 곧 그와 같은 오랜 고심의 결과라고 할 수 있다. 주목하고 싶은 점은 전병훈이 어떤 특정한 계파나 조직, 종파에 전혀 소속되지 않았다는 점이다. 물론 그는 다양한 조직과 사람들을 만났다. 하지만 유불도와 서양철학이 관류하는 그의 정신세계에서 볼 수 있듯이 그는 특정한 정체성을 강조하거나 내세우지 않았다. 그의 사유에는 서로 어울리지 않는 이질적인 관점들이 기묘한 방식으로 동거하고 있다. 요컨대 전병훈 사유의 중요한 성격은 특정한 지적 경향을 추종하거나 거부하지 않은 점에 있다. 만약 우리가 사유 활동으로서의 개벽의 정신에 주목한다면, 무엇과의 단절이나 탈락, 파국적 방식의 성찰이 아니라 자기중심성의 확보가 가장 중요한 특징이라고 생각한다.

그렇다면 어떤 성격의 성찰과 사유의 힘이 이질적 요소들을 한곳으로 견인한 것일까? 전병훈 자신이 심학이 기본이고 역학이 보조라고 말한 것처럼, 우주의 원신(元神)과 연결되는 정신(精神)·심령(心靈)의 학술이 그가 딛고 선 중요한 토대라고 할 수 있다. 그는 수련 도교, 불교, 유교적 심법에 기반해서 스스로 심의 주재력을 확보한 사람이다. 전병훈에게 심(心)의 구심력은 이질적 사유들을 공존하도록 이끈 우주적 인력으로 작동했고, 시대와 상황에 알맞은 유연한 균형감각을 유지하게 한 버팀목이었다. 물론 여기에는 그가 유불도를 통틀어 공통적으로 상정한 세계가 있다. 인간 개체를 초월하는 세상의 더 큰 힘과 질서, 우주적 질서〔天秩〕에 대한 경외감이 바로 그것이다. 그는 서구 근대인들이 숭상한 무력〔强權〕 혹은 다수의 이익〔功利〕이 아니라 우주와 인간 사이의 새로운 방식의 질서 회복이 이질적 존재들을 공존하게 하는 정신의 근원이자 힘이라고 믿었다. 유교는 엄격한 교육과 생활의례를 통해서 작은 자아를 극복하고 세계와 만나게 한다. 도교는 뇌수(腦髓)의 정신(精神)을 응결하고 신(神)을 활성화함으로써 개체를 벗어나〔出神〕 우주의 원신(元神)과 하나가 되게 한다. 불교는 환망을 일깨우고 헛된 욕망을 억제함으로써 무아(無我)의 경지에 이르도록 한다. 공통점은 모두 사적인 자의식을 깨뜨림으로써 세상의 더 큰 흐름이나 질서와 만나게 하는 것이다. 전병훈이 정신철학을 천명하면서 전쟁과 폭력을 일삼는 세상 위정자들의 욕망과 자의식을 문제 삼은 것도 바로 이런 맥락에서라고 할 수 있다. 적어도 그가 이해한 보편적 철리로서의 '철학'은 인간 개체의 욕망과 자의식을 조율할 수 있는 유효한 방법론을 확보한 것이라야 했다. 그리고 자아와 세계, 인간과 우주를 연결하는 더 큰 질서와 유대를 회복하게 하는 전망을 제시해주어야 한다고 믿었다.

역설적이지만 전병훈은 유불도의 수련을 통해 자신을 무화(無化)하고 버림으로써 어느 곳으로도 휩쓸리지 않는 마음과 학문의 주재력을 확보했다. 그가 확보한 주재력 역시 작은 개체보다는 우주와 세계를 향한 공경심에 기반한 것이다. 그가 조선시대의 전통과 단절하거나 그 전통을 원망하지 않았던 것도, 그리고 맹위를 떨치던 서양 학술과 과학을 추종하지 않았던 것도, 사적 자의식에 사로잡히지 않았기 때문에 가능했다. 그의 표현대로 '심(心)을 버리고 신(神)을 소통'시켰기에 가능했던 일이다. 전병훈의 정신학에 따르면 모든 문제의 시작은 욕망과 자의식에서 비롯된다. 그는 인간의 욕망과 자의식을 규명하고 조율할 수 있는 유효한 원리와 방법을 탐색했다. 그의 오랜 지적 탐색의 과정에서 유불도의 사유와 서구철학, 심리학이 만났고, 다시 서로 호환하고 조제보합하는 방법이 주조되어갔다. 그는 인간의 정신을 규명하고 훈련하는 보편적 학술의 총제를 '정신학'이라고 이름 붙였고 그것이 그의 주저 『정신철학통편』의 핵심 내용을 구성했다.

분명한 것은 그가 표방하는 정신학이 작은 자아에 머물거나 불의한 세상, 자신의 뜻대로 되지 않는 세상을 비관하고 등지는 사사로운 감정의 세계와는 거리가 멀었다는 점이다. "지금 정신 전문학을 표명하여 온 누리의 세상에 전한다. 나는 배우는 사람들에게 간절히 바란다. 장차 신(神)을 응결하고 진아(眞我)를 이룬 뒤에 세상을 비관하거나 사사로운 정감으로 행하지 말라. 세상을 구제하고 사람을 돕는 사업에 정신을 집중하여 사용하기를 바란다. 그런 후에야 〔유·불·도·서양철학〕 네 가르침의 본지를 위배하지 않으며 한 조각 겸성(兼聖)의 원만한 덕을 이룰 것이다."(85면) 그가 주목했던 겸성이란 유교적 성인의 과업을 말하는 동시에 모든 지식의 효과를 세상을 구제하고 사람을 돕는 일에서 구현하는 학술의 궁극적 목표를 가리킨다. 전병훈은 사교(四敎)의 가르침을 총괄해서 강조하되 결국 어떤 특정한 권위나 기준을 내세우지 않았다. 다만 사교의 조제보합 속에서 도출 가능한 정신의 광활한 맥을 살피고 있다. 그것은 유불도와 서양 철학 및 과학의 만남, 새로운 유전(流轉) 속에서 가능한 것이다. 전병훈이 탐색해간 정신의 맥, 사람과 사람을 만나게 하고 사람과 우주를 잇는 사통팔달의 도맥은 유대와 연결의 원리라 할 수 있다. 이 도맥의 흐름에서 전병훈의 사유는 '다시개벽'의 가치를 일깨운 동학의 큰 물줄기와 만나게 된다. 어느 한 곳에 쏠리거나 휩쓸리지 않고 나 아닌 타자를 끌어안으며 지구 너머 우주의 규모로 심화되는 개벽사상의 힘, 그것은 우리가 발 딛고 선 정신의 토양에서부터 시작되었다. 개벽의 사상은 사방의 수많은 저류(底流)와 만나 새로운 연결, 새로운 유연(有緣)의 원리를 창출하는 강력한 구심점이 될 것이다.

5장

염상섭의 문명비평과 전환의 비전

1920년대의 작품과 비평을 중심으로

강경석

1. 아나키즘 밖에서

잡지 『삼광(三光)』(1919~20)의 작품과 자료를 소개하고 분석한 한기형의 주목할 만한 문제제기[1] 이후 지난 20여년간 염상섭 연구자들 사이에서 아나키즘이 많은 주목을 받아왔다.[2] 염상섭 문학을 아나키즘과의 연관 속에서 해명하는 작업은 수많은 실증적 사실들을 통해 무엇보다 '사회주의 대 민족주의' 같은 이전의 단순화된 문학사 구도에서 벗어나게 해주었을 뿐 아니라 염상섭의 20년대 작품들에 씌워진 '자연주의' 또는 '환멸의 서사'와 같은 고정관념에 의문을 던지고 새로운 해석의 활로를 열어

1 한기형 「초기 염상섭의 아나키즘 수용과 탈식민적 태도: 잡지 『삼광』에 실린 염상섭 자료에 대하여」, 『한민족어문학』 43호, 2003, 73~105면.

2 최근의 사례로는 오스기 사까에와 염상섭의 자아/자아혁명을 직접 비교하며 공통점과 차이점에 주목한 최호영 「오스기 사카에(大杉栄)의 아나키즘과 염상섭의 '자아'론」, 『한국문학이론과비평』 90집, 2021, 413~42면.

주었다.[3]

프로문학의 역사가 이기영(李箕永)의 『고향』(1933~34)을 탄생시키기 전까지 염상섭이 '조선문학사상 최대의 작가'[4]였다는 임화(林和)의 발언은 알다시피 한편으로 그의 비평가적 안목을, 다른 한편으론 카프 해체(1935) 이후의 이념적 공백사태를 '조선신문학사' 수립을 통해 돌파하려는 고뇌의 일환이었다. 그러나 수많은 후대 비평가, 작가, 연구자들이 그러한 복잡성의 역사적 이해를 누락하거나 이데올로기적으로 은폐함으로써 『만세전』이 "페시미즘으로 충만되어 있는 걸작"[5]이라고 했던 임화의 역설적 평가는 향후 문학사 서술의 이정표가 되어준 이상으로 멍에가 되었던 것이다. 『만세전』을 위시한 염상섭의 1920년대 문학이 소시민 작가의 역사적 무자각 또는 전망에 대한 몰이해의 산물—페시미즘과 '자연주의'—이라는 굴레를 벗지 못하게 된 것은 그 때문이었다. "일제시대에 염상섭은 주로 좌파 프로문학론자들로부터 비판적 규정을 받았다면, 해방 이후에는 우파 이데올로그들과 긴장을 형성했"는데 그럼으로써 "해방기·한국전쟁기를 거치면서 50년대에도 많은 작품을 발표했음에도 불구하고, 그에 대한 평가는 『만세전』의 자연주의 작가라는 규정을 벗어나지 못했"[6]던 것이다. 김윤식의 『염상섭 연구』(1987) 이후 활성화된 근대성 논의의 흐름 가운데서도 충분히 해소되지 못했던 '자연주의 작가 염

3 여기에 대해서는 이종호 『염상섭 문학의 대안근대성 연구』, 성균관대 박사학위논문, 2017, 35~40면 참조. 이 논문은 염상섭과 아나키즘의 관련성에 대해서는 물론, 염상섭 연구사와 실증 성과에 관한 종합적 상세 지도로 평가할 만하다.

4 임화 「소설문학의 20년」, 임화문학예술전집 편찬위원회 엮음, 『임화문학예술전집 2』, 소명출판 2009.

5 같은 글 409면. 이 대목은 김동인의 단편 「태형(笞刑)」(1923)을 아울러 언급한 것이다.

6 이종호, 앞의 글 64~65면.

상섭'이라는 상은 아나키즘 논의가 이끈 활발한 실증 성과들이 축적되고 서야 비로소 본격적으로 불식되기 시작했다고 평가할 수 있다.

그러나 염상섭이 아나키즘 사상이나 관련 인물들 가령, 황석우(黃錫禹), 나경석(羅景錫), 오스기 사까에(大杉栄) 등과 직간접으로 교류했던 사실을 실증적으로 점검하는 것[7]과 그의 문학 또는 사상의 본질을 아나키즘에서 찾는 것은 전혀 다른 차원이다. 실제로 후자의 작업을 활발히 주도하고 있는 이종호는 염상섭이 "긍정적인 개념을 직접 전달하는 방식을 통해 자신의 사유를 전개하기보다는 전/근대성의 문법을 내파하고 부정하는 방식을 통해 자신의 사유를 드러내는 경우가 많았다"[8]는 정당한 관찰에서 출발해 네그리·하트의 대안근대성(altermodernity)으로 그의 사상적 입장을 수렴시키는 데 많은 노력을 기울였다. 국가와 자본에 불화하고 중앙집권적 정치체제를 부정하는 아나키즘이 사회주의와 자본주의의 한계를 가로지르는 대안으로 재전유 또는 현재화 가능한지의 여부나 네그리·하트의 '공통체'론 자체에 대한 평가는 별도의 과제이려니와 우선 염상섭 자신이 "긍정적인 개념을 직접 전달하는 방식"을 회피했다면 그 이유는 그것대로 규명할 필요가 있고 "무정부주의자가 아닌 나는 일찍이 사회성을 무시하고 개성만을 고조한 일도 없었고, 또한 개성을 고조한 것이 곧 사회성을 부인하는 반어가 될 수 없는 것도 물론"[9]이라는 그

---

7 황석우, 오스기 사까에 등과의 관련에 대해서는 황종연 「과학과 반항: 염상섭의 『사랑과 죄』 다시 읽기」, 『사이間SAI』 15호, 2013, 87~133면 참조.

8 이종호, 앞의 글 66면.

9 염상섭 「나에게 대한 반박에 답함」(1927), 한기형·이혜령 엮음, 『염상섭 문장 전집 1: 1918~1928』, 소명출판 2013, 568면. 이하 본문과 각주에서 이 책을 비롯하여 『염상섭 문장 전집 2: 1929~1945』 『염상섭 문장 전집 3: 1946~1962』의 인용은 『문장 전집』으로 약칭하고 권수와 글 제목, 면수만 표기.

자신의 발언 또한 일단은 있는 그대로 존중해야 할 것이다. '나는 맑스주의자가 아니'라고 했다던 맑스적 반어에 빗대어 이를 지나치거나 기술적 유보로 치부하는 것은 바른길이 아니며, 염상섭의 예의 발언 맥락에서 "다만 무정부주의가 '개'(個)만을 주장하려는 데에, 공산주의와 반발성을 가진 것일 따름"이라는 대목 등에 초점을 맞춤으로써 그가 부정한 "무정부주의"는 개인주의적 아나키즘에 국한된 것일 뿐 실제 그의 사상은 오스기 사까에의 영향을 강하게 받은 아나르꼬 생디깔리슴(anarcho-syndicalisme)이었다고 논증하는 것 또한 만족스러운 해결책은 아닐 것이다. 이에 대해서는 뒤에서 더 다룰 예정이지만, 염상섭이 "긍정적인 개념을 직접 전달하는 방식을 통해 자신의 사유를 전개하기보다는 전/근대성의 문법을 내파하고 부정하는 방식을 통해 자신의 사유를 드러내"는 입장을 취하곤 했다면, 당시 아시아지역에 들어온 외래사상의 교착과 미분화[10] 가운데 얽히고설킨 실마리를 세밀하게 유형화하고 특정 노선에 수렴시키려는 노력 못지않게 그 자신의 독자적 핵심을 변별해내는 작업을 병행하거나 우선시할 필요도 있는 것이다.

이 글에서는 예의 "전/근대성의 문법을 내파하고 부정하는 방식"을 '문명비평'으로 느슨하게 통칭하고 그것을 뒷받침하는 염상섭의 독특한 사상체계의 윤곽을 조금 다른 각도에서 그려보려 한다. 여기서 '문명비평'

---

10 이에 관한 염상섭의 인식을 보여주는 대목으로는 『사랑과 죄』(1927)의 '니취(泥醉)' 장에 등장하는 남산골 까페의 논쟁 장면이 대표적이다. "사실상 이때쯤은 공산주의와 무정부주의 사이에 확연한 분계선(分界線)이 있지 못하였다. 차라리 분계선이 없다느니보다도 무정부주의라는 것이 널리 알리어지지도 않았었다. 그뿐만 아니라 사회운동자의 대부분은 그러한 구별은 장래에는 있을 일이나 위선은 '반항'이라는 일점에서 지기상통하는 것만에 만족하여 청탁을 가리지 않는 형편이었다." 염상섭 『염상섭 전집 2: 사랑과 죄』, 민음사 1987, 209~10면.

이란 염상섭이 탐독했다고 고백한 다까야마 조규(高山樗牛, 1871~1902)[11]의 이해를 참조한 것이다. "문명 비평가란 스스로 믿는 바가 아니면 움직이지 않고 내 믿는 바를 관철하기 위해서는 한 시대를 적으로 삼더라도 싸울 수 있는 기백이 있어야 한다. 그들은 이해타산을 모르며 더듬거리지 않고 도약해 자기 의지의 만족을 최고 보상으로 삼는다. 이런 각오가 있는 사람이 바로 문명비평가"[12]라는 조규의 진술은 작가, 사상가로서의 염상섭에 대한 일단의 설명으로도 손색이 없다. 물론 염상섭의 문명비평은 제국주의가 운반해온 자본주의 물질문명과 외래사상에 순응하기를 거부하고 자신이 발 딛고 선 현실의 위기를 독자적인 관점으로 응시하며 대결하려 한 일련의 문화적·담론적 실천을 가리키는바, 리얼리즘적 소설 창작을 비롯하여 정치, 사회, 풍속 등에 관한 광범위한 비평적 글쓰기에 이르기까지 보다 폭넓은 차원을 아우르고 있어 조규와 변별된다. 염상섭이 한국 근대문인들 중에서 "누구보다 사상가로서의 풍모를 지녔던 인물"[13]이라면 그 이유는 그가 민족주의, 사회주의, 아나키즘 혹은 그들간의 혼합 형태 중 하나를 선택해 따랐던 기성 노선의 추종자가 아니라 자기자신과 자신의 시대, 현실에 대한 자신만의 이해와 논리를 비교적 일관되게 추구했기 때문일 것이다. 좁은 틀의 '자연주의'에서 겨우 건져낸 염상섭

11 「문학소년시대의 회상」(1955), 『문장 전집 3』, 308면. 여기서 염상섭은 "일본작품으로서는 나쓰메 소세키(夏目漱石)의 것, 다카야마 조규(高山樗牛)의 것을 좋아하여, 이 두 사람의 작품은 거지반 다 읽었다. 자연주의 전성시대라, 그들 대표작가들의 작품에서, 사조 상으로나, 수법으로나, 영향을 적지 않게 받았을 것도 부인할 수 없다"라고 회고한 바 있다.

12 다카야마 조규 「문명 비평가로서의 문학자(일본 문단의 측면 비평)」, 표세만 옮김, 『다카야마 조규 비평선집』, 지식을만드는지식 2018, 82면.

13 한기형 「가장 중요한 것은 '나': 염상섭을 향한 하나의 길」, 오영식 엮음 『보성과 한국문학: 작고문인을 중심으로』, 소명출판 2017, 79면.

을 아나키즘에 옮겨 기입하는 것은 그런 의미에서도 세심한 주의를 요한다. 이 글은 염상섭이 도달한 자본주의 이해와 예외적 통찰, 곧 그의 문명비평의 수준을 가늠하면서 그것이 사회주의 계급혁명론을 위시한 당대의 여러 발상들 너머에서 문명전환 혹은 개벽사상적 함의마저 지닐 수 있음을 그의 활동 초기인 1920년대 작품과 비평을 통해 해명해보려 한다.

2. '중인적 계층의식' 재론

염상섭 문명비평 사상의 발생론적 토대를 살피기 위해 우선은 이미 익숙해진 경로 가운데 하나를 되짚어보자. '중인적 계층의식'이라는 정신적 지반이 그것이다. 김윤식의 방대한 저서 『염상섭연구』(1987)를 몇 문단으로 대변한다면 '중인적 계층의식'과 관련된 일련의 설명들을 건너뛸 수 없을 것이다. 염상섭의 문학이 여전히 새로울 수 있다면 그 이유는 그가 누구보다 '근대'에 충실했기 때문이고, 그럴 수 있었던 근거는 그가 "물질적 이해관계"를 삶의 핵심 동력으로 삼는 중인가계 출신이라는 데에 있다는 것이 그 요지이다.[14] 이는 사실 부르주아계급이 "냉정한 '현금계산' 외에 다른 어떤 유대관계도 남기지 않"[15]는다는 『공산당 선언』의 한 대목을 연상시키는 것이지만 "이러한 중인적 계층의식이 곧 시민의식(부르주아 의식)에로 통하"[16]는지 여부는 더 따져보지 않을 수 없다. 김윤식에 따르면 근대란 무엇인가에 대한 "제일 짧은 대답은 자본주의"이다.

---

14 김윤식 『염상섭연구』, 서울대학교출판부 1987, 18~19면.
15 칼 맑스·프리드리히 엥겔스 『공산당 선언』, 심철민 옮김, 도서출판b 2018, 15면.
16 김윤식, 앞의 책 19면.

"자본주의, 곧 제국주의의 모태를 떠나면 일제를 설명할 수 없을 뿐만 아니라, 그 식민지 밑에 놓였던 조선사회를 정확히 알아내기 어려운 것"[17]이기 때문이다. 하지만 조선 말기의 중인계층과 근대 부르주아/시민 계급이 그의 설명처럼 매끄러운 연속성을 지니는지에 대해서는 충분한 검증이 이루어졌다고 보기 어렵다. 중인은 조선 후기 들어 양천제(良賤制)가 이완되면서 두각을 드러낸 소수의 특수한 신분[18] 범주이고 부르주아는 자본주의적 생산수단의 소유 여부를 기준으로 한 계급 개념으로 후자의 구성은 전자에 비해 훨씬 유동적이며 탄력적이라고 생각되기 때문이다. 근대의 도착(到着)으로 부를 축적한 평민 혹은 천민의 상승 이동과 주로는 양반지주 계층의 하강 분해를 중간지대에서 두루 수렴할 수 있었으니 식민지 조선 부르주아의 태반은 소수에 불과할 중인만이 아니었다. 하지만 그보다 우선적으로 검토해야 할 사항은 예의 "중인적 계층 감각" 또는 계층의식의 실제 내용이다. 그것이 오로지 물질적 이해관계만을 원동력으로 삼는 '근대적인' 무엇이었는지는[19] 염상섭의 가계에 관해 알려진 몇몇 사실들을 재검토하고 새로운 사실들을 보완하면서 더욱 구체화해 볼 필요가 있다.

김윤식은 『파주염씨세보』를 근거로 염상섭의 가계를 일별하며, "고조

17 같은 책 376~77면.

18 여기에 대해서는 한영우 「조선시대 중인의 신분·계급적 성격」, 『한국문화』 9호, 1988, 179~209면.

19 물질적 이해관계가 삶의 중심 동력이 된다는 것이 자본주의의 배타적 본질인지에 대해서부터 의문을 품을 수밖에 없거니와 일례로 전근대의 수전노와 근대 자본가 모두 물질적 이해관계를 삶의 중심 동력으로 삼지만 그 동력의 행사 방식에서 큰 차이를 보인다. "과거의 축적물은 그것이 오직 더 많은 축적을 위해서 사용될 때에만 '자본'"이 될 수 있기 때문이다. 이매뉴얼 월러스틴 『역사적 자본주의/자본주의 문명』, 나종일·백영경 옮김, 창비 1993, 14면.

부 이전까지는 별다른 벼슬이 보이지" 않지만 증조부 염재진(廉在鎭)이 동지중추부사(同知中樞府事)를 지냈고 조부 염인식(廉仁湜)이 "태조대왕의 영정을 그리고 모시는 부서의 도감(책임자) 및 역대 제왕의 영정을 모신 집을 중수하는 부서의 별감을 역임한 뒤 정3품인 통정대부 중추원 의관을 역임"했다고 썼다. 아울러 부친 염규환(廉圭桓)이 "전주, 가평, 의성, 예천 군수를 지낸 바" 있다고 하면서 "염상섭의 선조는 주로 무관으로 되어 있으며, 증조부의 벼슬도 그러한 쪽과 관련이 있는지도 모른다"[20]고 추측했다. 조부와 부친의 경력에 관한 설명은 다른 문헌자료를 통해서도 어느정도 교차 확인이 되지만 증조부의 벼슬이 무관과 관련되었다는 추정은 근거가 희박하다.

지금까지 주목되진 않았지만 관원으로서 증조부 염재진에 관한 최초의 기록은 규장각(奎章閣)의 관청일지인 『내각일력(內閣日曆)』에 등장한다. 순조 29년인 1829년 9월 20일자로 "서리 김재기에게 사정이 생겨 그 대신 양인 염재진을 임명하고 겸직 일체를 그대로 맡기도록"[21] 한다는 일종의 인사기록이 그것이다. 여기서 양인(良人)이란 정해진 직역이 없는 평민을 가리키는 관용어이니 아마도 염상섭의 집안이 중앙관청의 실무를 담당하는 경아전(京衙前) 가계로 된 것은 1829년부터였다고 생각된다. 서리(書吏)란 경아전 중에서 문서기록·관리를 주로 맡았던 하급실무자를 가리키는데, 염재진은 근 40년에 이르는 서리 생활을 고종 5년인 1868년 10월경 마무리하고 아들 염인식에게 자리를 물려주게 된다. 당해 10월 6일의 기록에 "본각(규장각)의 서리 염재진에게 사정이 생겨 그의 아들 인

---

20 김윤식, 앞의 책 5면.

21 "書吏金在驥有頉代良人廉在鎭差定兼窠一體仍差事自", 규장각 원문검색서비스(kyudb.snu.ac.kr)에서 확인이 가능하며 이하 번역은 필자의 것이다.

식에게 대리하게 한다"[22]는 대목이 뚜렷하다. 따라서 『파주염씨세보』에서 염재진이 동지충주부사를 지냈다고 한 것은 의아한 대목이다. 동지사의 여러 관직들이 실직(實職)이 없는 명예직, 겸직인 경우가 많았다는 점을 고려하더라도 하급실무자로 퇴직한 그의 신분과는 거리가 크기 때문이다. 단정할 순 없으나 일종의 매관 중개인처럼 행세하는 『만세전』의 김의관이나 돈으로 족보를 사는 『삼대』의 조의관의 형상을 통해 작가가 전근대적 신분관념과 가족질서를 일종의 퇴행으로 묘사하곤 했다는 사실도 두루 참조할 여지가 있고 아들 염인식의 상대적 출세에 힘입은 추증으로 볼 여지도 있을 것이다.

앞에서 보듯 염상섭의 조부 염인식이 서리가 된 데에는 증조부 염재진의 경력이 큰 영향을 미쳤다고 할 것인데 염인식의 이력에 대한 김윤식의 설명은 다른 경로로도 확인이 된다. 그러나 "별감을 역임"했다는 표현은 별간역(別看役) 즉, 규장각에 속한 잡직을 수행했다는 사실의 와전이다. 주로 왕실의 경호와 수행을 담당하는 별감(別監)과 달리 별간역은 한시적으로 수행되는 특별사업을 담당하는 임시직을 가리키므로 가령, 영정모사도감(影幀模寫都監)의 중수가 그에 해당된다. 이는 대원군 집권 이후 종친부(宗親府) 소관 사무였고 고종 대에 종친부를 크게 일신한 바 있기에 여러모로 사실관계가 맞아 들어간다. 생전의 염상섭을 수차례 인터뷰해 전기연구를 완성한 김종균이 "상섭이 소년시절을 보낸 집은 소격동 종친부에 속해 있던 고옥이었으니, 이 집에서 할아버지 밑에서 천자문도 외웠고, 동몽선습도 떼었다"[23]라고 쓴 사실과도 무관하지 않을 듯하다. 염상섭의 다른 회고를 통해서도 확인할 수 있듯 조부 염인식은 유교적 기초

22 "本閣書吏廉在鎭有頉代其子仁湜", 규장각 원문검색서비스.

23 김종균 『염상섭연구』, 고려대학교출판부 1974, 20면.

교육을 상당히 강조한 전근대적 의식의 소유자였는데 『승정원일기』에는 증조부 염재진에 대해서도 흥미로운 기사가 실려 있어 함께 살펴볼 필요가 있다. 때는 병인양요(1866) 직후이고 내용은 내각서리 염재진이 군수(軍需)에 보태라며 황소 두마리를 바쳤다는 순무영(巡撫營)의 보고였다.[24] 기록이 단순하므로 확인이 더 필요하다고 볼 수 있지만 기본적으로 염재진의 경제적 형편이 유복한 편이었으리라는 추정이 가능하며, 다른 한편 그들의 생활 근거가 궁궐이었던 점을 감안할 때 염재진에서 염인식으로 이어지는 "쇄국적·봉건적 유풍(遺風)"[25] 또한 어림짐작할 만하다.

부친 염규환의 이력도 따져볼 점이 없지 않다. 그는 대한제국 시절뿐 아니라 경술국치로 불리는 한일병탄(1910) 뒤에도 지방 군수직을 유지했고 그 덕에 1912년에는 일제로부터 한국병합기념장을 받음으로써 『친일인명사전』(2009)에까지 이름을 올리게 된다. 언뜻 보기엔 대한제국의 지방수령으로 출세한 인물이 한일병탄 전후의 시세에 편승해 친일로 전향하고 병탄에 앞장선 공로로 훈장까지 받은 것처럼 보이지만 내실은 좀 달랐다. 우선 이 시기 군수의 위상은 조선조의 지방수령에 비할 바가 아니었다. "통감정치 시절 일제는 이미 경찰권을 상실한 군수로부터 〔한일병탄 이후〕 재정권마저 박탈함으로써 군수를 단순한 행정관으로 위치시킴으로써 군수의 권한을 사실상 유명무실하게 만들어 놓았기 때문"[26]이다. 이들에게 주어진 한국병합기념장도 1912년 제정 당시 약 3만개를 주조할 계획이었으니[27] 병합 당시의 현직 관리 대다수가 수여대상이었던 셈

---

24 『승정원일기』, 고종 3년(1866) 9월 23일, 국사편찬위원회 홈페이지(www.history.go.kr)에서 원문 및 역문 확인.

25 『문장 전집 3』 306면

26 홍순권 「일제시기의 지방통치와 조선인 관리에 관한 일고찰: 일제시기의 군 행정과 조선인 군수를 중심으로」, 『국사관논총』 64집, 1995, 62면.

이다. 따라서 그의 '친일'은 생계형 이상의 의미를 갖기 어렵다.[28] "아버지 규환은 영친왕의 생모인 엄비의 소꿉동무였던 관계로 쉽사리 벼슬길에 올라 전주·가평·의성 등지의 군수를 지냈다"[29]는 염상섭의 부인 김영옥(金英玉)의 회고에도 불구하고 그 직의 위상은 그의 선대에 비해 그리 높지 않았을 것으로 보인다. 물론 1869년생인 염규환과 1854년생인 엄귀비의 연령차를 고려할 때 "소꿉동무"는 착오일 가능성이 높지만, 고종의 환후 위문 차 쿄오또오에서 경성으로 가는 영친왕을 히로시마까지 호위하는 데에 염상섭의 형인 염창섭이 차출되었던 사실[30] 등을 감안하면 영친왕의 생모인 엄귀비와 염상섭 일가의 관계가 남달랐을 여지는 충분해 보인다. 그렇기 때문에 고종의 강제 퇴위와 '한일신협약'의 체결, 대한제국 군대의 해산, 정미의병의 봉기가 접종한 1907년은 나라의 운명뿐 아니라 이 집안의 미래에도 암운을 끼쳤던 것이다.

> 시위대에서 호두닥거리며 터져 나온 총소리를, 나는 소격동 종친부 앞 개천가의 우거진 고목 밑에 혼자 우두커니 서서, 나무 위에서 선들히 울어제끼는 매

27 「한국병합기념장」, 『대한매일신보』 1912. 4. 7.

28 정미의병 당시 가평군수를 지낸 염규환의 행적과 의미에 관련해서는 이 논문의 토대가 된 필자의 발제문 「문명비평가로서의 작가: 형성기의 염상섭 문학사상에 대하여」(한림대학교 한림과학원·세교연구소 공동주최 학술심포지엄 〈개벽, 그 사상적 자장〉 2023. 12.)에 그 일단을 서술한 바 있으나 더 상세한 분석은 후일을 기약하기로 한다.

29 「內房證言으로 엮는 新文化 主役들의 참모습(3)」, 『독서신문』 1977. 6. 26.

30 「조선장교의 출정 — 해삼위군 중에 네 명의 조선장교 」, 『매일신보』 1918. 8. 31. 러시아혁명이 발발하고 이른바 적백내전이 개시되자 일본은 백군을 지원하기 위해 파병을 결정하는데 염창섭을 비롯한 네명의 조선인 장교가 참전하게 되었다. 영친왕의 호위는 그 출정길의 일부 구간에 해당하는 것으로서 조선인 장교 중에 염창섭과 이응준이 특별히 선발된 것이다. 이에 대해서는 이원규 「일제에 순응한 우등생 염창섭」, 『애국인가 친일인가: 일제 강점기 무관 15인 약전』, 종합출판범우 2019 참조.

미소리와 함께, 선잠에서 깨인 아이처럼 멀거니 듣고 있었다. 어린 가슴에는 무슨 생각을 품었었던지? 제법 비분강개할 만큼 철이 들었던지는 몰라도, 그 총소리가 조금도 무섭지 않던 것은 지금도 기억에 남아 있다. 뒤미처 군대가 해산되던 날, 진일토록 서울 장안은 총성에 싸였으나, 누구나 초상집의 곡성을 듣는 것쯤으로 알았으리라. 나도 놀랄 것이 없었고 걱정이 되지는 않았었다. 초상집에서 울음소리가 안 나면야 도리어 이상하고 욕을 먹을지도 모를 일이다.[31]

서소문 전투 즉, 대한제국군의 해산에 무력으로 저항한 시위대(侍衛隊, 황실근위대)의 총성을 "초상집의 곡성"에 빗댄 것은 대한제국의 몰락을 가리키는 가차 없는 비유이거니와 그 기억이 사건 발생 반세기 뒤에도 생생히 소환될 수 있었던 것은 그것이 염상섭 자신의 가족사와 구체적으로 동조화되어 있었기 때문이다. 1907년의 총성이 울린 시점은 대한제국과 대한제국 군대만이 아니라 부친 염규환의 영락과 장형인 염창섭이 대한제국 군대에서 일본육사 출신 장교로 옮겨가는 선택의 기로이기도 했던 셈이다. 이는 『만세전』이나 『삼대』, 『무화과』와 같은 염상섭의 식민지시대 대표작들을 이해하는 데에도 시사적인데, 이들을 염두에 두면 염상섭은 자신이 속한 계층을 근대 부르주아로 이월하기는커녕 구체제와 함께 몰락하는 집단으로 인식했던 것으로 보인다. 따라서 이들 계층의 근대적 운명에 대해서는 오히려 다음과 같은 설명이 '중인 = 부르주아'의 "냉정한 '현금 계산'"보다 실상에 더 방불할 듯하다. "지금까지 하층 중산계급을 이룬 (…) 모든 계급은 프롤레타리아계급으로 전락한다. 그 이유는 어떤

31 「별을 그리던 시절」(1958), 『문장 전집 3』, 448면.

경우 (…) 대자본가들과의 경쟁에서 패하기 때문이며, 또 어떤 경우는 새로운 생산방식으로 인해 그들의 숙련성이 가치를 잃어버리기 때문이다. 이리하여 프롤레타리아계급은 인민의 모든 계급들로부터 충원된다."[32] 물론 이 가계가 프롤레타리아계급으로 전락한 것은 아니지만 구체제가 필요로 하던 이들 특수계층의 "숙련성이 가치를 잃어버리"게 된 것만은 분명한 사실이다. 굳이 맑스식으로 구별한다면 염상섭의 집안은 근대부르주아가 아니라 몰락을 앞둔 전근대의 '하층 중산계급'에 가까울 것이다.

3. 몰락한 계층들의 분화와 연합

주요 한국근대문인의 상당수가 중인가계에서 배출되었기 때문에 '중인-근대 부르주아'라는 틀이 여전히 그럴듯해 보이지만 염상섭의 수많은 작품과 비평 들은 오히려 식민지 근대 특유의 조건으로 인해 빚어지는 서구 근대 계급모델의 굴절과 균열을 겨냥하곤 했다. 민족주의문학의 향방을 묻는 『동아일보』의 신년 설문(1932)에 대한 그의 답변이 대표적이다. '민족주의문학'을 부르주아문학의 다른 이름으로 보는 경우 "애초에 조선에는 부르주아문학도, 프롤레타리아문학도 없기 때문에 어디로 가고 말고가 없"으며 "부르주아문학으로 완성되자면 조선의 현실정세가 이를 허락지 않고, 프로문학으로 추향(趨向)하재도 '프로문학'이란 형태가 서지를 못한 금일에 있어서는 가려야 갈 목표가 없"[33]다는 것이다. 이것이 임화가 말했던 페시미즘이 아니라 엄정한 현실인식이자 가능한 전망의

32 칼 맑스·프리드리히 엥겔스, 앞의 책 30면.
33 「각각 제 길을 밟을밖에」, 『문장 전집 2』, 336면.

산물임은 염상섭이 해당 설문의 답변을 다음과 같이 매듭짓는 데서 명확히 드러난다.

> 이 '비(非)프로', '비(非)부르주아'의 과도적 문학은 명일(明日)의 문학을 위한 준비입니다. 명일의 문학은 금일 운위하는 프로문학이 결코 아닙니다. 건전한 인류의 문학입니다. 이 의미로서 괄목할 만한 진전이 없어도 비관할 것 없이 차근차근히 제 길을 밟으며 수련을 쌓아나감이 도리어 유의의(有意義)하다 하겠습니다.[34]

프로문학/부르주아문학이라는 개념 구도나 서구적 계급혁명 모델에서 연역할 것이 아니라 당면한 현실 그 자체가 진정한 전망의 태반임을 역설한 발언이라 요약할 수 있을 것이다. 그러나 이는 염상섭이 『삼대』(1931)의 연재를 마치고 나서야 비로소 얻게 된 새삼스런 각성에서 비롯된 것이 아니라 문학경력의 초기부터, 적어도 카프의 결성(1925. 8)으로 프로문학운동이 현실에 두각을 드러낸 이후로는 지속적인 것이었다고 보는 편이 타당하다. 예의 "'비(非)프로', '비(非)부르주아'의 과도적 문학" 안에 "건전한 인류의 문학"을 예비하는 가능성이 담지되어 있다고 할 때 가장 먼저 떠오르는 문제작은 단연 「윤전기」(『조선문단』, 1925. 10)이거니와 이 단편이야말로 서구적 계급모델의 조선적 적용이 곤란함을 입증하는 실물 근거라고 할 수 있다. 급료를 받지 못해 태업 중인 신문사의 인쇄노동자들과 어쨌든 신문 발행을 멈출 수 없다는 신념을 지닌 편집국 간부 A 사이의 갈등을 노동자/자본가의 대립으로 파악한 박영희(朴英熙)[35],

---

34 같은 면.
35 박영희 「신흥예술운동의 이론적 근거를 논하여 염상섭군의 무지를 박함」(『조선일보』

김기진(金基鎭)[36] 등은 작품의 결말에서 이뤄지는 화해가 작가의 소부르주아적 편견과 감상주의의 소산에 불과하다고 비판했지만 사실 이 작품은 "시대일보·조선일보 등 식민지시대 우리말 언론기관들이 처한 열악한 경제상황의 문학적 반영으로서, 계급적 모순을 자본가 편에서 그린 작품이라고 보는 것은 단선적인 판단이다."[37] 말하자면 「윤전기」는 '부르주아다운' 부르주아의 출현과 성숙을 가로막는 식민지적 한계는 그것대로 인식하면서도 오히려 부르주아의 미성숙이라는 조건으로부터 산출되는 불가피하면서도 역설적인 전망으로서 계급연합을 모색한 작품이라고 할 수 있다.

서구적 계급모델이 원만히 들어맞지 않는 식민지 조선 특유의 현실에 대한 날카로운 인식은 「윤전기」뿐 아니라 20년대 염상섭의 또다른 대표장편 『사랑과 죄』(1927~28)에서도 잘 드러난다. 이 작품에서 조부 대에 일제로부터 작위를 받은 귀족이자 서양화가인 주인공 이해춘과 "조선흥산주식회사 사장"[38]으로 부르주아를 대변하는 류택수는 사실 "'부르주아'이되 '부르주아'로서 현현하지 않"[39]는데, 이를 예리하게 분석한 박헌호에 따르면 "식민지 조선에서의 부르주아란 '사회적 잉여'의 소유자로서, 곧 과정으로서의 부르주아이기보다는 '결과로서의 유산자'로 인식되고" 있었다. 따라서 "범주로서의 '부르주아지'에 대한 파악이 그 성격보다는

1926. 2. 16.), 이동희·노상래 엮음 『박영희 전집 3』, 영남대학교출판부 1997, 170~71면.

36 김기진 「변증적 사실주의 — 양식 문제에 대한 초고(6회)」(『동아일보』 1929. 3. 5.), 홍정선 엮음 『김팔봉 문학 전집 1: 이론과 비평』, 문학과지성사 1988, 69~70면.

37 염무웅 「염상섭의 중도적 민족노선」, 『창작과비평』 2013년 가을호, 385면. 「윤전기」에 대한 카프진영의 비판에 대해서는 이 글을 참조.

38 염상섭 『염상섭 전집 2: 사랑과 죄』, 108면. 이하 인용은 면수만 표기.

39 박헌호 「염상섭과 부르주아지」, 『한국학연구』 39호, 2015, 163면.

결과에 집중되면서 '돈 많은 자 일반'이 부르주아란 범칭으로 불리게 된 것"이며, "그 결과 '부르주아지'의 범주적 본질이 '소유'와 '향유'의 국면으로 축소"되어 "생산주체로서의 부르주아"라는 역사적 본질을 상실하게 된 것이다.[40]

작위를 받은 사실과 성씨로 미루어 조선왕실의 종친 가계로 짐작되는[41] 이해춘은 정치적 자유가 없는 자산계층으로 전락함으로써, 한일병탄 이전까지 일본과 미국을 드나들었던 "옛날의 지사(志士)"(117면) 류택수는 민족자본가에서 타락한 속물적 유한계급으로 후퇴함으로써 역사발전을 주도하는 계급의 대표가 될 가능성에서 이미 멀어져 있었다. 다만 "해춘이와 순영이를 실은 봉천행 열차가 평양을 통과하여 북으로 북으로 달려갔다"(460면)는 작품의 결말과 마주하고 보면 여러 갈래의 이념과 생존방식을 대변하는 인물들 가운데 왜 이들의 동지적 연애가 작가에 의해 최종적으로 선택되었는가 하는 물음을 던지지 않을 수 없다. 세브란스 간호부인 지순영은 이판서(해춘의 아버지)의 청지기였던 지원용[42]과 기생출신 해줏집 사이의 소생이며 독립운동가 김호연(해춘의 친구)의 동지로 암약 중이다. 따라서 이 작품은 민족운동에 각성해 작위를 반납한 참회귀족 이해춘과 출생의 미스터리에서 해방된 중인가계의 얼녀 지순영이 — 이들은

---

40 같은 면.

41 등장인물들이 남산골 까페에 모여 술을 마시며 이념 설전('니취' 장 참조)을 벌인 다음날, 고등계 순사부장이 이해춘을 찾아와 다음과 같이 말하는 것도 눈여겨볼 만하다. "하여간 대감께서는 다른 사람과 달라 지체도 생각하셔야 할 뿐 아니라 왕가(王家)에 대하신 처지라든지 무엇으로 보든지 일체 그러한 종류의 인물과는 추축을 하시어서는 아니 될 줄 압니다."(213~14면)

42 종친의 청지기 곧 겸인(傔人)이라면 중인계층으로 볼 수 있으므로 순영은 중인가계의 얼녀(孼女)인 셈이다. 『사랑과 죄』의 주요 플롯 중 하나는 지순영의 출생의 비밀이 밝혀지는 과정이다.

둘 다 몰락한 계층 출신이다—신분과 계급을 넘어 연대함으로써 투옥된 김호연을 계승해 운동에 투신하는 이야기라고 할 수 있다. "민족주의와 사회주의의 중간을 타고 나가는 것이 오늘날의 조선 청년으로는 옳은 길"(210면)이라고 할 때 김호연은 바로 그 대변자로 등장한 셈인데, 서구 근대의 계급구도가 그대로 안착할 수 없었던 식민지에서라면 몰락한 계층에서 출현한 잡계급적 지식인 연합이 해방운동 주체로 부각되는 것은 굳이 러시아혁명사를 참조하지 않더라도 자연스러운 일면이 있다.

물론 "민족주의와 사회주의의 중간"에 대해서는 부연이 따라야 할 것이다. 작품이 발표된 시점을 염두에 두면 많은 선행연구들이 지적했듯 신간회운동에 직결되지만 그렇다고 단순히 국내 좌우합작이라는 차원에 머문다면 주인공들의 봉천행은 설명할 길이 없어진다. 따라서 당시에 병존했던 여러 노선들을 종합하고 평가하는 보다 상위 차원의 고려가 필요하다. '중간'이 어디인지를 파악하기 위해서는 한 차원 더 높은 곳에서 그것을 가늠하게 해줄 기준이 제시되어야 하기 때문이다. 작가 염상섭의 입장은 남산골 까페 장면에 제시된 여러 분파노선 중 하나가 아니라 당시 국외 독립운동의 주요 의제로 부상한 '민족유일당운동'에 근사했던 것으로 보인다. 이는 주로 1920년대 후반에 크게 일어난 중국·만주지역의 유일당운동, 정의부·참의부·신민부의 3부 통합운동 등을 아울러 지칭하거니와 각 분파노선들에 대한 비판적 평가를 배경으로 "민족주의와 사회주의의 중간"을 제시한다는 점에서 이해춘과 지순영이 봉천행 열차에 오르는 결말에 비추어 더욱 비근한 설명을 제공해준다. "민족주의와 사회주의의 중간"이 구체적으로 무엇을 가리키는지에 대한 답변으로는 아마도 민족유일당운동을 주도한 안창호의 다음 연설이 가장 적합할 것 같다.

혹 나에게 묻는 이가 있소. 그러면 나 안창호의 가진 주의는 무엇이냐고. 이에 대하여는 나도 내 주의가 무엇인지 말하기 난(難)하오. 공산주의인지 민족주의라 할지 내가 가진 주의는 나로도 무엇이라 이름 지을 수가 없는 것이오. 나는 대생산기구를 국가공유로 하자 함에 동감하는 자요. 나도 무산자의 하나이므로 다수한 빈자를 위하여 부자와 자본의 권리를 타파해야 될 것을 아오. 그러나 지금 오늘날은 부자니 빈자니, 유산자니 무산자니를 막론하고 다 같이 합동 단결하여 오직 한낱 일본을 적을 삼고 민족혁명을 해야만 쓰겠다, 생각하는 사람이오. 이러한 주의를 가진 사람이니 이름은 무엇이라고든지 지을 대로 지으시고 다만 일만 같이 합시다. 대한의 백성이면 누구나 다 같이 전체적으로 민족혁명에 합할 수 있는 것이오.[43]

식민지해방이라는 1차적 목표—최종의 목표가 아니라—아래 여러 정당·노선들을 통합하려는 이러한 노력이 대외적으로는 중국의 1차 국공합작(1924~27)과 소련의 지원에 힘입은 국민당정부의 북벌, 대내적으로는 6·10만세운동(1926)에 자극되어 일어났음은 물론이다. 1927년 초 『동아일보』 등 국내 지면에서도 크게 보도된 길림사건(吉林事件)[44]을 통해서도 알 수 있듯 봉천(奉天)은 그 국외 거점의 하나였다. 염상섭은 이러한 국내외 동향을 직시하고 있었으며 계급대립이나 이념·노선의 선택과 갈등에 선행하는 상위의 통합적 차원을 염두에 두었던 것이다. 1927년 초, 그가 피압박 민족·계급 간의 국제적 연대의 필요성을 인정하면서도

---

43 「오늘의 우리 혁명」, 『독립신문』 1926. 9. 3. 이 기사는 동년 7월 8일 상해 삼일당에서 행한 도산의 연설 '우리 혁명운동과 임시정부 문제' 중 일부를 옮긴 것이다.

44 이에 대해서는 이명화 「안창호와 만주지역의 통일운동」, 『도산학연구』 제5권 1998, 183~216면 참조.

"먼저 끽긴(喫緊)한 필요를 느끼는 것은 자민족 내의 양개 운동(민족운동과 사회주의운동)의 신속한 제휴"[45]라고 쓴 이유이기도 하다.

4. 염상섭과 근대이중과제

지금까지의 논의를 고려할 때 염상섭의 사상적 입장은 중인-근대 부르주아지의 계선을 요철 없이 대변한 근대주의가 아니었을 뿐 아니라 오히려 대개는 그에 회의적이거나 비판적이었으며, 자기 시대에 현존했던 '근대극복'의 여러 노선들—가령, 사회주의나 아나키즘—을 당면한 현실의 1차적 과제인 식민지해방 아래 상대화 혹은 부차화한 경우였다고 할 수 있다. 물론 "제국주의·자본주의·현실사회주의 등 근대의 주류적 권력 및 아류들과 끊임없이 불화하고 싸우며 부정의 언어를 통해 (…) 주류 질서와는 다른 대안을 모색했던"[46] 염상섭이 식민지해방 저 너머의 중·장기적 전망 가운데서 넓은 의미의 사회주의 스펙트럼에 공명하고 있었음은 사실일 것이다. 그런 의미에서 "그의 사회주의는 아나키즘과 맑스주의 그리고 그의 고유한 사유들이 융합된 것이었으며, 유심적 변화와 유물적 변화 모두를 추구하는 것"이었고 정통맑스주의의 입장에서 "오염된 사회주의"로 보였을지언정 "식민지라는 현실과 자신의 사유를 숙고하는 가운데 다양한 사상들의 융합적 조합을 통해 최량의 힘의 배치를 만들어내고자"[47] 했다는 이종호의 정리는 요긴한 만큼이나 정확한 것이

45 『문장 전집 1』 538면.

46 이종호, 앞의 글 5면.

47 같은 글 251면. 이 문장은 다음과 같이 이어지기도 한다. "그는 트로츠키가 발신한 심퍼

었다고 할 수 있다. 다만 이 "최량의 힘의 배치"를 통해 수행하고자 하는 과제들 사이에서 당면한 현실에 비춰 무엇이 우선이고 무엇이 부차적인가 하는 선차성에 대한 고려가 누락될 때 "다양한 사상들의 융합적 조합"은 변화무쌍하고 구체적인 현실과의 역동적 관계를 상실하고 '중도'나 절충이라고 불리곤 하는 산술적 종합 혹은 제3의 이념 모델로 축소·고정되고 말 것이다. 염상섭을 아나키즘에 중심을 둔 대안근대성론자로 배치하는 순간 발생하는 문제도 동일한 맥락이라고 할 수 있다.

일단 "오염된 사회주의"로 치자면 보기에 따라 20세기 현실사회주의 자체가 그에 해당한다고 볼 여지가 있으며 "좌파 문인들이 지향했던 사회주의적 근대성, 그리고 우파 문인들이 지향했던 자본주의적 근대성 양자 모두로부터 편향된 평가를 받았"[48]던 염상섭을 온당하게 평가하자는 선의에도 불구하고 '자본주의 근대'와 '사회주의 근대'는 비교 가능한 동일 평면 위의 두 범주가 아닐 수 있다. 근대는 근대이되 자본주의 근대와 사회주의 근대가 동시에 있을 수 있다면 도대체 근대란 무엇인지가 애매해지고 만다. 20세기 현실사회주의의 실험이 어디까지나 스스로를 자본주의 곧, 근대를 극복한 체제로 정체화하고 있었음은 주지의 사실이며 동구 사회주의권의 붕괴를 통해 깨닫게 된 것은 '현실사회주의'조차 자본주의 세계체제를 구성했던 하나의 하위범주 또는 변종에 불과했다는 인식이라고 할 수 있다. 그렇다면 대안근대성이라는 개념에 대해서도 비슷한 질문이 가능해진다. 근대성은 근대성이되 대안근대성이라고 한다면 그것은 자본주의는 자본주의이되 좀더 '인간의 얼굴을 한' 자본주의를 말하는 것

사이저(동반자) 개념을 전유(번역)함으로써 식민지 조선에서 사회주의운동과 민족운동이 병진할 수 있는 조건을 창출하고자 했다."

48 같은 글 249면.

일까? 당연히 그럴 리는 없지만 이러한 근대성론들은 스스로 원했든 그렇지 않았든 근대의 자본주의 세계체제적 본질을 흐리고 대상을 지나치게 다중화함으로써 오히려 대안 모색의 걸림돌이 될 위험에 빠지고 만다.

가령 대안근대성론의 이론적 토대가 되고 있는 네그리·하트의 일련의 작업들은 그들이 "생각하는 대안근대성은 반근대성의 전통으로부터 출현하는 것이기 때문"[49]에 단순히 지리적·문화적 경계에 따라 존재하는 다양한 근대성을 가리키는 데 그치거나 "근대성의 주요 특성들을 보존하면서 근대성을 새로운 전지구적 조건에 적응시키는 개혁주의적 과정을 의미"(160면)하지는 않는다면서 "근대성은 이성, 계몽주의, 전통과의 단절, 세속주의 등의 관점에서 묘사되기 이전에 하나의 권력관계로, 다시 말해 지배와 저항, 주권과 해방을 위한 투쟁으로 이해되어야 한다"(113면)고 주장한다. 그러면서 그들은 "세계체제론은 자본이 노동의 힘과 자본의 지배를 한데 모으는 (그리고 잘라서 분리하는) 하나의 관계라는 것을 이해하지 못한다"(137면)고 비판하지만 "자본주의적 총체성은 모든 적대를 흡수할 수 있는 도착점이나 역사의 종말이 아니라, 저항이 생산영역 전체와 사회적 삶의 모든 범위로 확산되는 임계점"(179면)이라고 말함으로써 완성이 곧 종말이라는 자본주의 자연붕괴론 비슷한 주장을 펼친다. "역사적 자본주의가 그 발전의 종착점, 즉 만물의 상품화가 더욱 확대되고, 전세계 반체제운동 가족의 힘이 더욱 성장하고, 인간 사고의 합리화가 쉼없이 계속되는, 바로 그런 지점에 가까이 다가가고 있는 지금이야말로 진짜 위험이 나타나고 있는 시점"[50]이라는 위기의식에 소홀한 채, 완

---

49 안토니오 네그리·마이클 하트 『공통체: 자본과 국가 너머의 세상』, 정남영·윤영광 옮김, 사월의책 2014, 160면. 이하 인용은 본문에 면수만 표기.

50 이매뉴얼 월러스틴, 앞의 책 116면.

성이 곧 종말이라는 예의 자본주의 자연붕괴론과 모든 위계적 권력에서 해방된 "새로운 인간"의 창조라는 여전히 계몽적인 기획 사이에서 무시로 흔들린다.

그럼에도 불구하고 '공통체'론이 이론적 매력을 지닌다면 그것은 국민국가와 자본주의라는 감당하기 쉽지 않은 범주들과 거기서 비롯된 모든 위계를 필요 이상으로 평가절하하고 부정하는 일종의 '윤리적' 해결을 통해 전선을 '단순'하게 만들어주기 때문일 것이다. 하지만 그러한 인식과 관점은 급진적이기 때문이 아니라 관념적이기 때문에 문제가 된다. 앞서 '문명비평적'이라고 불렀던 염상섭의 사상적 입장이 중요한 이유는 예의 과제의 선차성에 대한 분명한 인식 아래 그러한 단선적인 주의·노선들과 비판적 거리를 확보하면서도 순전한 배제에 머물지 않았을 뿐 아니라 그때그때의 주어진 현실에 따라 '최량의 힘의 배치'를 지속적으로 모색했다는 데 있다. 그는 김기진이나 임화의 이른 평가가 그랬던 것처럼 자본주의 근대를 불가항력의 현실로 수락함으로써 환멸의 포즈 뒤로 모습을 가리고 궁극적으로는 근대주의에 투항하고 마는 단순한 '자연주의'[51] 작가가 아니었지만 자본주의 근대를 20세기 사회주의자들처럼 과소평가하지도 않았다. 다음은 1927년 1월 4일부터 16일까지 『조선일보』에 총 7회 연재된 염상섭의 「민족, 사회운동의 유심적 고찰: 반동, 전통, 문학의 관계」(이하 「유심적 고찰」)라는 중요한 글의 한 부분이다.

〔3·1운동 이후〕 순(純) 정치운동에서 경제운동에 완만한 보조로 전향하여 '민

51 염상섭이 말하는 자연주의는 서구 문예사조사에서 말하는 그것과 많은 차이를 지닌다. 요컨대 그것은 1910년대 이후 일본사회 반체제사상을 널리 아우르는 일종의 대명사라고도 할 수 있다. 이에 관해서는 이종호, 앞의 글 4부 1장 2절 참조.

족 대 민족'의 착취를 자민족의 자본주의적 발달로서 방어할 수밖에 없는 답안에 득달(得達)하였다. 이것은 확실히 변태요, 역류다. (…) 까딱하다가는 무산자 스스로의 묘혈을 준비하는 것이지마는 일면으로 보면 과연 여기에 피압박민족, 피착취민족의 남에게 말 못할 이중, 삼중의 고통이 있고 딜레마가 있는 것이다. 그러나 이것이 자민족의 현실을 유지하는 유일로(唯一路)일 지경이면 순리적 입장을 버리고 사태에 순응하여 일시적 권도(權道)를 취하는 수밖에 없다. 그렇다! 이 점이다! 민족주의가 현재에 지지하는 경제정책이 어떠한 시기까지의 임기응변적 권도인 것을 자진하여 인식하는 때부터 사회운동의 우익에 출진할 자격을 가지게 될 것이다. (…) 다만 한가지, 자민족의 내국적 자본주의 발전에 대하여 보호정책을 취하는 점이 장래의 제국주의적 민족주의에 유도하는 발효소라고 비난할 것이요, 의심할 것이나 그것은 너무나 실제를 무시한 순리적 견해라 할 것이다. 왜 그러냐 하면 '현실생활의 유지'라는 긴박한 조건이 있는 것이 일(一) 이유요, 현시의 조선 부르주아가 발전된다 하자 미미함에 불과할 뿐 아니라 상당한 발달을 할지라도 부르주아의 공통한 필연적 운명 하에 놓이게 되리라는 것이 기(其) 이(二)의 이유며, 보호정책 그 자체 수단이라는 것이 최후의 이유이겠기 때문이다.[52]

위에서 보듯 염상섭의 사유가 여러 버전의 사회주의 근대극복 기획과 뚜렷이 갈라지는 지점은 바로 근대극복의 지향을 놓지 않으면서 동시에 자본주의 근대를 건너뛰지도 않는다는 점일 것이다. 이는 어떻게 보면 글자 그대로의 의미에서 맑스주의의 본래 면목에 오히려 부합하는 측면마저 지니는 것이다.[53] 양차 대전의 전간기에 이미 체계화된 「유심적 고찰」

52 『문장 전집 1』 536~38면.

53 "마르크스는 다가올 체제의 대전환을 가리켜 자본주의 시대의 성과인 토지 및 생산수

을 직접 거론하고 있지는 않지만 작품 『삼대』의 다시 읽기를 통해 염상섭의 작품과 사유가 '근대적응과 근대극복의 이중과제'[54]라는 문제의식을 내장한 것이었음을 처음 제기한 이는 아마도 임형택이었을 것이다. 그는 "리얼리즘은 본디 자본주의에 대한 미학적 비판인데 진정한 리얼리즘이라면 사회주의에 대한 성찰까지 요망하게 된다"는 전제 아래 『삼대』 서사의 리얼리즘이 자본주의에 대한 부정뿐 아니라 사회주의에도 일정한 거리를 둔 것이라며, 이는 "그가 자본주의적 근대에 매몰되어서라기보다 '근대적응과 근대극복의 이중과제'를 한층 원만하게 수행하려는 자세라고 해석할 수 있는 것"이라고 썼다. 염상섭의 입장에서는 "식민지적 속박에서 벗어나는 것이 일차적 과제이지만 자본주의가 미발달한 조선의 현실로서는 〔자본주의적 생산력의 발전을〕 건너뛸 수도 없다고 판단"[55]했다는 것이다.

염상섭의 근대인식이 이중과제적 통찰을 내장한 것이었음은 초기 논설에서부터 나타나기 시작하지만[56] 적어도 『만세전』이 '묘지'라는 제목

단의 공동점유와 사회적 협업을 기초로 하여 "개인적 소유를 재건"하는 과정으로 표현했다. (…) 이 개인적 소유의 재건은 사회적 소유와 대립된 것이 아니라 사회적 소유의 토대 위에 서 있다는 점에서 프루동이 주장한 소생산자 체제와는 전혀 다른 것이라 할 수 있다." 유재건 「자본주의의 탄생과 종말에 대하여: 마르크스와 월러스틴」, 『역사와 경계』 126호, 2023, 551~52면.

54 이 개념이 제안된 맥락과 의의에 대해서는 다음의 글을 참조. 백낙청 「한반도에서의 식민성 문제와 근대 한국의 이중과제」, 이남주 엮음 『이중과제론: 근대적응과 근대극복의 이중과제』, 창비 2009.

55 임형택 「『삼대』론: 염상섭의 작가정신과 한국 근대」, 『동아시아 서사와 한국소설사론』, 소명출판 2022, 720면.

56 가령 「현상윤(玄相允) 씨에게 여(與)하여 「현시(現時) 조선청년과 가인불가인(可人不可人)을 표준」을 갱론(更論)함」(『기독청년』 1918)의 결론은 다음과 같다. "나의 표준하는 '가인'은 '악착 모지게' '살려고 하는 사람'이란 일언(一言)에 진(盡)한다. 과연 낙심 않고 '강하게 살려고' 부둥부둥 발버둥질 칠 만한 '힘'있는 사람이 제일 좋은 사람이다. 일본상

으로 잡지 『신생활』에 연재되다 중단되고 『시대일보』에서 연재를 재개한 후 단행본으로 출간되기에 이르는 시기(1922~24)까지는 소급이 가능할 것이다. 저 유명한 관부연락선의 목욕탕 장면이 벌써 그렇지만 부산항에 도착한 이인화의 눈에 비친 풍경은 맑스가 "자본의 역사의 전주곡"[57]이라고 불렀던, 이른바 시초축적(primitive accumulation)[58]이 무차별적으로 진행 중인 식민지 조선사회의 축소판("조선을 축사(縮寫)한 것, 조선을 상징한 것은 과연 부산이다"[59])이었다.

> 몇천 몇백 년 동안 그들의 조상이 근기 있는 노력으로 조금씩 조금씩 다져놓은 이 토지를, 다른 사람의 손에 내던지고 시외로 쫓겨나가거나 촌으로 기어들어갈 제, (…) 이것이 어떠한 세력에 밀리기 때문이거나 혹은 자기가 견실치 못하거나 자제력과 인내력이 없어서 깝살리고 만 것이라는 생각은 꿈에도 없다. (…) 어떠한 사정이 어떻게 되어서 한 가구가 주는지 그 내막이야 아무도 모를 것이다. (…) 이같이 해 한 집 줄고 두 집 줄며 열 집 줄고 백 집 주는 동안에 쓰러져가는 집은 헐려 어느 틈에 새 집이 서고, 단층집은 이층으로 변하며, 온돌이 다다미가 되고 석유불이 전등불이 된다.

점에 고용이 되든지, 총독부 판임관이 되어 금모루를 번쩍거리고 다니든지, 하여간 살아야만 한다. 하지만 한가지 조건이 있다. 배가 부른 때든지 배가 고파서 눈이 여산 칠십리를 들어간 때라도 항상 의문을 가지고 전 노력을 다하여 이 의문을 해결하려 하여야 한다는 조건이다. 무슨 의문? '산다는 것은 무엇인가? 무슨 까닭에 사나? 어떻게 살아야만 정말 사는 것인가? 하는 의문! 이것이다.'" 『문장 전집 1』 35면.

57 카를 마르크스 『자본론 1(하)』, 김수행 옮김, 비봉출판사 2015, 1044쪽.

58 논지는 다르지만 "『만세전』은 식민지배의 본원적 축적을 드러내기 위한 방법적 장소로 이뤄진 텍스트"라는 관점 아래 쓰인 선행 연구로는 김항 「식민지배와 민족국가/자본주의의 본원적 축적에 대하여: 『만세전』 재독해」, 『대동문화연구』 82호, 2013, 9~35면 참조.

59 김경수 엮음 『만세전: 염상섭 중편선』, 문학과지성사 2005, 75면. 이 책에 수록된 『만세전』의 저본은 1924년 고려공사판이다.

"아무개 집이 이번에 도로로 들어간다데" 하며 곰방대에 엽초를 다져 넣고 뻑뻑 빨아가며, 소견(消遣) 삼아 숙덕거리다가 자고 나면, 벌써 곡괭이질 부삽질에 며칠 어수선하다가 전차가 놓이고, 자동차가 진흙덩어리를 튀기며 뿡뿡거리며 달아나가고, 딸꾹 나막신 소리가 날마다 늘어가고, 우편국이 들어와 앉고, 군아가 헐리고 헌병 주재소가 들어와 앉는다. 주막이니 술집이니 하는 것이 파리채를 날리는 동안에 어느덧 한구석에 유곽이 생겨 샤미센 소리가 찌링찌링 난다. 매독이니 임질이니 하는 새 손님을 맞아들인 촌서방님네들이, 병원이 없어 불편하다고 짜증을 내면 너무 늦어 미안하였습니다 하는 듯이 체면 차릴 줄 아는 사기사가 대령을 한다. 세상이 편리하게 되었다. (…)

몇천 년 몇백 대 동안 가문에 없고 족보에 없던 일이 생겼다. 있는 대로 까불릴 시절이 돌아왔다.[60]

이밖에도 『만세전』의 많은 부분은 식민지 조선의 전근대적 유제와 자본주의화 과정을 분석하는 데에 할애되어 있거니와 1인칭 주인공이자 관찰자이기도 한 이인화는 조혼한 아내의 죽음을 계기로 동경 귀환을 결심하면서 일본에서 만난 시즈코에게마저 결별을 선언한다. 이는 작품의 제목이 이미 상징하는 바와 같이 3·1운동이 폭발하기 직전, 그러한 폭발이 일어날 수밖에 없는 고양된 조건들을 '질식할 것 같은 묘지'로 압축상징한 데서 이미 드러나듯 환멸의 일방통행만이 아니라 부활의 선포이기도 했다. 마지막 장면에서 그의 동경 귀환이 지닌 함의가 단순치 않은 것은 바로 그 때문이다. 다음은 이인화가 작품의 결말에서 동경으로 떠나는 길에 시즈코에게 쓴 편지의 일부다. "나는 잃고 가는 것이 아니라 얻고 간다

60 같은 책 77~78면.

고 생각 않을 수 없습니다. 어떻든 우리는 우리의 길을 찾아서 나가십시다. (…) 우리는 다만 호흡을 하고 의식이 남아 있다는 명료하고 엄숙한 사실을 대할 때에 현실을 정확히 통찰하며 스스로의 길을 힘 있게 밟고 굳세게 살아나가야 할 자각만을 스스로 자기에게 강요함을 깨달아야 할 것이외다. (…) 가슴을 훨씬 펴고 모든 생의 힘을 듬뿍이 받으소서."[61]

여기서 '나' '생의 힘'에 대한 강조가 개인주의나 아나키즘 쪽으로 시선을 뺏기도 하지만 문필활동 초기부터 "개념적 사상의 복창"[62]을 타기해마지 않았던 작가에게 더욱 중요한 것은 "현실을 정확히 통찰하며 스스로의 길을 힘 있게 밟고 굳세게 살아나가야 할 자각"의 내용이거니와 이는 '묘지'라는 비관적인 제목이 어떤 가능성과 위기를 동시에 예비하는 듯한 '만세전'으로 바뀐 데서 이미 일정하게 드러난다. 이인화는 자본의 공세 아래 형질변이 중인 식민지의 현실은 구체제의 종언(조혼한 아내의 죽음과 매장을 둘러싼 논란)과 분리하기 힘든 불가피한 과정으로 섭수하되 식민본국에서 타전되어온 모더니티에도 투항하지 않는 것(시즈코와의 결별선언)을 선택한다. 그럼으로써 결말의 동경행은 근대극복의 전망을 견지한 적응이면서 동시에 그러한 적응 과정을 생략하지 않는 극복의 사회적 상징행위가 되는 것이다. 그렇다면 남는 문제는 이렇게 그 일단을 드러낸 작가의 통찰이, 근대이중과제론이 더이상의 설명을 멈추기로 한 바로 그곳에서 궁극적으로 무엇을 지향하며 어디까지 뻗어나갔는지를 짐작해보는 것이다. 자본주의 물질문명의 전환에 대한 그의 생각을 살펴보는 것으로써 결론을 대신하기로 한다.

---

61 같은 책 165~66면.

62 「계급문학을 논하여 소위 신경향파에 여함」(1926), 『문장 전집 1』, 468면.

5. '자연의 이법'과 문명전환: 결론을 대신하여

작가 염상섭의 사상과 작품세계를 종합적으로 이해하는 데 있어 근대 이중과제적 함의를 포착하고 규명하는 것만큼이나 중요한 지점은 근대 이중과제론이 충분히 감당하지 못하는 차원 즉, 문명전환의 비전과 관련된다. 선행 논의에서 이 지점이 얼마나 탐구되었는지를 살피는 작업은 후일을 기약하되 여기서는 앞서 거론한 「유심적 고찰」을 재차 환기하고자 한다. "개성의 표현은 생명의 유로(流露)이며, 개성이 없는 곳에 생명은 없다"[63]는 염상섭의 강조가 활동 초기부터 많은 평문을 통해 유사한 형태로 반복되었지만 그것이 문명전환의 비전으로 확대되어 하나의 완성된 논리로 정리된 것은 「유심적 고찰」에 와서가 아닐까 싶다. 그 열쇳말은 '자연의 이법(理法)'이다. 물론 그보다 이른 시기에 「노동운동의 경향과 노동의 진의」(1920)에서도 노동의 5대 의의 가운데 첫손에 꼽은 것이 "생명의 발로"였고, 그것이 노동생산에 엄연히 개입하면서도 인간의 노력 여하를 넘어선 '자연의 대법칙'을 포괄한다는 맥락이었기에 「유심적 고찰」의 발상이 갑작스러운 것은 아니었다. 여기서 그는 "금후의 인류의 대목표는 자연에, 자연의 이법에 돌아가는 데에 있다"라고 전제하면서 "이 목표에 용왕매진(勇往邁進)할 자각이나 근기(根氣)가 없다 하면 인류의 운명은 내림길이다. 인류는 쇠미(衰微)하여 갈 길밖에 없다"고 단언한다.[64] 자본주의와 기술문명이 가져온 물질적·정신적 폐단들을 규탄하는 목소리는 염상섭 당대에 수없이 많았지만 일방적인 부정에 떨어지지 않으면서도 그 갱생의 도(道)를 제시하는 경우는 희소했다는 측면에서 우

---

63 「개성과 예술」(1922), 같은 책 194면.

64 「민족, 사회운동의 유심적 고찰」(1927), 같은 책 533면.

선 주목에 값한다.

> 오늘날의 문명인은 자연을 구축(驅逐)하고 기계를 주인 삼은 데에 그 전(全) 생활의 알파와 오메가가 있는 것임은 물론이다. 금대인(今代人)은 자연의 대지 위에서 낳아가지고 기계에 집어넣어서 조금도 틀림없도록 나사를 잔뜩 조여 놓은 데에 특징이 있다. 기계의 법칙은 자연의 이법에서 나왔다. 그러나 기계는 자연이 아니다. 자연의 아들을 기계의 노예로 한 데에 인류생활의 현실은 폭로되었다. 인간은 인간을 생산하는 기계로서야 비로소 존재의 이유가 성립되는 것이요, 인간으로서의 존재는 벌써 예전에 쓰러졌다. 사람이 기계의 노예라는 말은 '기계 대 노동자', '자본가 대 노동자'인 경우에만 특정적으로 지칭하는 것이 아니다. 자연을 정복하였다는 자신(自信)은 자연의 이법이라는 대실재(大實在), 대본의(大本義)를 무시하고 기계가 산출하여주는 부(富)를 중심으로 하여 생활의 법칙을 스스로 만들었다. 이 일장(一章) 법규야말로 빗들어선 인류생활의 최후 결산인 동시에, 유물적으로만 기계에 노예가 된 것이 아니라 그 기계를 통하여 유심적으로도 노예가 되었다. 그 노예 된 점에 있어서는 자본가나 노동자나 일반이다. 다만 노동자는 이것을 깨달아가지고, 자본가는 깨닫지 못하였거나 깨닫고도 그 생활법칙이 자기의 소유충동을 토대 삼아 작성된 것인 고로 현상 지속에 급급하는 데에 차이가 있을 따름이다.[65]

보기에 따라 한 세기에 이르는 시간적 거리가 무색해지는 발언이기도 하려니와 주목할 만한 지점들을 나누어 살펴볼 필요가 있다. 우선은 자연과 기계, 자연의 이법과 기계의 법칙을 단순 대립항으로 설정하기보다 전

65 『문장 전집 1』 532~33면.

자가 후자를 낳고 포함하는 관계로 본다는 점이 눈에 띈다. "기계의 법칙은 자연의 이법에서 나왔다. 그러나 기계는 자연이 아니다"라고 한 것은 그 때문이다. 따라서 인류의 대목표가 자연의 이법으로 돌아가는 데 있다 하더라도 그것은 기술문명의 소거·배제로 단순화할 수 없다. 염상섭이 문제 삼는 것은 대립하는 양자 간의 적자생존이 아니라 일종의 본말전도이다. "자연의 아들을 기계의 노예로" 만든 것이 오늘날 문명의 본질이고 더구나 "유물적으로만 기계에 노예가 된 것이 아니라 그 기계를 통하여 유심적으로도 노예가" 되었다면 바로 그 주인과 노예가 뒤바뀐 본말전도의 현상을 타파하고 재전도하는 과업이 인류에게 요청되는 것이다. 자연의 이법을 무시하고 기계의 노예가 되어 생산한 부와 생활의 법칙이란 한마디로 자본주의를 말하거니와 노동자뿐 아니라 자본가조차 노예로 만드는 이 자본주의 물질문명을 자연 또는 자연의 이법에 귀순시키는 일이 무슨 러다이트(Luddite)운동 같은 기술문명 단순부정론이 될 수 없음은 물론이다. 여기서 말하는 자연은 현실이나 환경에서 분리된 형이상학적 개념이 아니라 만물의 생성과 운동, 변화 가운데 이미 주어져 있는 것이다. 따라서 그 이치 또는 이법에 "순응해야 한다는 명령은 단순히 윤리의 문제가 아니다. 어떤 왕의 포고령이나 철학자의 담론, 성인의 기도로도 납이 금으로 바뀌거나 석유가 밀이 되는 일은 없"[66]기 때문이다. 지금까지 인류가 이룩한 기술문명의 성취는 성취대로 인정—그 또한 본질적으로는 자연의 이법에서 나왔으므로—하는 토대 위에서 자연의 이법/기계의 법칙 양자 간 지배예속 관계의 재전도를 요청한다는 면에서 이는 오히려 다음과 같은 맑스의 설명을 연상시킨다.

---

66 C. 더글러스 러미스 『래디컬 데모크라시』, 이승렬·하승우 옮김, 한티재 2024, 219면.

자본주의적 생산방식으로부터 생기는 자본주의적 취득방식은 자본주의적 사적 소유를 낳는다. 이 자본주의적 사적 소유는 자기 자신의 노동에 입각한 개인적 사적 소유의 첫번째 부정이다. 그러나 자본주의적 생산은 자연과정의 필연성을 가지고 자기 자신의 부정을 낳는다. 이것은 부정의 부정이다. 이 부정의 부정은 생산자에게 사적 소유를 재건하는 것이 아니라, 자본주의 시대의 성과—협업, 그리고 토지를 포함한 모든 생산수단의 공동점유—를 바탕으로 개인적 소유(개인들이 연합한 사회의 소유)를 재건한다.[67]

맑스가 말하는 "개인적 소유의 재건"이 그렇듯 염상섭이 말하는 "인류의 대목표" 또한 지금까지 물질문명이 이룩한 성과를 근거와 바탕 삼아 새롭게 열리는 비전이다. 다만 차이가 있다면 맑스에게 비중이 흐릿한 유심적 차원을 염상섭은 상대적으로 명확히 자각하고 있었다는 점인데, 그럴 수 있었던 이유는 아마도 그의 문명비평 사상이 다음과 같은 대지(大地)적 사유의 토대 위에 서 있었기 때문일 것이다. "아무리 새로운 생활환경에 안적(安適)할 수 있더라도 민족적 개성을 상실하였거나 지리적 조건으로 약속된 민족의 전통을 무시하는 사회원은 자연의 이법에 귀순하려는 인류의 신(新) 행로의 동행자가 되기 어려울 것이다. 어떠한 세대, 어떠한 생활조직 하에서라도 반도의 흙은 조선말을 하는 사람과 및 그의 자손의 손에서 갈(耕)리고 조선말은 반도의 흙을 가는 사람 이외의 사람의 입에서 회화되지 않을 것이기 때문이다."[68] 자본주의시대를 인류역사상 유례없는 대생산력의 시대, 말하자면 물질개벽의 시대라고 할 때 이에 상

67 카를 마르크스, 앞의 책 1046면.
68 「민족, 사회운동의 유심적 고찰」, 『문장 전집 1』, 538면.

응하는 정신개벽이 오늘날의 위기 가운데 더욱 강력하게 요청된다면 그것은 앞에서 말한 '기계/자연' 논의에서와 같이 물질과 정신의 단순대립이 아니라 양자 간 포함관계의 근본적 전도를 위한 사유와 실천에서 출발할 것이다. 염상섭이 자연 또는 자연의 이법이라는 열쇳말을 통해 가리키는 문명전환의 방향 또한 정확히 그곳을 겨냥하고 있다.

6장

인류세 시대의 신동엽과 개벽사상

황정아

1. 신동엽, 동학, 개벽

신동엽을 '개벽'이라는 초거대서사적 범주와 연결하려 할 때 가장 일반적인 방식은 동학을 경유하는 것이지 싶다. 그가 동학에 깊은 관심을 보였고 동학운동에 엄청난 역사적 중요성을 부여했다는 점은 널리 알려져 있다. 여기에 한반도 개벽사상을 말하는 이들이 대개 동학을 그 발원처로 지목한다는 사실을 보태면 그를 개벽사상과 엮는 일은 비교적 쉽게 정당화된다. 하지만 '일반적인' 방식이 대개 그렇듯 이런 연결은 지나치게 느슨해서 하나하나 짚어보면 채워야 할 공백이 금세 드러난다. 우선 신동엽이 동학을 다른 무엇보다 개벽운동으로 이해했음을 밝혀야 하고, 동학에서 찾은 개벽사상이 그의 사유와 작품에서 그저 여러 관심사 가운데 하나가 아닌 핵심적 골자에 해당함을 설명해야 한다. 그와 별도로, 또는 그에 앞서, 신동엽과 개벽을 연결하는 시도 자체를 정당화하는 일도 빠뜨릴 수 없다. 지금 여기서 왜 개벽을, 그것도 신동엽을 통해 이야기해야 하는지 설득력있게 논해야 하는 것이다.

그런데 신동엽의 사유에서 동학이 어떻게 나타나는지 해명하는 일부터 단순한 작업이 아니다. 이에 관한 논의는 대체로 동학을 명시적으로 다룬 「금강」을 통해 이루어져왔다. 시천주, 인내천, 사인여천, 보국안민 등 동학사상의 주된 요소들이 「금강」에 등장한다는 사실을 지적하는 데 그치는 경우도 있으나, 대다수의 비평에는 특정 측면을 강조하는 방식으로 어쩔 수 없이 동학을 바라보는 논자 자신들의 관점이 담기게 마련이다. 몇몇 사례를 보자. "지금까지 서사시 「금강」에 대한 논의는 동학농민전쟁에 치중되면서 궁극적 지향성이 "전쟁을 넘어 사회혁명"(「금강」)으로서 동학사상의 요체에 해당하는 시천주(侍天主)의 실현에 있다는 점이 제대로 규명되지 못"했다거나[1] 「금강」에서 "갑오농민전쟁이 (…) 피지배계급에 대한 착취와 유린으로 점철된 문명사의 내파(內破) 또는 그 흐름(연속성)의 정지(停止)를 강렬하게 환기하는 특이점(사건)으로서 의미화되고 있"다는 평가,[2] 또는 "동학 공동체를 기반으로 하여 동학의 주체였던 농민 공동체를 통해 (…) 그들 스스로가 주체적 삶으로 만들어가는 혁명을 노래"했다거나[3] "동학사상의 궁극적 정신이 바로 인류에 대한 '사랑(휴머니즘)'임을" 보여준다는 설명,[4] 그리고 "알렉스 헤일리의 『뿌리』가

---

1 홍용희 「'귀수성(歸數性)'과 동학혁명운동의 현재적 가능성: 신동엽의 시론과 서사시 「금강」을 중심으로」, 『한국시학연구』 43호, 2015, 342면.

2 정명중 「역사를 뚫고 솟아난 귀수성의 세계: 신동엽의 『금강』 읽기」, 『영남학』 68호, 2019, 111면.

3 최도식 「신동엽의 『금강』에 나타난 공동체 연구: 동학농민운동을 중심으로」, 『동학학보』 41호, 2016, 182면.

4 이나영 「신동엽 문학사상과 동학사상의 관련성 고찰」, 『어문학』 144집, 2019, 295면.

자기의 역사를 되찾는 것처럼 (…) 민중 구원의 사상으로서 『정감록』 같은 신화·전설들이 동학과 후천개벽 사상으로 승화되어가는 것을 노래했다"[5]는 서술은 제각각의 동학 이해가 신동엽의 동학 이해에 대한 해석으로 이어지는 점을 잘 보여준다.[6]

이렇듯 신동엽과 개벽을 연결하는 '일반적인' 방식이란 실은 동학에 대한 이해와 평가라는 또다른 과제를 연루하는 복잡한 경로이다. 이 글은 동학이 "기존체제의 압박에 대한 단순한 항거가 아니라 (…) 보국안민으로부터 다시개벽에 이르는 인류사적 전환에 대한 확고한 신념이 뒷받침된 의식적 행동"이었고 "동학은 혁명인 동시에 개벽이며, 그것은 근대를 맞이하는 운동이 아니라, 인간이 인간다웁게 살아가는 대도(大道)를 제시하는 것일 뿐"이라는 규정에 이끌리지만,[7] 이는 개벽이라는 발상에 대한 공감이지 동학에 대한 충분한 연구 끝에 나온 결론은 아니다. 그런데 신동엽과 동학의 관계에서도 동학운동에 대한 관심이 그를 개벽으로 이끈 만큼이나 개벽사상 또는 (분명한 사상으로 정리되지 않았더라도) 개벽적 사유에 대한 관심이 그를 동학으로 이르게 했을 가능성을 생각해볼 수 있지 않을까. 요컨대 동학이라는 너무 자명한 연결고리를 우회함으로써 신동엽의 사상에서 개벽이 갖는 중요성을 더 확연히 가늠할 수 있으리라는 것이다. 이런 우회적 접근은 신동엽과 개벽의 관계를 고찰하는 데서만이 아니라 개벽을 현재적 의제로 만드는 데서도 필요하리라 본다. 동학

---

5 김형수 「신동엽의 고독한 길, 영성적 근대」, 『작가들』 69호, 2019, 193면.

6 그밖에 신동엽이 동학을 토속적 샤머니즘으로 변질시켰다거나(김주연) 민중의 저항과 각성을 단순히 관리들의 학정과 가렴주구에서 비롯된 것으로만 다루었다(조태일)는 등 신동엽이 동학을 적절히 재현하거나 이해하지 못했다는 평가도 있다. 여기에 관해서는 여상임 「신동엽 문학의 탈식민성 연구」, 『한민족어문학』 65집, 2013, 768~69면 참조.

7 김용옥 『동경대전 1: 나는 코리안이다』, 통나무 2021, 9면, 11면.

을 비롯한 과거의 개벽사상들과 일정하게 떼어놓은 조건에서 개벽이 갖는 의미를 설득하지 못한다면 '역사적' 개벽사상은 도리어 개벽이 '현재적'이지 않다는 인상을 강화할 우려가 있기 때문이다.

개벽이 왜 현재적 의제가 되어야 하는가, 달리 말해 우리가 사는 시대가 어떤 성격이기에 개벽을 소환해야 하는가 하는 질문은, 현재에 관한 시대 규정으로 유행하는 인류세라는 또다른 초거대서사를 떠올릴 때 어느정도 답이 나온다. 새로운 지질시대로 분류해야 할 만큼 인간의 활동으로 지구환경이 크게 바뀌었음을 말하는 인류세라는 명명은 이제 널리 통용되면서 지질학 차원을 넘는 광범위한 함의를 갖게 되었다. 생태계 전반에 영향을 주는 막강한 인간의 행위성을 드러내고 자연을 지배하는 인간의 능력이 마침내 절정에 달했음을 나타내는 것 같은 이 규정은 아이러니하게도 오늘날 스스로의 능력이 초래한 심각한 지구적 위기를 감당하지 못하는 인간의 무능을 동시에 강조한다. 강력한 듯 보이지만 실은 무력한, 더 정확히는 강력한 만큼 더 무력해지는 인류세 시대 인간의 역설적 상황은 인류세를 키워드로 서로 다른 서사들이 펼쳐지는 이유이기도 하다. 세부적인 다양함은 논외로 하고 인류세 서사들을 크게 두 계열로 분류한다면 그 하나는 '위기 계열'로 부름직하다. 거기서는 지구생태의 교란과 손상이 깊어져 끝내는 인류(를 비롯한 대다수 지구생명체)의 파국적 종말까지 초래될지 모른다는 위기의식이 전경에 배치되고, 그에 따라 생존이라는 가치가 명시적이든 암묵적이든 주된 의제로 설정되며, 바로 그 생존을 위기로 몰아넣은 인간중심주의 같은 것들을 맹렬히 비난하는 식으로 인류에게 거대한 반성을 윤리적 과제로 던진다. 위기 계열과 많은 부분을 공유하면서도 강조점을 달리하는 인류세 서사의 또다른 축은 '전환 계열'로 분류할 수 있다. 인류가 일제히 죽음충동에 휩싸이지 않는 이상 인류세 서사 일반이 해결책에 대한 상상을 일정하게 동반하지만 위기 계열의 서사는 무엇보다 인간의 반성과 겸손을 촉구하므로 대개 가장 미니멀한 출구를 암시하는 데 그친다. 반면 전환 계열은 인류세 서사가 환기하는 결정적 위기에 버금가는 강도와 규모의 거대한 전환, 곧 문명적 차원의 전환이 긴급하다는 메시지를 중심에 둔다. 사회경제 시스템과 더불어 삶의 일반적 양식과 가치규정과 느낌(내지 정동)까지 포괄할 그 발본적 전환을 가리키는 적실한 용어로서 마침 역사적 계보마저 가진 '개벽'을 마다할 이유는 없다.

이처럼 반드시 역사적 개벽사상들을 소환하는 방식이 아니라도 인류세 시대가 긴급히 요구하는 전망이라는 방향에서 개벽을 말할 여지는 충분하다. 동학을 매개로 하지 않는 신동엽과 개벽의 연결[8]은 신동엽에서 개벽 의제가 갖는 편재성과 중심성을 더 분명히 해주는 동시에 역사적 개벽사상의 현실적 영향력이 쇠퇴하여 거의 소실된 시대에도 개벽의 힘있는 호명이 가능했음을 보여줄 수 있다. 그와 같은 점을 염두에 두면서 이 글은 신동엽의 사유가 개벽적이라 묘사될 수 있는지, 또 그의 개벽적 사유가 인류세 시대의 여러 위기에 대응하고 전환을 수행하는 데 요긴한 사상적 자원인지 살피려 한다. 그 과정에서 다른 인류세 서사들을 참조하고 그것들과의 차이에 유의할 것이다.

---

8 신동엽의 개별 작품들을 두고 동학과 직접 연결된 것과 그렇지 않은 것을 나누기는 어렵고 시의 경우는 더욱이 그렇다. 신동엽의 시에서 "동학사상과 직접적인 연관성을 찾을 수 있는 시는 대략 10편 정도이다. 「너의 눈동자」(1963), 「산사」(1963), 「이야기하는 쟁기꾼의 대지」(1959), 「주린 땅의 지도원리」, 「삼월」(1965), 「사월은 갈아엎는 달」(1966), 「껍데기는 가라」(1967), 「수운이 말하기를」(1968), 「누가 하늘을 보았다 하는가」(1969), 「단풍 아 산천」(1971)"이라는 지적(이나영, 앞의 글 283면)도 있으나 이 글은 그런 분류를 특별히 염두에 두지는 않는다.

2. 「시인정신론」의 개벽서사

신동엽의 사유가 개벽적인가 하는 물음에 손쉽게 답하는 방식 하나는 그의 작품의 주요 대목들이 보여주는 '스케일'을 환기하는 것이다. 가령 "지금 예까지 와 있는 역사의 중량이여./당신의 보따리 속에 든 인구며 곤충이며 전통이며 문명이며, 한데 묶어 머리 이고 하늘 향해 앞발 한번 버팅겨보시지"라든지, "먼 훗날, 당신이 서 있을 대지를 쪼개고 솟아나올 시생대 암층 깊숙이 우리의 대서사시를 새겨넣기 위하여", "우주 밖 창을 여는 맑은 신명은/태양빛 거느리며 피어날 것인가.//태양빛 거느리는 맑은 서사의 강은/우주 밖 창을 열고 흘러갈 것인가."[9] 같은 표현들에 담긴, 이른바 '감지가능한 것'(the sensible)의 획기적 재분배라는 분명한 목적 아래 배치된 낯선 시공간 지평은 이즈음 차크라바티(D. Chakrabarty) 등이 인류세와 관련하여 언급하는 '행성적 관점'(planetary perspective)이나 '지구역사'(geohistory) 같은 차원에 부합하는 스케일이다. 마찬가지로 여기에 함축된 새로움은 관점의 변화라든지 인식의 전환 같은 통상적 차원과는 다른 느낌을 불러일으키고 변혁이나 혁명이라는 말로도 포괄되기 어렵다. 그런 점에서 신동엽의 사유에 개벽적 측면이 있느냐는 물음은 그가 펼쳐 보인 상상력의 성격을 묘사하기에 개벽적이라는 형용구보다 더 적절한 것이 있을까 하는 반문에 이르게 된다.

물론 개벽적인지 여부는 비유의 스케일이나 인상의 질감이라는 차원에서 결정될 수 없으며 그의 개벽적 사유가 어떤 의미있는 현재성을 갖는가 하는 질문과 이어져 있다. 이 두번째 질문은 더 상세한 읽기를 요구하

9 신동엽 「이야기하는 쟁기꾼의 대지」, 강형철·김윤태 엮음, 『신동엽 시전집』, 창비 2013, 각각 58면, 59면, 97면. 이하 이 책의 인용은 본문에 작품 제목과 면수만 표기한다.

는데 그에 맞춤한 텍스트로 「시인정신론」(1961)[10]이 자연스레 떠오른다. "오늘날 '시인'이 어떤 '정신'으로 살아가야 하는지"를 말하기 위해 "시인이 살고 있는 세상이 어떠한지"를 분석하는[11] 이 글에서 분석 대상인 '세상'은 인류문명 전체를 조감하는 범위이고 그 조감이 여느 글에 비해 한층 체계적으로 이루어지기 때문이다. "현대를 진단하려 한다"(88면)는 서두의 언표처럼 당대의 됨됨이에서 시작된 분석이 내린 진단의 요점은 "오늘날 철학, 예술, 과학, 경제학, 정치, 종교, 문학 등은 (…) 제각기 천만 개의 맹목 기능자로 화하여 사방팔방 목적 없는 허공 속을 흩어져 달아나고 있다"(89면)는 데 있다. 분업 또는 분화로 인해 문명의 온갖 면면이 도구적 기능으로 환원되어 "기형적 분지(分枝)를 거듭"(96면)한다는, 그리 새로울 것 없는 '산문적' 현대 진단은 대지와 나무(고목)라는 '비유'를 채택하면서 한층 복잡해진다.

비유에 따르면 현대적 분화가 갖는 핵심 문제는 (분화 이전에 있었다고 가정할 수 있는) 전체성의 상실보다 '대지'의 상실에 있고, 더 정확히는 대지의 상실이야말로 전체성의 상실이다. "우리의 대지 위에는 우리가 나오기 전 이미 한그루의 고목이 서 있었"고 그 "썩은 고목의 둘러리엔 행복한 갑충들의 행렬이 눌러붙어 오랜 날부터 이어받아온 관습적인 언어들을 적청(赤靑)으로 물들여가며 기계적으로 뽑아 늘여놓고" 있다. 그 고목 또는 "이상한 괴물 같은 거대한 축대 위에 (…) 맹목적·관습적 동작으로 돌을 쌓아 올리는 일"에 몰두하는 "만인의 눈"에는 축대가 "구

10 신동엽 「시인정신론」, 강형철·김윤태 엮음, 『신동엽 산문전집』, 창비 2019. 이 책의 인용 역시 본문에 작품 제목과 면수, 그리고 「시인정신론」의 경우는 면수만 표기한다.

11 양경언 「서정시가 필요한 시대: 기후-생태 위기에 맞서」, 『창작과비평』 2022년 겨울호, 57면.

석에 서 있는 한그루 고목으로서가 아니라 세계 자체, 말하자면 절대적 전일자, 바로 그것으로” 여겨지고, “고목 위에 피어난 (…) 버섯은” 스스로를 “뿌리를 달리하고 있는 자립적 나무들”이라 착각한다.(89~90면) 바로 그런 방식으로 “문명인은 대지를 이탈”(98면)했고 분화의 ‘기형성’이란 분화 자체가 기형적이어서가 아니라 근본적으로 이 이탈에서 연유한다.

대지와 나무를 두 축으로 삼은 비유의 여러 가능성 중에 신동엽의 선택이 갖는 독특함은, 예컨대 대지라는 토대에 힘입어 뻗어가는 나무의 성장이라거나 하늘을 향해 비상하는 가지나 그 가지에 맺힌 결실이라거나, 반대로 그런 나무를 길러내고 양육하는 어머니 대지의 품이라거나 하는 더 익숙한 조합들과 비교할 때 잘 드러난다. 그의 비유에도 대지와 나무는 중요한 대립구도를 연출하지만 대립 자체가 애초에 나타나지 말았어야 할 기형성의 증거일 따름이다. 여기서 나무는 ‘썩은 고목’으로서 성장과 결실은 고사하고 오래된 것들에 흔히 결부되는 지혜나 연륜과도 거리가 멀다. 엄밀히 볼 때 이미 죽은 존재일 뿐 아니라 다른 나무들의 생장을 근원적으로 가로막는 적극적으로 반생명적인 존재인 것이다. 비유의 차별성을 가늠하게 해줄 또다른 비교 대상은 ‘이상한 괴물 같은 거대한 축대’의 기독교 버전인 바벨탑의 우화이다. 주지하다시피 그 경우에도 바벨탑이라는 축대는 개탄을 사지만 대지에서의 이탈 때문이 아니라 하늘과 겨루고자 한 오만한 초월의지 때문이었다.

온갖 문명적 축적물이 의미있는 성취가 되지 못하고 “광막한 대지 한 구석에 피어난 고목 속에서 시험되고 있는 잡다한 벌레들의 코러스”에 불과할망정, “이미 이루어진 고목 위에 따라 올라가 많은 동료들과 함께 귀뚜라미의 노래에 협주해”보는 것 자체로 “모두 순리로운 일”(90면)이기만 하다면 평범한 다수에게 그런대로 '좋은 삶'이 될 법도 하다. 하지만 생명을 다한 채 다만 존속하는 고목 위에서 숱한 존재들의 삶 역시 순조로울 리 없고 궁극적으로 지속불가능하다. "나무 끝 최첨단에 기어오른 뜨물들의 숙명적 심정"은 결국 "문명된 시대의 도시 하늘을 짓누르고 있는 불안, 부조리, 광기성"(94면)으로 이어지게 마련이고, "허약한 공분모 위에 뿌리박아 마치 부식작용하는 곰팡이의 집단처럼 번식"하다가 "종국에 가서는 생존경쟁의 광기성에 휘몰려 맹목적인 상쇄로써 불경기를 타개하려고 발악하고 발광하고 좌충우돌"(96면)하리라는 것이 이 글의 진단이다.

또 하나 눈길을 끄는 대목은 "마침내 인간은 아마도 지구를 벗어날 것이며 지구의 파괴를 기억할 것이며 인조 두뇌를 만들어 자동(自動) 시작(詩作)을 희롱할 것"이라는 예측이다. 오늘날 성행하는 포스트휴머니즘적 상상과 닮아 있는 이 미래 풍경은 무슨 거대한 전회를 나타내지 않는 것은 물론이고 신동엽에 따르면 "그러나 그것이 어떻단 말인가"라고 일축해야 마땅한 사태이다. "모든 생물의 물질적 능력엔 동물로서의 한계가 숙명지워져 있"어서 "아무리 서구적인 무서운 노력으로 하늘 끝에 이르"려 한들 그런 활동은 찌개냄비 속의 끓어오른 물 분자처럼 풀풀 흩어질 것인데 그렇듯 "냄비 속을 벗어난 수분은 이미 찌개는 아니"며 결국 "찌개의 역사는 냄비 속에서 종말을 고한" 셈이기 때문이다.(98면) 기술적 '탈인간'의 경로가 '인간적'으로 무의미하다고 말하는 이 진술은 포스트휴머니즘 논의들이 역사를 찌개냄비 '바깥'으로 인도하기보다 오히려 냄비 속에서 확실히 끝나게 만드는 것이 아닐지 돌아보게 한다.

이처럼 우리가 아는 세계와 인간의 종말을 상정하는 혹독한 진단을 내리고 있음에도 「시인정신론」의 정서는 종말론적 우울과 비감으로 향하지 않는다. 신동엽의 사유가 '전환 계열'에 속하기 때문일 것인데[12] 그 점은 현대 진단의 틀을 벗어나 전체로서의 문명을 논하는 대목에서 더 분명해진다. 문명의 역사 전반으로 시선을 옮기면서 「시인정신론」은 원수성(原數性), 차수성(次數性), 귀수성(歸數性)이라는 시대 구분을 도입하고 이를 계절의 추이나 생애주기처럼 자연스러운 변화와 연결한다. 문명의 봄철인 원수성의 세계가 "대지와의 음양적 밀착 관계 외엔 어느 무엇의 개재도"(93면) 없는, "시도와 기교를 모르던"(91면) 시대였다면, "유사 이후의 문명 역사 전체"(같은 면)에 해당하는 여름철 차수성의 세계에서 인간은 "대지에 소속된 생명일 것을 그만두고 (…) 인위적 건축 위에 작소(作巢)되어진" "교활하고 극성스런 어중띤 존재자"(93면)가 되나, 가을철 모든 나무의 열매가 여물어 돌아오듯 "인류수도 그 이상 지엽을 뻗칠 수 없을 곳까지 이르러 열매와 열매를 두루 뭉쳐가지고 말없이" "귀수성 세계의 대지"(98면)로 쏟아져 내린다. 이처럼 귀수성이라는 거대한 전망이 있기에 종말이 배치되어 있더라도 종말론적 서사로 귀착되지 않는 것이다. 하지만 다분히 순환론적인 느낌의 이 서사를 개벽적이라 할 수 있을까?

우선 눈에 띄는 것은 대지와 고목의 비유와 원수성-차수성-귀수성이라는 비유 사이에 느껴지는 일정한 어긋남이다. 인간문명이 대지를 이탈하여 '공중 건축'이 된 것을 극히 인위적이고 자기파괴적인 과정이라 비판하면서, 다른 한편으로 이를 봄이 가고 여름이 오는 것처럼 어쩔 수 없

---

12 이와 관련하여 "우리 신종교의 개벽사상은 서양종교의 아포칼립스와는 사뭇 다르다. (…) 우리 민족의 신종교는 그러한 파멸, 종언으로서의 개벽을 말하지 않는다. 개벽은 더 나은 세계로의 점프를 말하며, 그 점프는 반드시 시공간 속에서 이루어지는 것이며 시공간 밖에서 이루어지는 것이 아니다. 그것은 현세의 종말이 아니라, 현세의 전혀 새로운 시작인 것이다"라고 한 김용옥의 발언을 참조할 수 있다. 김용옥 『동경대전 2: 우리가 하느님이다』, 통나무 2021, 69면.

는 변화로 설명하기 때문이다. 어쩔 수 없는 변화라면 공중 건축이 무너져 열매처럼 떨어지는 것 역시 때가 되면 자연히 일어날 뿐 힘써 도모할 일이 아니게 되지만, (이후 살피겠으나) 이는 '전경인(全耕人)'을 향한 분투를 시인정신의 중심으로 강조하는 「시인정신론」의 기본 취지에 부합하지 않는다. 이와 관련하여 피해야 할 해석은 원수성-차수성-귀수성을 문자 그대로 순환논리로 파악하면서 "'차수성'은 '원수성'의 비속화 과정이고 '귀수성'은 원수성'으로 회귀하는 과정"[13]으로 단순화하는 것이다. 그런 해석에서라면 원수성 세계가 언제까지고 지속되어 마땅한 것인 반면, 신동엽은 "그러나 물성은, 태양과 봄바람과 지열은 언제까지나 〔원수성이 품은〕 그 씨앗으로 하여 그 씨앗으로만 덮여 있게 가만둘 수는 없었을 것"(93면)이라는 말로 변화의 불가피함, 또는 문명이 시작될 수밖에 없었음을 지적하고 있다. 다만 이때 불가피함이란 원수성 세계의 지속불가능과 차수성 세계로의 이행을 가리키는 것이지 차수성 세계가 바로 현재와 같은 형태로 전개될 수밖에 없었다는 이야기가 아니라는 데 유의해야 한다. 마찬가지로 현재의 차수성 문명이 지속불가능하고 이대로 가면 어차피 끝나게 되어 있다고 해서 귀수성 단계가 순순히 이루어지리라는 보장도 없다. 더욱이 "그간의 연구에서는 '차수성 세계'를 비판적으로만 대상화하는 경우가 많았"던 것이 사실이고[14] '비속화'라는 규정도 그런 사례인데, 고목에 붙어 있는 것이라 해도 그 모든 것이 "공중 풍선"으로 휘발되지는 않으며 "땅에 쏟아져 돌아올" 열매가 있고 또 그 속에는 분명 씨앗이 있다는 것이 신동엽의 판단이다(98면).

차수성에 대한 비판 일변도의 읽기는 그 근저에 '원수성'을 "순환원리

---

13 홍용희, 앞의 글 341면.

14 양경언, 앞의 글 59면, 각주 10번.

의 가치 척도"로 보는 경향이 작동하고 있다.[15] 원수성이 가치의 척도이기에 그로부터 멀어지는 차수성은 말끔히 지워져야 할 탈선이며 귀수성은 원수성으로 고스란히 돌아가는 회귀 절차가 되는 것이다. 이런 단순한 이해에서 벗어나기 위해서는 「시인정신론」의 모든 비유를 포괄하는 '가치 척도'가 원수성이 아니라 '대지'라는 사실을 강조할 필요가 있다. 그 글에 담긴 개벽서사도 대지를 중심으로 펼쳐지는데, 개벽적 변화가 어떤 '돌아옴'을 주요하게 함축하더라도 단순한 회귀가 아니게 되는 것 또한 대지의 의미와 긴밀히 엮여 있다.

3. 신동엽의 대지와 라뚜르의 대지

생태위기가 가시화되면서 '대지'라는 단어는 부쩍 새로운 중요성으로 충전되는 추세이고 그 두드러진 사례를 브루노 라뚜르(Bruno Latour)의 생태담론에서 찾아볼 수 있다.[16] 라뚜르는 우리가 봉착한 생태위기를 직시하기 위해서는 무엇보다 이 위기를 문자 그대로 살아갈 대지(땅)가 사라지는 사태로서 인식해야 하리라 본다. 신동엽의 현대 진단과 흡사하게 인류세 시대의 "새로운 보편성"을 '대지의 상실'로 규정하는[17] 라뚜르는, 마찬가지 논리로 생태위기가 전지구적 성격이라 해서 지구 전체를 '행

15 홍용희, 앞의 글 341면.

16 브루노 라뚜르의 생태담론에 관한 더 상세한 설명과 그것이 갖는 정치적·문학적 함의에 관한 논의는 졸고 「브루노 라투르의 정치생태론과 문학의 (생태)정치」, 『안과밖』 55호, 2023 참조.

17 브뤼노 라투르 『지구와 충돌하지 않고 착륙하는 방법: 신기후체제의 정치』, 박범순 옮김, 이음 2021, 28면.

성'(planet)이라거나 '전지구'(globe) 등으로 추상화하기보다 구체적 물질성을 갖는 '땅'(land)으로 생각해야 한다고 강조한다. 라뚜르에게 대지의 상실을 초래한 주된 요인 하나는 근대화 프로젝트이다. 그에 따르면 근대화는 '글로벌'과 '로컬'을 두 축으로 세운 채 로컬에서 글로벌로 가는 분명한 방향성을 갖고 진행된 프로젝트이다. 세계화 담론들의 면면에서 알 수 있듯이 이 프로젝트에서 '로컬'은 그 자체로 이미 땅과의 "기존의 연결고리들을 모두 없앤 후 재구성"[18]된 후진성을 뜻하고, '글로벌'은 땅으로부터 멀어지는 것이야말로 진보와 발전으로 간주한다. 따라서 인류세의 위기 해결을 위해서는 로컬도 글로벌도 아닌 새로운 중심으로 정향하는 일이 필요한데 라뚜르는 이 중심을 '대지'(the Terrestrial)로 명명하고 '땅으로 내려오라'(down-to-earth)를 핵심 구호로 제시한다.

라뚜르의 생태담론에서 근대화만큼이나 생태위기를 초래하고 나아가 그 위기를 제대로 인식하지 못하게 만드는 요인은 '자연'(nature) 개념이다. 서구 사유에서 인간, 사회, 문화, 문명 등과의 이분법적 대립 속에 파악되어온 자연은 인간을 위로하는 '어머니 자연'으로서든 아니면 '자연으로 돌아가라'는 언명에 담긴 변치 않을 규범으로서든 언제나 진정한 '행위'가 불가능한 죽은 물질로 여겨졌다는 것이 그의 비판의 핵심이다. 라뚜르가 보기에 인류세 시대란 어머니 자연은 우리를 돌보지 않고 규범으로서의 자연은 어떤 확고한 지침도 제공하지 못하는, 한마디로 "우리가 세계와 맺는 관계를 요약하고 그 관계를 평화롭게 만드는 개념으로서의 '자연'의 종말"[19]에 다름 아니다. 따라서 대지로서의 지구와 다시금 마

18 같은 책 50면.

19 Bruno Latour, *Facing Gaia: Eight Lectures on the New Climate Regime,* trans. Catherine Porter, Cambridge: Polity 2017, 36면.

주하기 위해서는 살아 행위하는 지구를 가리키는 다른 이름, 일찍이 제임스 러브록(James Lovelock) 등이 주창했던 (대지의 신) '가이아'를 다시 들여와야 한다고 주장한다. 라뚜르에 따르면 이때 가이아는 하나의 초거대 행위주체가 아니라 셀 수 없이 많은 미세유기체들을 포함하여 온갖 행위자들이 매순간 새롭게 형성하는 물결과 고리들의 "잘 연결된 지역성(well-connected locality)"이다.[20]

이렇게 새롭게 대지에 정향하고 인간과 비인간 모두가 연루된 숱한 행위의 물결로 대지를 파악하는 각성된 생태정치적 주체를 라뚜르는 '지구에 묶인 자들'(the Earthbound)이라 부른다. '지구에 묶인 자들'의 주된 정치적 실천은 독립적이고도 독보적인 행위자를 참칭하는 데서 벗어나 가이아의 행위물결에 "더 민감해지고 더 잘 반응하는"[21] 일이다. "우리를 위해 지구에 있는 것들을 센티미터마다, 존재마다, 사람마다, 목록을 만들고 검사하고 측량하지 않고 정치적으로 행동할 수 있을까?"라고 반문하는 대목에서 알 수 있듯, 라뚜르는 과학적 관찰이 모범적으로 예시해주는바 대지의 온갖 행위의 목록을 만드는 "대안적 서술"(alternative descriptions)이 무엇보다 선차적이라 본다.[22]

이상의 정리에서 라뚜르의 생태론과 「시인정신론」의 뚜렷한 공통점을 확인할 수 있다. 무엇보다 대지가 우리 삶과 문명의 기본적이고도 궁극적인 토대로 제시되며, 대지의 상실이 오늘날 인간과 문명이 맞닥뜨린 위기의 진정한 성격으로 규정된다. 또한 대지는 '살아 있음'과 연결되고 그렇듯 살아 있는 대지로 향하고 돌아가는 것이 문제해결의 합당한 노선이

20 같은 책 136면.
21 같은 책 140면.
22 브뤼노 라투르, 앞의 책 133면.

다. 라뚜르의 생태론과 공통점이 있다는 사실은 신동엽의 통찰에 일차적인 현재성을 부여하지만, 그의 개벽서사의 진가는 공통점 속의 차이로 발견되어야 한다. 라뚜르가 기계적이거나 추상적인 지구 개념이 아니라 물리적 대지로서의 지구를 강조한 점은 분명 미덕으로 평가할 만하다. 신동엽의 대지 역시 어떤 다른 의미층이 포개지든 거처를 세우고 곡식을 일굴 땅으로서의 대지, 곧 "만백성의 살림 마을"(102면)로서의 구체적 대지라는 층위가 없이는 공허한 명명이며, 실상 이 층위야말로 다른 의미들이 배양되는 원천이다. 그에게 대지의 구체성이 땅을 이루는 흙과 돌의 물성에까지 이른다는 점을 흥미로운 방식으로 보여주는 사례 하나가 산문 「제주 여행록: 1965년 여름밤」이다. 제주의 대지를 보며 "그 구멍이 뻥뻥 뚫린 검은 돌을 생각만 해도 구역이 올라온다. 부드러운 빛깔의 돌이 그립다. 그렇다, 흰 모래, 누우런 황토흙, 누어런 황토흙이 한줌이라도 나타나면 당장 한웅큼 쥐어 입에 털어넣고 씹어 삼키겠다"고 토로하는 대목은 생생하게 감각적이다. 다음 순간 이어지는 "그 모진 돌밭의 틈서리에서 보이는 건 굶주림과 과도한 노동과 헐벗음과 발악 아니면 기진맥진뿐"인 땅, "가슴 메어지는" 땅이라는 진술은 대지의 구체성을 흩뜨리지 않은 채, 아니 그 구체성에 기대어 또다른 차원을 환기하고 있다.(355면)[23]

하지만 앞서 「시인정신론」이 보여주듯 물질적·역사적 실체로서의 땅과 흙과 경작이 그의 작품에 아무리 자주 등장한다 해도 대지는 언제나 인간다움의 본래적인 바탕이자 문명다운 문명의 궁극적 거점을 나타내는 '가치'이기도 하다. 이는 "아사달 아사녀가/중립(中立)의 초례청 앞에 서서/부끄럼 빛내며/맞절할지니"(「껍데기는 가라」, 378면)에서처럼 신동엽

23 이 글의 초고를 발표한 학술대회에서 토론자 송종원이 대지의 역사성과 관련하여 「제주여행록」을 상기시켜주었다.

의 작품에 이따금 등장하는 '중립'이 "국제정치적인 의미의 중립"이면서 동시에 "'중도' '중용' 등 어떤 궁극적인 덕성과 진리의 길을 뜻하"[24]는 것과 동일한 기제이다. 이 차이는 대지의 '살아 있음', 아니 '살아 있음' 자체에 대한 해석 차이로 이어진다. 가이아를 재소환하면서까지 살아 있는 지구를 강조하고 지구를 이루는 비인간(non-human)의 살아 있음을 주창하면서도 라뚜르는 그 살아 있음을 기본적으로 '행위능력'(agency)에 묶어둔다. 갈릴레오의 '지구는 돈다'라는 상징적 발언이 지구의 역량을 사실상 '도는' 움직임에 한정했다고 지적한 라뚜르의 비판은, 살아 있음을 행위하는 일로 한정한 그 자신에게도 적용되어야 한다. 그가 말한 행위능력이 다른 행위자들을 변성시키고 행위의 물결 전체에 영향을 미치는 적극적인 역량이라 해도, 이런 틀에서는 진짜 '살아 있는 듯이' 사는가, 또는 가장 '자신답게' 살아 있는가 하는 질문들은 제기될 수 없다. 반면 신동엽의 대지가 살아 있다는 것, 그리고 그 대지에 밀착하여 살아 있다는 것에는, "자기에의 내찰, 이웃에의 연민, 공동 언어를 쓰고 있는 조국에의 대승적 관심, 나아가서 태양의 아들로서의 인류에의 연민"(「7월의 문단: 공예품 같은 현대시」, 119면), 그리고 무엇보다 "우리의 우리스런 정신을 영위"(같은 글 129면)하는 일이 핵심에 놓인다.

라뚜르의 각성된 주체, 곧 '지구에 묶인 자들'에 대응하는 '전경인'을 묘사하는 대목에서 차이는 확연해진다. "대지에 뿌리박은 대원적인 정신"(100면)을 갖춘 전경인은 "밭 갈고 길쌈하고 아들딸 낳고, 육체의 중량에 합당한 양의 발언, 세계의 철인적·시인적·종합적 인식, 온건한 대지에의 항수적 귀의, 이러한 실천생활의 통일을 조화적으로 이루"는 사람

24 백낙청 「살아있는 신동엽」, 『창작과비평』 1989 여름호, 364면, 365면.

이자[25] "귀수성 세계 속의 인간, 아울러 원수성 세계 속의 체험과 겹쳐지는 인간"(99면)이다. 그렇듯 "대지 위에서 자기대로의 목숨과 정신과 운명을 생활하다 돌아간 의젓한 전경인적인 육혼의 체득자"(100면)로 예수, 부처, 노자 같은 막강한 이름들이 거론되지만, 전경인은 또한 "인간 정신을 교묘히 흘리며 달아나던 문명체계가 막다른 골목에서 흠집이 져 부서지려 할 때 (…) 무의식적이건 의식적이건 정신을 차리어 인간성으로 돌아오"(「전환기와 인간성에 대한 소고」, 151면)고자 하는 모든 이들에게 이미 작동하고 있는 지향점이다. 신동엽은 천재적 작가들이 이룬 성취 역시 "전(前)체제의 부정을 위한 부정에 머문 게 아니고 어디까지나 본연의 인간다운 모습을 찾으려 몸부림친 것"(150면), 다시 말해 "문명체계의 난숙기"에 그 근저에 놓인 인간성이 "문명이라는 축적물의 부피로 말미암아 망각당하거나 무시되고 마는" 상황에 맞서 "인간적인 인간의 알몸을 보듬어보려고 몸부림친 것"으로 평한다(151면). 라뚜르의 생태론에는 극히 미세한 유기체의 극히 세세한 행위에 이르도록 발휘되어야 할 민감성이 있어도 그것은 결국 과학적 인식과 훈련의 문제일 뿐, 인간다움의 차원, 곧 "우리들의 마음속에 난 길, 우리들의 정신 속에 열려 있는 영혼의 길"(「내 마음 끝까지」, 410면)에서 수행할 실천이라는 문제는 제기되지 않는다. 라뚜르와의 이런 차이가 신동엽의 발언들이 개벽서사로 정립되는 자리일 것이다.

25 대지를 물질적 땅으로 환원할 수 없듯이 '밭 갈고 길쌈하다'는 표현들을 문자 그대로 받아들여 신동엽을 농경적 복고주의자로 분류해서는 안 될 것이다. 밭 갈고 길쌈하는 행위가 전경인으로서의 자질을 갖추는 데 맹목 기능자로서의 활동보다 좋은 조건을 제공해줄 가능성은 별개의 문제이다.

4. 인간중심주의 비판과 '돌 속의 하늘'

'인간성' 또는 '인간다움'이라는 것이 이즈음 주요 의제가 되고 있는 것은 사실이다. 다수의 인류세 서사들이 생태환경과 비인간에 대한 인간의 태도를 위기의 주된 요인으로 꼽으며 인간중심주의를 비판의 핵심 표적으로 제시하기 때문이다. 그 과정에서 '인간' 개념의 서구중심적·남성중심적 함의와 본질주의적 경향이 다시금 상기되는 것은 물론이다. 널리 유통되는 포스트휴먼(post-human) 논의 역시 마찬가지 상황 인식에 토대를 둔다. 돌이켜보면 '언어적 전회'(the linguistic turn)로 통칭되는 담론들이 일찌감치 반(反)휴머니즘을 표방했고 '주체의 죽음'으로 요약되는 인간 범주의 해체도 이미 대대적으로 진행된 것이 사실이다. 하지만 그런 시도들이 이제 와서는 "세계에서의 인간의 위치에 대한 비판보다는 덜 전면적인, 자기폐쇄적 데카르트적 주체에 대한 비판"에 불과하며 "이들의 작업에서는 인간이 여전히 중심"이라고 평가받는 것이다.[26] 오늘날 진행되는 일은 해체 작업을 뛰어넘는 적극적인 '인간-되지 않기'라 부를 만한 것으로, 인간에게 배타적 권한을 허용하지 않는 데 그치지 않고 훨씬 거침없이 인간의 경계를 허물 기세이다. 이 움직임은 비인간의 역량을 높이 평가하는 것과 맞물리면서 인간을 급격히 하강하는 좌표에 배치한다. 인간성 또는 인간다움은 아래로 끌어내려져 최저점에서 논의되고 그 최저점마저 계속해서 더 내려갈 전망이다. 인간중심주의 비판이라는 견지에서는 이 지속적 하강이야말로 윤리적으로나 생태적으로 올바른 노

26 Levi Bryant, Nick Srnicek and Graham Harman, "Towards a Speculative Philosophy," in *The Speculative Turn: Continental Materialism and Realism*, eds Levi Bryant, Nick Srnicek and Graham Harman, Melbourne: Re.press 2011, 3면.

선으로 권장된다.

오늘날 인간다움에 어떤 일이 생기고 있는지 단적으로 보여주는 사례를 티머시 모턴(Timothy Morton)의 논의에서 찾을 수 있다. 모턴이 보기에 인간이란 중심이 있고 경계가 매끈한 개체가 아니라 "나와 나에게 있는 박테리아 미생물체와 기술적 장치와 같은 비인간적 보철들과 공생체를 합친 것을 의미"한다. "정확히 자신과 일치하지 않"는 존재라는 점에서 인간성은 '유령성'(spectrality)에 다름 아닌데,[27] 인간 내부에 '신의 영역'이 깃들어 있다는 익숙한 발상과 달리 이때 유령적인 것이란 이제껏 인간에 못 미친다고 생각되어온 '비인간적인 것'을 가리킨다. 따라서 내부의 (가령 동물적인 요소 같은) 비인간적인 것을 떼어냄으로써 비로소 인간이 된다는 통상의 인식[28]과 반대로 "나 자신에게서 비인간을 벗겨내면 나 자신이기를 멈추게" 된다는 식으로 이해해야 한다.[29] 유령적 범주임이 드러난 '인간'은 이제 '모든 존재자에게 적용 가능한' 범용적 규정이라는 것이 모턴의 주장이다. 인간다움이 인간 특유의 고차원적 속성이기는커녕 매우 '저렴'한 것이어서 실상 모든 것이 인간일 수 있다는 것이다.[30]

유령이라는 표현이 함축하듯 모턴의 관점에서 인간은 온전히 살아

---

27 티머시 모턴 『인류: 비인간적 존재들과의 연대』, 김용규 옮김, 부산대학교출판문화원 2021, 73면, 94면. 원문은 *Humankind: Solidarity with Non-Human People*, London and New York: Verso 2017. 모턴은 자신이 새롭게 규정한 인간을 지칭하면서 'humanity'와 구분되는 'humankind'를 사용하는데 번역본에서는 이를 '인류'로 옮겼으나 의미상 '인간 비슷한 것'에 가깝다고 해야 할 것이다.

28 아감벤은 인간을 인간으로 만드는 이 절차를 '인간학적 기계'(anthropological machine)라 불렀다. 여기에 관해서는 Giorgio Agamben, *The Open: Man and Animal*, California: Stanford University Press 2003 참조.

29 티머시 모턴, 앞의 책 112면.

30 같은 책 207면.

있는 개체가 아니고, 실상 살아 있음이라는 것 자체도 다시 규정되어야 한다. 살아 있다는 것 안에는 "죽지 않으려고 하는 것과 죽기를 기다리는 것" 사이의 균열이 있고 실제 삶은 죽음과 맺는 그 두 종류의 관계 사이의 머뭇거림이다. 이렇게 되면 삶과 죽음의 구분이 흐릿해지는 셈인데, 실제로 모턴은 "생명과 비생명의 구분은 유지될 수 없다. 모든 존재자들은 살아 있거나 살아 있지 않은 것으로 사고되기보다는 죽지 않은(undead) 것으로 사고되는 것이 낫다"고 이야기한다.[31] 모턴식으로 정의된 생명에 비출 때 생명의 최고 구현체로 생각되는 인간의 삶 역시 웅장하고 활기차고 화려한 것이 아니라 "더 애매하고 더 혼란스러우며 더 포괄적"이고 그런 점에서 "그 자체로서 장애적"이다. 인간을 비롯해 "존재하는 모든 것은 너덜너덜하고 '불완전한' 세계를 가"졌기에 서로에게 쉽게 손을 내밀 수 있고 인간과 비인간 사이의 '연대' 역시 그 때문에 가능해진다.[32] 모턴의 논의에서 인간 범주가 그리는 하강의 궤적은 '초월'(transcendence)과 대비되는 '저월'(subscendence)로 명명된다.

인류세 담론의 인간중심주의 비판이 결국 어디에 이르는지 예시한 모턴의 논의는 인간의 경계를 지우는 과정에서 함께 삭제되는 것이 무엇인지도 잘 드러낸다. 생명과 비생명의 구분이라는 견지에서 보면 '죽지 않은' 상태가 궁극적인 기준점이 되면서 삶의 최저점인 '죽음'의 위상이 오히려 높아진다. 그와 더불어 더 살아 있고 덜 살아 있는 것, 제대로 살아 있는 것과 살아 있다고 하기 어려운 것의 차이도 변별력을 잃고 그저 아직 죽지 않았다는 범주로 뭉뚱그려진다. 인간과 비인간의 차이에도 마찬가지 일이 일어난다. 인간을 정의하는 데서 '인간 아닌 것'이 핵심 요소로

31 같은 책 87면.

32 같은 책 78면, 79면, 68면.

부상하면서 인간다움이란 사실상 무의미에 가까울 만큼 '저렴'해지고 따라서 인간이라면 다 그러하다는 일반 규정과는 별도로 존재하는, 애써 추구해야 할 인간다움이라는 영역은 소실되는 것이다.

신동엽이 말하듯 '정신을 차리어 인간성으로 돌아오는' 일에도 대지를 향해 '내려오는' 움직임은 중요하다. 앞서 본 대지와 고목의 대비가 그렇지만, "수도자의 길은 하늘로 가는 길이 아니다. 두루 돌아와 다시 지상을 가는 길"이라거나 "예술과 종교는 인간을 상부로 이끌어 올리려는 길이 아니다. 하야의 짐승이나 꽃에게로 내려가려는 안타깝고도 처절한 몸부림"(「단상 모음」, 213면)이라는 대목들도 일종의 '저월'을 강조한다. 그런데 '대지 깊숙이 새겨 넣은' 서사시야말로 '우주 밖 창을 열고' 흘러갈 수 있다는 구절이 일러주듯, 신동엽의 사유에서 대지는 그에 '묶여야' 하는 장소이기는커녕 그를 통해 더 넓게 열리는 장소이다. '하늘로 가는 길이 아니'라고 하면서도 그의 작품에서 대지만큼이나 '하늘'의 존재감이 큰 이유도 여기에 있다.

이 존재감을 확인할 수 있는 대표작 「누가 하늘을 보았다 하는가」에서, "누가 하늘을 보았다 하는가/누가 구름 한 송이 없이 맑은/하늘을 보았다 하는가.//네가 본 건, 먹구름/그걸 하늘로 알고/일생을 살아갔다"라는 서두의 하늘은 얼핏 저 위에 있으면서 우리와 무관하게 때로 맑게 드러나기도 하고 아니기도 한 영역처럼 느껴진다. 하지만 곧이어 나오는 "아침저녁/네 마음속 구름을 닦고/티 없이 맑은 영원의 하늘/볼 수 있는 사람은" 또는 "아침저녁/네 머리 위 쇠항아릴 찢고/티 없이 맑은 구원(久遠)의 하늘/마실 수 있는 사람은"(400~401면)이라는 대목은 하늘이 마음과 몸으로 행하는 인간의 실천과 직접 이어져 있는 무엇임을 드러낸다. "〔동학의〕 시천주라는 것은 결코 내가 상제를 모신 고귀한 존재라는 뜻이 아니다. 하느님은 반드시 나의 존재 전체로 육화되어야 한다는 뜻이다. (…) 하느님을 진정으로 '시'한다고 하는 것은 하느님의 모든 덕성이 나의 내면으로 육화되는 것을 의미하며 (…) 존재자로서의 하느님의 존재성은 사라지고 님화된 풍요로운 느낌이 나의 존재 전체에 스며들게 되는 것"이라는 해석[33]이 이 시에 나타난 '하늘'의 의미를 포착하는 데도 유용한 참조점이 될 것이다.

신동엽에게 대지와 하늘이 모두 인간의 '존재 전체에 스며들'어야 하는 것이라면 그에게 초월과 저월 역시 배타적일 수 없다는 뜻이 된다. "시인이 보았다는 그 '하늘' 역시 실은 우러러 마주하게 된 것이 아니라 발끝으로 감지한 무엇"[34]이듯, 대지를 품은 '향그러운 흙가슴'이 또한 '영원의 하늘'을 보는 '빛나는 눈동자'이다.[35] 그런 접속이 잘 나타나는 또다른 예가 「조국」이다. "화창한/가을, 코스모스 아스팔트 가에 몰려나와/눈먼 깃발 흔든 건/우리가 아니다/조국아, 우리는 여기 이렇게 금강 연변/무를 다듬고 있지 않은가"(403면)로 시작하여 '우리가 아닌' 일들과 '우리'의 참모습을 여러 측면에서 분별한 이 시에서 '우리'는 부국강병의 영광과 거리가 멀지만 비분강개의 울분으로 응어리져 있지도 않다. 주림을 참으며 밭을 갈거나 역사의 그늘에서 뜨개질을 하고 총기로 더럽혀진 땅을 빨래질하면서도 "우리들의 가슴 깊은 자리"에는 "맑은 강물"이 흐르고 있는바 이 장면을 신동엽은 "돌 속의 하늘"로 묘사한다(405면). 가장 단단하지만 어쩌면 가장 척박한 대지의 형상인 '돌'과 영원하고도 무궁한 것의 형상인 '하늘'이 접속한다는 것만큼이나 중요한 사실은 그 접속이 일어

33 김용옥 『동경대전 1: 나는 코리안이다』, 140~41면.

34 송종원 「살아 있는 역사와 좋은 시의 언어: 신동엽론」, 『창작과비평』 2019년 봄호, 249면.

35 시 「껍데기는 가라」와 「빛나는 눈동자」 참조.

나는 지점이 인간의 '가슴 깊은 자리'라는 점이다. 대지와 하늘의 통상적 대립이 궁극적으로 해소되는 기제가 바로 인간다움의 수행인 것이다.

재차 확인하자면 '돌 속의 하늘'로서의 인간다움이란 인간을 어떻게 (다르게) 정의할 것인가 또는 인간의 경계를 어떻게 (새롭게) 획정할 것인가 하는 차원에 있지 않고, 인간 본연의 모습이면서 동시에 인간적이기만 한 것은 아닌 잠재성의 실현을 가리킨다. 인간과 비인간의 차이(또는 그 차이를 지우는 일)보다 비할 바 없이 중요한 문제가 그저 인간으로 존재하는 것과 '대지'로 돌아가 '하늘'을 보는 인간이 되는 것 사이의 차이(또는 그 차이를 만드는 일)이다. 신동엽의 사유가 갖는 개벽적 성격은 이 구분이 결정적임을 감지하게 하는 데 있다. 다수의 인류세 서사들이 인간을 평가절하하고 살아 있음을 평가절하하면서 이를 윤리적으로나 정치적으로 올바른 실천으로 제시하는 사이에 망각되는 것이 바로 그 점이다. 이들 담론이 내세우는 실천이 '올바름'을 떠나 도대체 구체적인 변혁으로 이어지기 어렵다는 문제는 별도의 세세한 분석을 요할 것이다. 다만 개벽이 "사람의 정신과 마음에 일어나는 근본적 변화와 더불어 새로운 세상이 열리는 대변혁"[36]이라 할 때, 신동엽의 작품들에서 마음의 변화와 세상의 변혁이 유독 맞물려 있음은 지적해둘 만하다.

「조국」으로 돌아가 이야기하자면 이 시가 작동시키는 '우리'와 '조국'의 등치는 민주공화국의 주인이 국민이라는 민주주의의 일반 규정으로 귀속되지 않는다. 그 규정과 어긋나는 요소가 있다는 말이 아니라 '우리'가 분명한 차이를 가르고 나온 범주임에 유의해야 한다는 뜻이다. 정치적으로 동원되고 경제적으로 현혹되며 외세에 기대고 분단에 편승한 "저

36 백낙청 외 『개벽사상과 종교공부: K사상의 세계화를 위하여』, 창비 2024, 6면.

높은 탑 위 왕래하는/아우성 소리"란 고작 "저희끼리 춤추며 흘러"가는 '껍질'에 불과하고(404~405면), 우리의 '가슴 깊은 자리'에 흐르는 강물, 또는 '돌 속의 하늘'이야말로 '조국'으로 호명되기 때문이다. '우리'와 '조국'의 등치에는 이처럼 인간다움을 새로이 되새기려는 노력과 나라다운 나라를 새롭게 정의하려는 분투가 겹쳐 있다. 실상 「금강」을 비롯하여 「사월은 갈아엎는 달」이나 「껍데기는 가라」 같은 잘 알려진 그의 대표작들이 확인해주듯이 대지와 하늘이 등장하는 구도적 실천은 신동엽의 시에서 거의 '언제나'라고 할 만큼 동학과 3·1과 4·19로 대표되는 변혁운동과 함께 있다. 인류세라는 규정이 위기의 긴박함을 호소하면서도 동시에 깊은 무력감을 발산한다는 사실을 떠올리면 이 결합이 갖는 의미와 가능성을 가늠할 수 있다. 신동엽에게 이 결합이 시 작품들에서 가장 이음새 없이 실현된다는 사실은 앞서 살핀 '전경인'이 애초에 '시인'정신으로 개진되었다는 점과 일맥상통한다. 그의 개벽론이 갖는 고유한 설득력 역시 문학의 역량과 무관하지 않을 텐데, 개벽이라는 이름마저 생소해진 시대에 이토록 강렬하게 발화된 신동엽의 개벽서사는 그 자체로 한반도 개벽사상의 면면한 역량을 입증해준다.

7장

개벽사상과 한국의 생명운동

장일순과 김지하를 중심으로

김용휘

1. 수운의 '다시개벽'과 개벽운동의 전개

개벽사상은 19세기 중엽부터 20세기 초까지 한국 근현대사의 굴절과 파란, 민족의 고난과 새로운 세상에 대한 대망(待望) 위에서 피어난 한국 신종교들의 가장 특징적 사상이다.[1] 수운, 증산, 소태산 등 한국 근대 신종교의 창시자들은 한결같이 당시가 우주적으로 선천(先天)과 후천(後天)이 나뉘게 되는 대전환점이라고 보았다. 이런 대전환의 시기를 '개벽'이라고 하였는데, 이 시기를 지나 후천이 되면 지금까지의 모든 고통과 질곡에서 벗어나 이 땅에 지상선경이 이루어질 것이라고 하였다. 그래서 이를 '후천개벽 사상'이라고도 한다.[2]

---

1 김홍철 「근·현대 한국 신종교의 개벽사상 고찰」, 『한국종교』 35집, 2012, 6~7면 참조.

2 개벽사상은 선천과 후천으로 우주가 순환한다고 보는 우주론적 시간관에 입각한 종교사상이다. 그러나 '개벽'이란 용어가 본래부터 이런 뜻은 아니었다. 본래는 천개지벽(天開

개벽사상은 본래 동학의 창시자 수운 최제우가 『용담유사』에서 "십이 제국 괴질운수 다시 개벽 아닐런가 태평성세 다시 정해 국태민안 할 것이니"라고 하여 '개벽' 앞에 '다시'를 붙임으로써 천지창조와 같은 거대한 변화가 또 일어날 것임을 암시한 데서 비롯되었다. 이때 개벽은 '우주적 순환원리에 의해 필연적으로 도래할 새로운 세상', 동시에 그것에 수반하는 '물질적·정신적 대변혁'을 의미한다. 그것은 곧 당도할 역사적 사건이자 '새로운 문명의 대전환'을 뜻하는 것이었다.

이때 수운의 개벽사상에서 무엇보다 중시되는 것은 정신개벽, 즉 인간의 내적 혁명이었다. 개벽의 시기가 언제인가를 아는 것보다 주문(呪文)과 영부(靈符)로 대표되는 수도(修道)와 성경신(誠敬信)의 실천을 통한 인간정신의 근본적 변혁이 중요했다. 수운은 새 세상을 만들어내는 주체는 인간이며, 그 변화는 자기 내면에서부터 시작되어야 한다고 보았다. 그는 사람들이 내면에 모셔져 있는 한울님을 발견함으로써 외면으로 향하던 욕망을 거두고 내면의 신성(神性)을 회복해야 한다고 했다. 그래서 그에게 새로운 세상은 창조주에 의해 예정된 신국(神國)이 아니라 시천주를 자각한 사람들이 만든 군자 공동체이자 천도(天道)의 생명원리에 의해 돌아가는 '지상선경'을 의미하는 것이었다.

동학사상이 전개되는 과정에서 정신개벽을 강조하는 흐름은 더 강화된다. 해월 최시형은 당시를 개벽의 시기라고 보면서, 그런 시대를 살고

地闢), 즉 '하늘이 열리고 땅이 처음 이룩됨'의 뜻이다. 중국 근대 최초의 백과사전인 『사원(辭源)』에 의하면, '개벽'은 "천지가 처음 열린 것"을 의미한다. 그러므로 '개벽'은 주로 '천지창조' '우주의 시작'을 의미하는 말로 쓰여왔다. 반면 신종교의 '개벽'은 '천지창조'보다는 '새로운 세상의 도래' '문명의 대전환'의 의미로 사용된다. 즉 최초의 천지창조에 못지않은 엄청난 대변혁을 뜻하는 것이다. 이런 대변혁을 통한 이상향이 우주의 순환지리에 의해 필연적으로 도래한다는 것이 한국 근대 신종교의 개벽사상이다.

있는 인간이 어떻게 해야 할 것인가에 강조점을 두었다. 그는 마음의 근본적 자각을 중시했으며 일상에서 거룩함을 구현하는 것을 강조했다. 그래서 사람을 한울님처럼 공경하는 사인여천(事人如天)과 삼경(三敬)을 통한 '생활의 성화(聖化)'에 초점을 두었다. '혁명'이 사회정치적·경제적·제도적인 외적 환경에 대한 급진적 변혁이라면, 개벽은 이러한 외적 변화가 영적·정신적인 내적 변혁과 함께 이루어지는 생활양식의 근본적·전면적 변화를 의미했다.

1894년 민중의 가슴에 응축된 에너지가 동학을 만나 요원의 불길처럼 타오른 동학농민혁명의 이면에는 이러한 개벽적 열망이 있었다. 일제강점기의 3·1혁명 역시 마찬가지다. 이는 「독립선언서」의 '아 위력의 시대는 거(去)하고 도의적 신문명이 래(來)하도다'라는 표현에서도 확인된다. 3·1혁명 역시 단순한 독립운동이 아니라 신문명운동이자 개벽운동이었던 것이다.[3]

이러한 신문명운동은 1920년대 들어 천도교 청년들에 의해 광범위한 사회운동, 즉 개벽운동으로 나타났다. 당시 그들이 펴낸 잡지명이 『개벽』이었다는 점도 결코 우연이 아니다. 이돈화를 비롯한 당시 『개벽』의 청년들은 수운의 시천주와 해월의 사인여천, 그리고 의암의 인내천주의를 바탕으로 새로운 세상을 열망했으며, 개벽사상을 '정신개벽, 민족개벽, 사회개벽'의 삼대개벽으로 구분하여 전개하기도 하였다.[4] 그들의 관심은 단지 일제로부터의 민족해방에만 머물지 않았고 어린이·여성·농민·노동 등 각 부문 단체 운동을 통해서 사회적 억압과 모순을 근본적으로 극

3 이에 대해서는 졸고 「20세기 전반 천도교 지도자의 서양 인식과 신문명의 비전」, 『신학과 철학』 36호, 2020 참조.

4 이돈화 『신인철학』, 천도교중앙총부 1924, 144~63면.

복하고 진정한 인간해방을 이루는 데 있었다.

해방 공간에서도 마찬가지다. 당시 천도교청우당이 내놓은 '조선적 신민주주의'는 미국식 자유민주주의와 소련식 프로민주주의를 모두 반대하고 자본주의와 사회주의를 공히 넘어선 새로운 정치·경제체제를 고민한 것이었다.[5] 하지만 분단이 고착화되고 북쪽에 절대적으로 많은 교인이 있었던 천도교는 한국전쟁 이후에는 별다른 개벽운동을 펼치지 못하고 오늘에 이르렀다.

이러한 천도교의 흐름과는 별도로 수운과 해월의 동학을 생명사상으로 재해석하여, 그에 바탕한 생명운동을 펼친 장일순과 김지하는 개벽운동사의 관점에서 볼 때 각별한 의미를 지닌다. 1970년대 유신 독재 투쟁에서 시작된 민주화운동이 본격화된 1980년대, 기존의 진보운동과 구분되는 한 흐름이 생명운동이었다. 이는 마르크스주의를 바탕으로 한 진보운동과도 다르고, 또 유럽의 녹색운동과도 다른 그야말로 개벽운동이었다. 그래서 잘 이해받지 못한 것도 사실이다. 마치 척사와 개화의 이분법적 구도 속에서 '개벽파'[6]들이 이해받지 못했듯이 말이다.

이 생명운동은 천도교에서 전개했던 개벽운동과도 다르다. 이는 독자적으로 수운과 해월의 동학을 생명사상으로 재해석한 바탕 위에 세운 것이었기 때문이다. 천도교의 개벽운동은 '인내천주의'가 가장 중요한 이론적 발판이었고 당시의 가장 큰 과제가 일제강점의 극복이었다면, 장일순과 김지하는 수운의 '시천주(侍天主)'의 모심과 해월의 생명사상에 근간을 두었으며, 그들의 가장 큰 문제의식은 기계론적 근대문명의 극복이

5 김병제·이돈화 외 『천도교의 정치이념』, 모시는사람들 2015, 52면.

6 개벽파에 대해선 조성환·이병한 『개벽파선언: 다른 백년 다시 개벽』, 모시는사람들 2019, 서문 참조.

었다. 이들은 생명의 세계관을 바탕으로 지금의 위기를 넘어 새로운 생태적 문명을 열어야 한다고 역설했다. 그런 점에서 그들의 '개벽'은 죽임의 문명에서 살림의 문명으로의 전환을 의미하는 것이었다.

이 글은 장일순과 김지하의 생명운동을 개벽적 관점에서 검토하면서, 그들의 사유와 운동 속에서 오늘날의 문명적 위기를 돌파할 수 있는 지혜를 구해보고자 한다.

2. 장일순의 '전환'

장일순(張壹淳, 1928~94)은 1928년 강원도 원주에서 태어났으며, 호는 청강(淸江), 무위당(無爲堂), 일속자(一粟子, 좁쌀 한알) 등을 썼다. 시인 김지하의 스승이었고 『녹색평론』의 김종철이 단 한번 보고 홀딱 반했다는 사람, 목사 이현주가 부모 없는 집안의 맏형 같은 사람이라 했고 『나의 문화유산답사기』의 저자 유홍준이 어디를 가든 함께 가고 싶다고 했던 사람, 소설가 김성동과 「아침이슬」의 김민기가 아버지로 여기고 판화가 이철수가 진정한 뜻에서 이 시대의 단 한분의 선생님이라고 꼽았던 이가 바로 그다.[7]

그는 한때 국립서울대학교 설립안에 대한 반대투쟁으로 제적되기도 했고, 안창호 선생의 대성학원의 맥을 계승하기 위해 원주에 대성학원을 설립하기도 했으며, 사회대중당 후보로 국회의원에 출마했으나 낙선하기도 했고, 5·16 군사 쿠데타 이후 평소 주창하던 '중립화 평화통일론'이

7 김삼웅 『장일순 평전』, 두레 2019, 283면.

빌미가 되어 3년간 옥고를 치르기도 했다. 이후 한일 굴욕외교 반대운동에 연루되어 대성학원 이사장직을 박탈당하기도 했다.

1973년에는 전해 여름에 닥친 큰 홍수로 수해를 입은 지역을 복구하기 위해 재해대책사업위원회를 발족했으며, 신용협동조합운동을 통해서 중앙집권적 권력의 통제 바깥에서 민중이 스스로 상부상조의 방법으로 생활을 꾸려나갈 수 있는 자치적 생활협동운동을 고민했다. 또한 민청학련 사건에 연루된 구속자들의 석방을 위해 지학순 주교와 함께 국제사회에 관심과 연대를 호소하는 등 1970년대 반독재 민주화 투쟁을 촉발하는 데 큰 역할을 하였다.[8]

그런데 1977년 무렵부터 장일순은 운동의 근본적 방향 전환을 고민하기 시작한다.

> 땅이 죽어가고 생산을 하는 농사꾼들이 농약중독으로 쓰러져가고, 이렇게 됐을 적에는 근본적인 문제서부터 다시 봐야지. 산업사회에 있어서 이윤을 공평분배 하자고 하는 그런 차원만 가지고는 풀릴 문제가 아닌데. 그래서 나는 방향을 바꿔야 되겠구나, 인간만의 공생이 아니라 자연과도 공생을 하는 시대가 이제 바로 왔구나[9]

사람과 사람, 사람과 자연의 조화로운 공존을 모색하는 삶의 방식으로서 생명사상에 주목한 것이다. 맑스주의는 자본주의의 산업사회가 본격화되면서 심화되었던 경제적 불평등 문제에 주목하고, 자본가들이 노동자들을 착취함으로써 마땅히 노동자들의 몫으로 돌아가야 할 이윤을 독

8 장일순의 일대기는 같은 책을 참조.

9 장일순 『나락 한 알 속의 우주』, 녹색평론사 2016, 232~33면.

점하는 것에 분개하고, 그런 구조를 혁파하려고 하였다. 하지만 이미 시대는 불평등 문제뿐만 아니라 더 근본적인 생존 자체의 문제, 즉 이 지구 땅에서 계속 살 수 있느냐의 문제가 심각하게 대두되던 때였다. 장일순은 우리 생존의 토대인 자연이 이렇게까지 파괴된 원인이 개발과 성장에만 매몰되어 자연조차도 한갓 이윤추구의 대상으로만 간주하는 자본주의적 삶의 방식, 근대 산업문명에 근본적으로 자리한다는 것을 자각하였다. 맑스주의 역시 그러한 근대문명의 한 유산일 뿐이었다. 따라서 대안은 서구적 근대가 추구했던 자본주의적 삶의 방식을 근본적으로 전환하고 자연과 평화롭게 공존했던 삶의 방식을 다시 고민하는 데서 나올 수 있다고 주장했다.

그는 가장 먼저 농사에 주목했다. 삶의 가장 중요한 토대인 먹을거리의 생산에서 땅을 파괴하지 않는 농사, 곧 유기농에 관심을 가졌다. 그리고 생산자인 농부에게 정당한 댓가가 주어지게끔 하는 방식으로서 소비자와의 직거래, 도농 직거래를 고민했다. 그 틀은 계속 실험해왔던 협동조합의 방식이었다. 이런 고민을 바탕으로 1982년부터 그가 이끄는 원주캠프에서 유기농업을 시작하게 되었다. 1984년에는 유기농산물 직거래를 위한 원주 소비자협동조합을 공식 창립하였다. 이어 1986년 서울에 '한살림'이라는 이름의 간판을 내걸면서 생명운동을 본격적으로 시작하게 되었다.

'한살림'이란 이야기 그 자체가 뭐냐. 생명이란 얘기거든. 하나란 말이야, 나눌 수 없는 거다 이 말이야. 예를 들어서, (…) 땅이 없인 살 수 없잖아요? 하늘이 없인 살 수 없지요. 전체가 없이는. 그런 관계로서 봤을 적에 저 지상에 있는 돌이라든가 풀이라든가 벌레라든가 모든 관계는, 이게 분리될 수가 있습니까? 분리할 수가 없어요. 하나지. 그렇기 때문에 일체의 존재는 우주에서 어떻게 분리할 수가 있겠어요.[10]

'한살림'은 너도 살고 나도 사는, 모든 생명이 함께 살 수 있는 방법을 오래 고민한 끝에 나온 생명운동이었다. '한살림'에서 '한'은 전체이면서 하나인 전일성(全一性, holisticity)을 의미하며, '살림'은 집안살림에서 지역살림, 나아가 지구살림에 이르는 뭇 생명의 협동적인 활동을 의미한다.[11] 따라서 '한살림'은 한마디로 '전일적인 생명의 이념이자 활동'이라고 할 수 있다. 여기서 가장 중요한 것은 우리 모두가 연결되어 있다고 하는 연대성과 전일성에 대한 자각이다.

나라고 하는 존재는 고정적으로 있는 것이 아니라 일체의 조건이 나를 있게끔 해준 것이지 내가 내 힘으로 한 게 아니다 이 말이야. 따지고 보면 내가 내가 아닌 거지. 그것을 알았을 적에 생명의 전체적인 함께하심이 어디에 있는 줄 알 것이고, 우리가 연대관계 속에 유기적인 관계 속에 있으면서, 헤어질 수 없는 관계 속에 있으면서, 그러면서 투쟁의 논리가 아니라 화합의 논리요 서로 협동하는 논리라는 그런 시각으로 봤을 때에 비로소 우리가 존재할 수 있다고 하는 새 시각 속에서 우리 한살림공동체 이야기도 될 수 있겠지.[12]

이러한 한살림운동의 비전과 방향은 1989년 10월 29일 '한살림모임'

10 같은 책 32면.

11 모심과살림연구소 『죽임의 문명에서 살림의 문명으로: 한살림선언 다시 읽기』, 한살림 2010, 103면.

12 장일순, 앞의 책 41면.

창립총회에서 발표된 「한살림선언」에 잘 명시되어 있다. 한살림모임은 유기농산물의 직거래를 매개로 생활공동체운동을 펼치던 한살림소비자협동조합(현재 한살림)과 함께 또다른 축으로 생명문화운동을 펼치기 위해 발족했다. 당시 한살림모임에는 무위당 장일순을 비롯하여 시인 김지하, 최혜성, 박재일 등 주로 원주 지역에서 활동하던 사회운동가들을 중심으로 약 60여명이 참여하였다. 이들은 1년여에 걸쳐 공동체운동과 세계의 협동운동, 환경위기와 생태주의, 동학을 비롯한 전통사상 등 다양한 분야에 걸친 공부모임을 진행해 세계사의 흐름을 검토하고 토론을 통해 정리한 내용을 최혜성이 대표 집필하여 「한살림선언」으로 발표하였다.

「한살림선언」이 제시하는 한살림운동의 비전과 방향을 살펴보면, 먼저 현재 산업문명의 위기를 깊이 절감하면서 자본주의든 사회주의든 물신숭배와 전체주의, 인간 소외와 생태계 파괴가 만연한 '죽임의 문명'이기 때문에 이를 대체할 새로운 '살림의 문명'을 선언한 점이 두드러진다. 「한살림선언」은 현 산업문명의 위기를 '핵위협의 공포, 자연환경의 파괴, 자원고갈과 인구폭발, 문명병의 만연과 정신분열적 사회현상, 경제의 구조적 모순과 악순환, 중앙집권화된 기술관료체제에 의한 통제와 지배, 낡은 기계론적 세계관의 위기'라는 일곱가지 측면에서 논한다. 이 중에서도 가장 근본적인 문제를 기계론적 세계관으로 보고, 이를 다시 2장에서 다루고 있다. 3장에서는 이에 대한 대안으로 '전일적 생명의 세계관'을 제시하는데, 그 사상적 기초를 당시 신과학운동과 유럽의 녹색운동을 참조하면서 동학을 비롯한 전통사상에서 가져오고 있다. 특히 4장 '인간 안에 모셔진 우주생명'은 동학의 '시천주(侍天主)'를 중심으로 새로운 생명사상을 전개하고 있는데, 4장 자체가 동학에 대한 탁월한 현대적 재해석이기도 하다.

5장에서는 이러한 새로운 세계관의 확립을 위한 '한살림운동'의 방향성을 제시한다. 한살림운동은 결국 '전일적 생명의 세계관 확립'을 목적으로 하는데 이를 위해서는 단순히 사상운동만으론 안 되고 삶을 바꾸는 운동, 즉 '새로운 생활양식의 창조'를 병행해야 한다는 점이 강조된다. 그리고 이를 실현하려면 먼저 각성(覺醒)이 요구된다고 하였다. 이는 세가지 각성, 생명에 대한 우주적 각성, 자연에 대한 생태적 각성, 사회에 대한 공동체적 각성으로 나누어진다. 이러한 각성에 바탕해서 새로운 인식, 가치, 양식을 지향하는 '생활문화활동', 생명의 질서를 실현하는 '사회실천활동', 그리고 자기실현을 위한 '생활수양활동'을 제시한다.[13]

장일순이 말년에 가장 힘쓴 것이 바로 이 한살림운동이었다. 한살림운동은 단순히 좋은 먹거리를 위한 소비자운동으로 시작된 것이 아니라 현재 산업문명을 죽임의 문명으로 보고 그에 대한 대안으로서 살림의 문명을 제시했으며, 그것을 위한 전환운동, 생명운동, 살림운동을 세계관의 차원에서 제기했던 근본적 문명전환운동이자 개벽운동이었다. 장일순의 생명사상과 생명운동, 협동조합운동, 그리고 그동안의 원주캠프의 현장운동이 이 '한살림'으로 총집결되었던 것이다.

3. 걸어다니는 동학, 이 시대의 해월

이 과정에서 장일순은 동학의 생명사상에서 사회적·윤리적·생태적 근본원리를 발견하고, 동학을 과거의 유물이 아니라 오늘날 가장 긴요한 대

13 「한살림선언」에 대해서는 모심과살림연구소 『죽임의 문명에서 살림의 문명으로』, 한살림 2010 참고.

안적 삶의 양식으로 되살려내었다.

> 동학은 물질과 사람이 다 같이 우주생명인 '한울'을 그 안에 모시고 있는 거룩한 생명임을 깨닫고, 이들을 '님'으로 섬기면서(侍) 키우는(養) 사회적·윤리적 실천을 수행할 것을 촉구하고 있다고 한다. 자연과 인간을 자기 안에 통일하면서 모든 생명과 공진화해가는 한울을 이 세상에 재현시켜야 할 책임이 바로 시천(侍天)과 양천(養天)의 주체인 인간에게 있다고 한다.[14]

장일순은 3·1 혁명의 비타협·비폭력 정신이 동학의 정신이며, 이는 아시아의 고유 정신인 유불선을 아울렀다고 하면서, 동학의 시천주와 사인여천 사상과 경천·경인·경물의 정신을 찾는다면 인간과 하늘, 사람과 자연이 동귀일체(同歸一體)되는 사회를 만들고 인류와 지구촌을 구원할 수 있다고 하였다. 그리고 이러한 동학의 정신에 바탕해서 모든 종교가 자기의 울타리를 내리고 이 지구촌의 평화와 공존을 위한 노력을 함께 경주해야 한다고 역설하였다.

그가 동학을 알게 된 것은 해방된 다음해인 1946년이었다고 한다. "1946년에 수운 최제우와 해월을 알게 되었지요. 영원한 세계, 이 땅에서 행복하게 살 수 있는 말씀들을 다 가지고 있더라구요."[15] 그는 동학에 대한 연구가 별로 없었던 1970~80년대부터 동학의 핵심이 시천주, 즉 '모심'에 있음을 간파하고 모심에 바탕한 생명운동을 주창한다.

> 천지자연의 원칙대로 그 돌아감을 깨닫고 이해하면서 그것에 맞춰서 생활

---

14 장일순, 앞의 책 161면.

15 같은 책 183면.

에 동참하는 것, 그 속에서 일을 처리해나갈 때 그때 자기의 본의든 본의가 아니든 시(侍, 모심)의 틀 속에서 생활해나가게 됩니다. 생명운동이란 전체를 모시고 가는 하나의 생활 태도가 아닌가 저는 그렇게 생각해봅니다. 그러니까 이 구석을 봐도 시(侍)고 저 구석을 봐도 시고 시 아닌 것이 없지요. 전부가 시지요.[16]

수운 최제우가 1860년 경신년 4월 5일에 깨달은 것이 바로 시천주였다. 모든 사람이 한울님을 모시고 있다는 것이다. 나라는 존재는 고립적·원자적 존재가 아니라 우주적 기운 속에서 다른 생명들과 연결된 존재이며, 모든 사람은 자기 안에 거룩한 한울님을 모신 존엄한 존재라는 것이다. 한울님 기운 속에 내가 살고, 내 안에 한울님이 살고 계신 것이다. 장일순은 이것을 기독교적 용어로 다음과 같이 표현하기도 했다.

'내 안에 아버지가 계시고 아버지 안에 내가 있다'는 이야기의 도식이 앞으로의 문화, 앞으로 살아갈 수 있는 근원이 되는 공생의 시대에 있어서의 사상이요, 핵심이란 말입니다. 풀 하나, 돌 하나, 벌레 하나를 보았을 때 함부로 꺾지 않고 함부로 살생하지 않는 바로 그것이 중요하다는 말입니다. 그것들 일체가 이용의 대상이 아니란 것입니다.[17]

수운은 당시 세상 사람들이 한울님이 없다고 하면서 각자위심(各自爲心), 즉 자기만을 위하는 이기심에 빠진 것을 가장 한탄했다. 반면 한울님

---

16 김익록 엮음 『나는 미처 몰랐네 그대가 나였다는 것을: 무위당 장일순 잠언집』, 시골생활 2012, 162면.

17 장일순, 앞의 책 127면.

을 믿으면서도 그 한울님을 초월적 절대자로 상정해서 복을 비는 세속적인 신앙 행태도 탄식했다. 수운에 따르면 한울님은 초월적 절대자가 아니라 이 우주에 가득찬 영기(靈氣)이자 모든 사람들에게 내재하는 거룩한 신성(神性)이다. 그것이 인간의 조건이자 인간의 본질이라는 것이다. 이 사실을 잊을 때, 자기밖에 모르는 교만과 탐욕과 불안에 빠지게 된다. 장일순은 이러한 수운의 본의를 제대로 간파했다. 나라는 존재가 우주생명 속에 나서 살고 있으며 내 안에 역시 우주생명이 살고 있음을 그리고 우리 모두는 보이지 않는 차원에서 뭇 생명들과 깊이 연결되어 있음을 깨닫는 것이 앞으로의 문화의 핵심이라는 것이다. 그는 이로써 나라는 존재의 근본과 무궁성을 알고 나아가 모든 존재를 모시고 공경하는 실천으로 향하는 것이 지금의 위기를 극복할 수 있는 사상이라고 갈파했다.

따라서 장일순은 돈을 모시지 말고 생명을 모시고, 쇠물레를 섬기지 말고 흙을 섬기며, 눈에 보이는 겉껍데기를 모시지 말고 그 속에 든 값진 알짜를 모시고 섬길 때만이 마침내 새로운 누리가 열릴 수 있다고 했다. 또 이러한 시천주의 모심에 바탕을 두어야 진정한 화해와 모든 문제의 해결이 가능할 것이라고 하였다.

그러므로 주객으로 나뉘어 상대적 조건 하에서 하느님의 실체를 보려고 하거나 어떠한 세상의 문제를 해결하려고 했을 때 그것은 맞아떨어질 수가 없습니다. 그러므로 하느님을 중심으로 사랑 속에서 회개와 용서가 이루어지는 삶 속에서만이 오늘날의 인간과 인간 사이의 문제, 인간과 자연과의 문제의 실마리가 풀릴 것입니다. 용서와 회개는 하느님을 모시고 있다는 전제가 없으면 세상의 저속한 이해관계에 머무르는 일시적 행위에 그치고 마는 것이 보통입니다. 그러나 하느님을 모시고 있다는 상황에서의 회개와 용서는 바로 하느님

과의 화해요, 주와 객이 해소되고 하나가 되는 일치의 삶의 실천이 되는 것입니다.[18]

이처럼 장일순은 동학사상의 핵심을 '모심'으로 요약했고 평생의 삶을 통해 실천했다. 그는 특히 해월 최시형을 깊이 사모하였다. 그는 해월이야말로 이 땅에서 우리 겨레가, 또 온 세계 인류가 어떻게 살아가야 하는가를 정확하게 일러준 인물이라고 하였다.

> 우리 겨레로서 가장 자주적으로 사는 길이 무엇이며 또 그 자주적인 것은 일체와 평등한 관계에 있어야 한다는 것을 그는 설명해주셨지요. 눌리고 억압받던 이 한반도 100년의 역사 속에서 그 이상 거룩한 모범이 어디 있겠어요? 그래서 저는 해월에 대한 향심이 많지요. 물론 예수님이나 석가모니나 다 거룩한 모범이지만 해월 선생은 바로 우리 지척에서 삶의 가장 거룩한 모범을 보여주고 가셨죠.[19]

장일순의 책상에는 늘 해월의 사진이 있었다고 한다. 그리고 그가 사람들에게 가장 많이 써준 글귀는 해월의 '만사지 식일완(萬事知 食一碗)'이었다고 한다. 밥 한그릇에 만사의 이치가 다 들어 있다는 뜻이다. 또 '일완지식 함천지인(一碗之食 含天地人)', 밥 한그릇에 우주가 있다는 뜻의 글귀도 종종 써주었다. 장일순의 책 이름이기도 한 '나락 한알 속의 우주'는 해월의 '이천식천(以天食天)'의 현대적 표현이기도 하다.

---

18 같은 책 21~22면.
19 김익록 엮음, 앞의 책 106면.

하늘이 하늘을 먹는다는 말씀이지, 천주교에서는 의식을 딱 하고서는 축성을 한 다음에 그게 예수님의 몸이라고 생각하거든. 그런데 그건 풀이로 보아서 한참 모자라는 거지. 해월 이야기로는 하늘이 하늘을 기르는 거니까 뭐 기도를 드리고 말고도 없이 이미 하늘이야. 그런데 우주가 존재하지 않으면 나락 하나가 안되잖아요. 나락이 작다고 해서 그게 결코 작은 게 아니지. 그러니 생명운동 하는 사람에게 있어서는 대소 개념이 문제가 되는 게 아니지. 크고 작은 것을 초월해야 하고, 선악을 초월해야 하겠지.[20]

장일순은 이천식천을 나락 한알에 우주가 함께하신다는 뜻으로 해석한다. 그래서 식사할 때마다 거룩하고 영광된 제사를 지내는 것이라고 한다. 밥알 하나, 티끌 하나에도 대우주의 생명이 깃들어 있으며 밥 한사발을 먹는 것도 우주가 함께하시니까 가능하다는 자각이다. 김종철은 해월을 '이천식천의 사상가'로 명명하면서 "해월에서 장일순으로 이어지는 사상의 흐름은 한국의 근현대 정신사에서 참으로 희귀한 사상의 맥을 형성하고" 있으며, "해월 선생의 '이천식천'이라는 개념에서 우리가 느끼는 것은 비할 수 없이 심오한 종교적 감수성"이라고 표현한 바 있다.[21]

장일순이 이천식천만큼 좋아한 해월의 사상은 '향아설위(向我設位)'였다.

특히 내가 좋아하는 것은 '향아설위'라는 거예요. 그것은 종래의 모든 종교에 대한 대혁명이죠. 늘 저쪽에다 목적을 설정해놓고 대개 '이렇게 이렇게 해주시오' 하고 바라면서 벽에다 신위(神位)를 모셔놓고 제사를 지내는데, 그게

---

20 장일순, 앞의 책 260면.

21 김종철 『간디의 물레』, 녹색평론사 1999, 218면.

아니라 일체의 근원이 내 안에 있다. 즉 조상도 내 안에 있고 모든 시작이 내 안에 있으니까, 제사는 내 안에 있는 영원한 한울님을 향해 올려야 한다는 말씀이에요.[22]

벽을 향해서가 아니라 나(후손)를 향해 제사상을 차린다는 것은 조상이 사후 저세상에 있다가 제삿날 벽을 타고 밖으로부터 오지 않고 자손의 심령과 혈기 속에 함께하고 있다는 인식에 따른 것이다. 이는 저 벽 쪽, 과거 조상들의 시간을 향했던 신 중심의 수직적인 관습을 자기에게로, 지금 여기에 실존하는 삶과 생명으로 되돌리는 것을 의미한다. 죽은 조상을 위하기에 앞서 옆에 있는 사람을 먼저 공경하는 것이 바로 향아설위의 정신이다. 한울님과 조상님도 결국 내 안에 계신 것이다. 일체의 근원이 나에게 있으며 과거 현재 미래, 전우주가 나로부터 시작하고 나에게로 수렴된다는 것이다.

장일순의 종교는 가톨릭이었지만, 불교와 노자도 깊이 이해했고 무엇보다도 동학을 마음 깊숙이 사랑했다. 그의 사상은 이미 특정 종교의 틀을 넘어섰지만, 그렇다고 결코 종교인으로서의 삶을 떠나지 않았다. 그는 이렇게 말했다. "민중은 삶을 원하지 이론을 원하지 않아요. 이제부터는 정당이나 정치로는 한계가 있어요. 간디와 비노바 바베의 실천 사례에서 배워야 돼요. 종교로 우회할 수밖에 없어요. 그러자면 사회 변혁의 정열 이외에 영혼 내부의 깊은 자성의 태도가 필요할 것입니다."[23]

그가 꿈꾼 것은 인간과 인간이, 나아가 인간과 자연이 조화롭게 공존하는 세상이었다. 그 길은 동학에도 있고 다른 종교에도 있다. 문제는 사람

---

22 김익록 엮음, 앞의 책 112면.
23 같은 책 95면.

들이 종교의 창시자가 본디 가리키는 곳을 보지 않고 단지 그 손가락만 본다는 데 있다.

> 모든 종교는 담을 내려야 합니다. 모든 종교의 말씀은 같아요. 어차피 삶의 영역은 우주적인데 왜 담을 쌓습니까? 그것은 종교의 제 모습이 아닙니다. 담을 내려야 합니다. 너는 어떤 종교, 나는 어떤 종교라는 걸 존중은 하되 생활과 만남에 있어서는 나누어져서는 안 됩니다. 생명은 '하나'니까요.[24]

어떤 면에선 세계적 종교의 가르침은 존재와 생명의 실상, 그리고 인간의 참된 길에 대한 가르침이라고 할 수 있다. 그런 점에서 대부분의 종교적 가르침은 생명사상이기도 하다. 그 '하나'의 생명에 귀의할 때, 우리는 자기중심주의를 넘어서서 진정한 자비와 공감의 영성, 모심과 살림의 실천으로 나아갈 수 있지 않을까 한다.

그는 평생을 좁쌀 한알처럼 모든 사람들을 한결같은 마음으로 모시고 섬겼으며, 누구보다도 시대의 곤경을 안타까워했다. 가장 가까이에서 우리에게 참다운 인간의 길을 다시 일러준 이 시대의 스승, 특히 생명의 위기의 시대에 이 위기를 타개할 수 있는 개벽적 사유로서의 생명사상을 제시한 이가 바로 장일순이다. 어떤 측면에선 동학의 '다시개벽'을 가장 깊이 이해하고, 특히 해월 최시형의 심정에 가장 가까이 다가가 새로운 문명의 실천적 사유와 운동으로 재해석해낸 이가 바로 장일순이라고 할 수 있다.

---

24 같은 책 93면.

4. 김지하의 「개벽과 생명운동」

장일순을 이어서 1980년대 생명운동의 이론적 체계로서 생명사상을 정립하고, 개벽의 길로서 생명운동을 전개한 이가 김지하(金芝河, 1941~2022)이다. 한때 반유신투쟁의 아이콘이기도 했던 그는 서울대학교 미학과를 졸업하고, 1969년 『시인』에 「황톳길」 등 5편의 시를 발표하며 시인으로서 작품활동을 시작했다. 1964년 '대일굴욕외교 반대투쟁'에 가담해 첫 옥고를 치른 후 '오적 필화 사건' '비어(蜚語) 필화 사건' '민청학련 사건' '「고행… 1974」 필화 사건' 등으로 7년 넘게 투옥되는 고초를 겪기도 하였다. 감옥에 있는 동안 '새 차원에서 사람들을 묶을 수 있는, 새롭고 탁월한 사상과 철학'을 고민했으며, 이를 위해 생태학, 선불교, 떼야르 드 샤르댕(Pierre Teilhard de Chardin)[25], 그리고 동학을 깊이 공부했다고 한다. 1980년 출옥 이후 장일순과 더불어 생명운동을 이끌었으며 생명사상의 정립에 온 정열을 쏟았다.

한편 그는 1991년 일명 분신정국에서 조선일보에 투고했던 글 「죽음의 굿판을 걷어치워라」로 인해 진보진영으로부터 '변절했다'며 많은 비난을 받기도 하였다. 그런데 사실 그는 변절한 것도 전향한 것도 아니다. 그는 1960년대부터 이미 맑스주의에 바탕한 사회변혁과는 다른 차원의

---

25 프랑스의 철학자이자 고생물학자. 인간은 마지막 정신적 통일체를 향해 정신적·사회적으로 진화하고 있다는 이론으로 유명하다. 1938년 주저인 『인간현상』의 집필을 시작했다. 진화를 완성되지 않은 과정으로 보았으며, 진화의 연속성을 나타내는 용어들을 새로 만들었다. '우주발생'(cosmogenesis)은 인간이 중심인 세계의 발전, '정신발생'(noögenesis)은 인간정신의 성장, '인간화'(hominisation)와 '초인간화'(ultra-hominisation)는 인간화의 단계를 가리킨다. 그밖의 저작으로는 『인간의 상황』(*L'Apparition de l'homme*, 1956) 같은 철학 에세이들과 주로 포유류의 고생물학에 관한 과학연구서들이 있다.

사상, 민족 고유의 사상 속에 현대의 문화적 요동을 함께 담아 새 차원으로 끌어올릴 수 있는 그 '씨올'이 무엇인가 고민해왔다.[26] 그러므로 처음부터 더 근본적인 차원에서 전환의 사상을 고민했던 사람이었으며, 내면의 평화와 외적인 변혁을 동시에 추구했던 사람이었다. 그런 점에는 그는 애초에 개벽파였던 것이다. 그는 스스로 "나는 그때나 지금이나 그것, 그 '중심의 씨올' 같은 '초점'을 찾아 헤매는 한 사람의 구도자일 뿐이지 단련된 투사나 철두철미한 혁명가가 전혀 아니다"[27]라고 회고했다.

감옥에서 쇠창살의 틈으로 자라난 개가죽나무와 회색 콘크리트 바닥에 피어난 꽃을 보며 '생명'을 자각하게 되었다는 김지하의 고백은 잘 알려져 있다.

> 그때가 마침 봄이었는데, 어느날 쇠창살 틈으로 하얀 민들레 꽃씨가 감방 안에 가득히 날아 들어와 반짝거리며 허공 중에 하늘하늘 날아다녔습니다.
>
> 참 아름다웠어요. 그리고 쇠창살과 시멘트 받침 사이의 틈, 빗발에 패인 작은 홈에 흙먼지가 날아와 쌓이고 또 거기 풀씨가 날아와 앉아서 빗물을 빨아들이며 햇빛을 받아 봄날에 싹이 터서 파랗게 자라 오르는 것, 바로 그것을 보았습니다.
>
> 개가죽나무라는 풀이었어요. 새삼스럽게 그것을 발견한 날, 웅크린 채 소리죽여 얼마나 울었던지! 뚜렷한 이유도 없었어요. 그저 '생명'이라는 말 한마디가 그렇게 신성하게, 그렇게 눈부시게 내 마음을 파고들었습니다.[28]

---

26 김지하 『흰 그늘의 길 2』, 학고재 2003, 69면.

27 같은 책 95면.

28 김지하 『생명학 1』, 화남 2003, 61면.

이 체험 이후로 그는 '생명'이라는 말 한마디에 매달리기 시작했다고 고백한다. 그동안 읽어온 모든 종교 경전과 과학 서적의 내용이 다 '생명' 이라는 한마디와 연결되면서 새로운 의미를 가지게 되었다는 것이다. 생명을 하나의 화두로 하여 떼야르 드 샤르댕의 고생물학과 최신 진화론의 과학, 서양과학과 동양역학의 새로운 창조적 통합, 그리고 사회생태학과 선불교를 아우른 '신동학(新東學)'으로 나아갔으며, 이를 통해 생명사상과 생명운동의 방향을 구상하였다. "그것은 전 문명사적 전환운동이며 새로운 패러다임이고, 나아가 민초 대중의 구체적이고 일상적인 생활개혁운동으로부터 그것을 시작해야 한다는 것, 바로 그 때문에도 동학은 현대의 우리 생명운동, 생명사상의 모태가 되어야 하며, 바꿔 말하면 동학의 현대적 재창조가 곧 생명사상, 생명운동이라는 결론에까지 도달하게 된 것"[29]이라고 한다.

그의 생명운동은 곧 개벽운동이었다. 그 점이 가장 잘 녹아 있는 문건이 「개벽과 생명운동」이라는 글이다. 1991년 8월 14일 천도교대교당에서 행한 강연을 정리한 이 글은 '저는 찢어진 사람입니다'라는 고백으로 시작한다.

> 그러나 이렇게 생명이 파괴된 인간이 그래도 대지를 딛고 이 세상, 이 장바닥에서 숨을 쉬며 살아 있을 수 있는 유일한 이유는 옥중에서 읽었던 수운·해월 선생의 시천주 사상, 그로부터 내 안에 무궁한 우주 생명이 살아 있고 내가 비록 병들고, 못나고, 윤리적으로 타락한 인간이라 하더라도 나의 근본에는 한도 없고, 처음도 끝도 없는 우주생명이 살아 있다는 생각, 그리고 모든 이웃들과

29 같은 책 63면.

동식물, 무기물, 우주 전체에까지 나의 생명은 연결되어 있어서 과거·현재·미래가 내 안에 하나로 연속하고 있기 때문에 내가 병들거나 죽더라도 결코 소멸하지 않는다는 생각, 바로 이 생각 하나 때문이었습니다.[30]

김지하는 서양이 동양을 침략하고 제3세계에서 인간과 사회, 문명과 문화와 자연생태계를 파괴하며 자기들의 문명을 강요했지만, 그들의 기계문명, 산업문명은 활동하는 우주생명을 상실한 것이었다고 비판한다. 그리고 수운 선생은 바로 그 지점, 생명 질서로부터의 극심한 이탈, 제국주의적 침략과 생명 파괴 속에서 개벽의 조짐을 보았던 것이라고 역설한다. 그에 따르면 '개벽'이란 한마디로 말해서 우주 질서 전체가 바뀐다는 뜻이며 우주 질서의 변화 속에서 인간의 질서, 인간의 역사적인 모든 조건 또한 변한다는 뜻이고 5만년의 인류문명사 전체가 대전환한다는 뜻이다. 개벽은 우주적인 사건인 동시에 인류문명사의 구체적인 대전환이며 인간 자신의 정신혁명과 사회적인 실천에 의해서 이루어져야 할 혁명적 전환이다.[31] 따라서 그에게 개벽은 생명 질서로부터 이탈된 기존 문명을 새롭게 되돌리는 것을 의미하며 그 방법이 곧 생명운동인 것이다.

개벽은 천도요, 인사는 생명운동이라고 저는 믿습니다. 인간, 사회, 자연생태계의 파괴와, 근원적 우주생명의 질서로부터의 이탈이 극에 달한 현실 속에서 그 생명의 본성을 인식하고 그 생명의 본성과 질서에 따라서 살려고 하는 생명운동을 통해서만이 개벽을 실천할 수 있다고 저는 믿습니다.[32]

---

30 김지하 「개벽과 생명운동」, 『생명』, 솔 1992, 17~18면.

31 같은 글 22면.

32 같은 글 35면.

그는 지금의 문명에서 진행되는 인간과 사회와 자연생태계의 심각한 파괴가 근원적 우주생명의 질서로부터 이탈한 데서 비롯됐다고 갈파한다. 따라서 이를 되돌리기 위해서는 정치·경제·사회·교육·노동·통일·농업·여성 등 모든 분야에서 생명의 세계관에 입각한 실천을 해야 한다고 강조했다. 한국의 진보적 사회운동이 여전히 맑스의 틀을 못 벗어나고 있는 상황에서, 더 근본적인 차원에서 생명의 원리와 질서에 입각한 새로운 생태문명을 역설하였던 것이다.

김지하는 이를 위해서 생활 속에서 생명의 귀중함을 깨닫는 소비자운동, 깨끗한 자연 농산물을 구입하는 운동이나 농민 생산자들에 의한 협업적인 공동체 유기농운동 등을 강조했으며 이것과 소비자운동을 결합하는 생명공동체운동을 주장했다. 이런 문제의식에서 '한살림소비자협동조합'이 구현되었던 것이다. 그러나 이것에 앞서서 혹은 이것과 나란히 중시해야 할 것은 세계관운동이며, 그것이 곧 가치관운동, 정신운동, 각성운동, 생명의 문화운동이라고 그는 강조한다.

> 아무리 풀뿌리 지역운동, 생명운동을 하고 변혁운동을 해서 사회를 바꾸어 놓는다 하더라도 '마음보'가, 정신이, 넋이 바뀌지 않으면 소용없다는 것이었다. (…)
>
> 〔'마음보'를 가꾸는 운동이〕 문화운동이다. (…) 어떤 문화? 물론 생명문화운동일 것이다. 생명문화운동은 곧 영성운동이다. 영성적인 문화운동이 강화될 때 생명운동, 생태운동, 풀뿌리운동은 따라서 강화된다.[33]

---

33 김지하 『흰 그늘의 길 3』, 학고재 2003, 253면.

마음보, 곧 정신을 바꾸는 운동을 병행하지 않고 단지 사회적 외형인 정책과 제도만 바꾸는 것으로는 한계가 있으며 근본적인 변화를 이끌어내기가 어렵다는 것이다. 정권이 바뀌어도, 제도가 바뀌어도 살림살이가 나아지지 않은 것은 바로 이 때문인지도 모른다. 따라서 생명의 문화운동은 다음의 여섯가지 내용을 포함해야 한다.

첫째는 '인간의 자기실현'이다. 여기서 자기실현은 동학의 시천주를 자각함으로써 내 안에 무궁한 우주생명을 모시고 있다는 것을 확실히 체득하고, 나 자신이 우주생명의 질서에 일치하며, 우주와 같이 무궁한 존재임을 자각하는 것을 의미한다. 이는 결국 자기수양운동이다.

둘째는 '생명공동체 건설'이다. 이는 생명의 원리, 생명의 사상이 정치·경제·사회 전반에 걸쳐 구체화되어 나타나야 한다는 것이다. 예를 들면 정치에서는 진정한 지방분권·주민자치·풀뿌리민주주의·직접민주주의·자율지배권 등 생명·생태의 기초 원리에 입각하여 각각의 다름과 지역의 특징을 존중하면서 마을 주민이 직접 참여하는 정치로 나아가야 한다는 것이다. 또 경제에서도 마찬가지로 지역을 중심에 놓고 유통·금융·서비스 등 전 분야에 걸쳐 지역주민들의 살아 있는 경제생활에 대응하는 자립적 경제공동체 건설운동을 함께 실천해야 한다는 것이다.

셋째는 '생태계의 균형 회복'이다. 기존의 유물론적 과학이 아닌, 생명사상에 입각하여 생물학·미생물학·생태학 등을 발전시켜서 생태계의 균형을 회복하자는 것이다. 예를 들면 밭의 독초나 독충을 구제하는 데 오리를 활용하거나 강물의 오염을 정화하는 데 수초를 양식하는 등, 생명에 의한 생명의 구제 혹은 한울이 한울을 먹는 이치, 먹이사슬의 원리를 이용하여 환경과 생태계 문제를 해결하는 방법을 모색하자는 것이다.

넷째는 '중도적 민족통일'이다. 여기서 중도란 자본주의와 사회주의의 양극단을 배제하되 중간 사잇길도 아닌, 불교에서 이야기하듯이 이변비중(離邊非中)의 의미이다. 전혀 새로운 차원과 방향에서 운동이 시작돼서 양극단과 중간까지도 흡수·포섭하여 어우러지게 하는 것이다. 민족통일 역시 생명사상에 입각해서, 생명의 원리가 존중되는 새 문명을 창조하는 전망 아래 구상되어야 한다는 것이다.

다섯째는 '새로운 문명의 창조'이다. 새롭게 창조되어야 할 새 문명은 내 안에 우주생명이 있음을 인정함으로써 자기 공경과 실현의 길로 나아가며 타인 속에 우주생명이 있음을 인정하고 공경함으로써 진정한 공경의 공동체가 이루어지는 문명을 말한다. 나아가 동식물과 무기물 속에 다 같이 우주생명이 살아 있다는 생각을 과학적으로 입증하고 자연 생태계와 인간의 화해와 공생관계를 원천적으로 회복하며 우주적인 생명질시와 자기의 생명질서를 연결시키는 것이 전사회적으로 보장되는 문명사회를 만들자는 것이다.

여섯째로 '우주와 인간 간의 관계 정립'이다. 지금의 우주시대에는 새로운 우주종교가 필요하다. 진화하는 우주, 우주의 진화하는 마음을 신으로 보고, 신을 진화하는 마음의 주체, 진화하는 우주의 주체로 보는 새로운, 과학적이면서도 신비주의적인 우주종교의 출현이 요청된다. 김지하는 이러한 우주종교의 한 가능성이 한반도 역사에서 나타난 것이 바로 수운의 동학이라고 주장한다.[34]

김지하는 이러한 문화운동이 각양각층의, 다방면의 사람들 속에서 여러가지 형태로 일어나야 하며, 특히 청년·학생들을 중심으로 하는 전위

---

34 생명문화운동의 여섯가지 내용의 세부는 「개벽과 생명운동」, 『생명』, 59~71면 참조.

운동으로 나타나야 한다고 강조한다.

김지하는 특히 '인간의 자기실현'을 가장 중시한다. 그는 새로운 인간, 영적 인간, 정신적 인간의 출현 없이는 개벽이 실현되기 어렵다고 본다. 인간의 자기실현이 곧 영성이다.

> 자기 안에 우주생명이 살아 있고 모든 사람 안에 우주생명이 살아 있음을 인정함으로써 서로 공경하며 동식물과 무기물도 우주 삼라만상 전체의, 눈에 보이지는 않으나 광활한 적막 속에서 끊임없이 창조적으로 활동하는 하나의 큰 생명의 테두리 속에, 영겁의 한 흐름 속에 일치되고 있다는 이 믿음을 각성하고 실천할 때, 바로 그것이 영성이며 영적 인간이라고 생각합니다. 이와 같이 각성된 인간이 나타날 때 새 문명이 나타날 것이며 새 문명의 씨앗 모습이 우리의 생활 속에 나타남과 동시에 민족통일의 새 지평이 열릴 것을 믿습니다.[35]

'자기 안의 우주생명'을 찾아 회복하는 것, "나의 근본에는 한도 없고, 처음도 끝도 없는 우주생명이 살아 있다는 생각, 그리고 모든 이웃들과 동식물, 무기물, 우주 전체에까지 나의 생명은 연결되어 있어서 과거·현재·미래가 내 안에 하나로 연속하고 있"다는 자각이 새로운 생태문명의 기초이자 새로운 주체가 갖추어야 할 자질이라고 김지하는 말한다. 그는 수운의 '무위이화'를 우주생명의 질서에 합덕(合德)해서, 즉 일치해서 살려고 하는 '인위적 무위', 곧 적극적인 천도의 실천으로 해석한다. 그리고 천도, 즉 우주생명의 질서를 인식하고 그 질서에 맞춰서 사는 새로운 운동, 바로 생명운동이 실천적으로 벌어지지 않으면 안 된다고 역설한다.

---

35 같은 글 73면.

그는 이와 같은 생명운동이 초기 단계부터라도 일단 나타나기 시작하면 모든 사람들 속에 있는 부정적인 체험, 죽임의 체험, 어두운 체험, 종교적으로 이야기하면 일종의 죄 체험 같은 것들이 삶의 정열로, 개벽의 정열로, 생명의 정열로 뒤바뀔 것이며 강력한 우주적 낙관주의 위에 서서 삶을 재건해나갈 것이라 본다. 그리고 지금 다가오는 혼란과 파국을 바로 그 '대전향'의 영성적인 열기로 극복하여 개벽을 성취할 것이라고 다소 낙관적인 전망으로 「개벽과 생명운동」을 마무리한다.[36]

「개벽과 생명운동」은 「한살림선언」에서 한걸음 더 나아가 좀더 구체적인 개벽의 로드맵을 제시한 문건이라고 할 수 있다. 이 로드맵은 이후 『생명학 2』에서 주민자치, 시민의회운동, 조화정치와 자치, 생명지향적 농업, 새로운 노동운동, 중소기업 육성 방향, 지역신용 창출운동, 시장의 성화(聖化), 이중 경제론, 동북아 생명공동체와 통일 등 좀더 구체화된 논의로 나타나기도 하였다.[37]

5. 흰 그늘의 미학

1999년 무렵 그동안의 모든 분열적 생각과 사상 마련과 공부, 생명운동, 시학이 총결집되어 나타난 개념이 바로 '흰 그늘'이다. 1960년대 서울대학교 미학과를 다니면서 민족민중예술, 민족미학을 고민했고 「황톳길」 「오적」 등을 발표하면서 시인으로서 1970년대 반유신독재 투쟁에 앞장섰다가 1980년대부터 생명사상을 주창하며 생명운동가로 살아온 그

36 같은 면.

37 김지하 『생명학 2』, 화남 2003.

가 '흰 그늘'을 통해 분열된 자의식과 정체성을 통합하고 그동안 고민해 온 미학과 생명론을 연결하게 된 것이다. 그의 회고록 제목이 '흰 그늘의 길'인 것도 그의 삶의 역정이 결국 '흰 그늘'을 발견하기 위한 과정이었다는 것을 암시한다.

> '흰 그늘'의 묵시는 내 정신의 분열, 내 상상력의 균열에 하나의 통합적 근거와 창조적 방향을 주었다.
>
> '흰 그늘'은 나의 미학과 시학의 총괄 테마가 되었다. '흰 그늘'을 통해서 '님'과 '틈'과 '무'와 '신명'과 '한'과 '이중성' 및 '생성' 등을 이해하고 정지용 시인을, 그리고 신세대를 이해하며, 시커먼 검은 옛 등걸에 새하얀 눈부신 꽃이 피는 이 모순된 '매화(梅花)의 이념'까지 모두 그렇다.[38]

그런데 '흰 그늘'은 어느날 갑자기 떠오른 것이 아니라 1990년대 중반부터 '그늘'이라는 미의식에 주목하면서 이를 발전시킨 개념이다. 먼저 그늘에 대한 김지하의 설명을 살펴보자.

> 침침하기도 하고 환하기도 한 미묘하고 우울한 의식의 흐름, 신산고초와 피나는 수련에 의해서만 얻어진다는 판소리의 가장 중요한 미학적 요체요, 깊은 한(恨)의 움직임이며 창조 원리의 핵심 추동력인 그늘, 바로 그 그늘이 삶과 텍스트를 연결시키는 복합적 매개 기능이며, 상상력과 현실 인식을 매개하고 주관과 객관을 매개하며 내용과 형식을 매개합니다. (…) 이 그늘이야말로 바로 예술과 상상력의 기본적 창조력입니다.[39]

---

38 김지하 『흰 그늘의 길 3』, 271면.
39 김지하 『생명학 1』, 300~301면.

그늘이야말로 판소리를 비롯한 한민족의 예술과 상상력의 근원이요 미학적 요체라는 것이다. 그늘이 없는 예술은 그야말로 형식미, 외형적 아름다움일 뿐이다. 그늘이 결국 삶의 신산고초와 한(恨)을 샘물처럼 길어내는 것이며, 삶의 내면적 아름다움을 웅숭깊게 하는 핵심이다. 여기에 비해, '흰빛'은 신성한 초월이요 평화이며 광명이다. 또 우리 민족의 빛이니 '밝'이요 '혼'이요 '불함'(不咸)이다.[40] '흰'은 어두컴컴하고 그와 대립되는 그늘 안에 숨어 있는 성스럽고 거룩한, 일상과는 전혀 다른 새 차원을 의미한다.

> 아무리 소리 좋고 너름새 훌륭한 소리꾼이라 하더라도 그 소리에 그늘이 없으면 이미 끝이다. (…) 그늘은 삶의 태도이자 아름다움의 조건이다. 예술의 윤리적이면서 미학적인 새로운 패러다임이 바로 '그늘'이다.
>
> 그러나 이처럼 중요한 그늘도 흰 그늘이 되지 못하면 창조적인 새 차원을 열지 못한다. 그것은 기존 차원의 이중성, 양면성, 모순과 일치할 뿐이다. 기존 차원 밑에 숨어서 그것들을 추동·비판·제약하고 마침내는 때가 차서 그 스스로 눈에 보이도록 현현하는 새 차원과 양면적인 기존 차원 사이의 창조적 얽힘, 엇섞임, 그것이 '흰 그늘'이다. 중력의 밑으로부터 배어나오는 은총이자 초월이다. 이것이 바로 우리가 잃어버린 '아우라'요 '무늬'인 것이다.[41]

그늘이 민족예술, 민족미학의 중요한 원리이긴 하지만, '흰'이 없으면 창조적인 새 차원을 열지 못한다. 김지하는 '흰 그늘'의 '반대일치의 역

40 김지하 『흰 그늘의 길 3』, 269면.

41 같은 책 269~70면.

설'이 생명의 생성 및 진화론의 원리에 상응할 뿐 아니라 전통적인 생명문화의 구성 원리라고 보았다. 이는 동학의 '불연기연', 즉 '아니다, 그렇다'의 생명논리를 미학적으로 재구성해낸 것이기도 하다. '아니다, 그렇다'의 생명논리는 변증법과는 달리, 이전의 단계를 포함하면서 넘어가는 포월(包越)의 논리이자 생명진화의 원리이다. 생명의 진화는 이전 단계를 반복, 포용하면서 복잡화의 과정으로 진행되기 때문이다.[42] 여기서 기존의 아픔, 상처, 모순, 이중성, 한(恨)은 거기에 머물지 않고 더 높은 차원의 성스러움으로 승화되며 비로소 모든 사람, 모든 만물을 품어내고 거룩하게 살려낼 수 있는 천심(天心), 곧 '모심'의 마음이 될 수 있다. 그래서 '흰 그늘'이 곧 '모심'인 것이다.

김지하는 '흰 그늘의 미학'이야말로 민족미학의 핵심원리이면서 동시에 보편적인 생명학의 원형이라고 강조한다.[43] 그가 천착해온 동학의 천도(天道), 즉 생명원리가 '흰 그늘'이라는 미학적 용어로 집약됨에 따라 여기서 기존의 한(恨)의 정서가 '모심'의 마음으로 승화될 수 있었던 것이다. 따라서 김지하는 '흰 그늘'이 자신의 민족민중문예 미학은 물론 어둠의 세력에 맞선 저항에서 어둠의 세력까지 순치해 포괄하는 살림의 세계에 대한 시적 역정을 감각적 표상으로 규명한 것이라고 설명한다.[44] 요컨대, '흰 그늘'은 그동안 김지하가 추구해온 문예미학은 물론 인생론과 사상론의 총체적 표상이며 새로운 생명운동, 개벽운동의 논리와 방법론을 아우르는 후천개벽의 상징적 원형이기도 한 것이다.

42 여기에 대해서는 졸고 「동학의 불연기연(不然其然)의 논리와 인식론: 반대일치와 포월의 논리」, 『동학학보』 47호, 2018 참고.

43 김지하·홍용희 『김지하 마지막 대담』, 작가 2023. 178면.

44 같은 책 179면.

6. 맺음말: 자기실현과 우주적 낙관주의의 정열로

수운과 해월, 의암, 그리고 일제강점기 천도교 청년들의 개벽운동 이래 끊어졌던 개벽운동을 생명운동으로 되살려낸 이가 장일순과 김지하이다. 그런 점에서 그들의 생명운동은 개벽세상을 위해 깨어난 나비들의 날갯짓이었다. 또한 그들은 '내적인 자기수양과 외적인 사회변혁의 병행'을 구호적 수준에서가 아니라 평생의 실천을 통해 구현했다는 데 큰 의의가 있다. 특히 장일순은 예수와 석가, 노자와 수운, 해월을 아우르며 종교적 영성의 핵심을 관통함으로써 분노를 녹이는 깊은 사랑과 내적 평화를 쟁취했으며, 외적인 사회변혁에도 평생 치열할 수 있었다. 내적 평화와 외적 변혁을 통합한 요기-싸르(Yogi-Ssar, 수행자이자 혁명가)의 길을, 개벽사상가의 전형을 온 삶으로 보여줬다고 할 수 있다.

이에 비해 김지하는 비록 요기-싸르를 꿈꾸었지만 어린 시절부터 아픈 사람이었고 자주 종교적 환상을 경험했으며 스스로 고백하듯이 분열적이고 찢겨진 사람이었다. 가장 차별받고 핍박받던 전라도 땅의 달동네에 태어나 어린 시절부터 가까운 사람들의 폭력과 죽임을 일상적으로 목도해야 했으며, 예민하고 비범한 정신으로 민족의 비극을 미리 환상으로 체험하며 그 처절한 시대의 아픔을 온몸으로 관통해낸 사람이었다. 그는 종교적 환상과 현실의 고통과 분열 사이에서 승강했지만, 끝내 '생명'이라는 화두에 깊이 침잠하고 동서양의 철학과 과학, 미학과 시학을 아우르며 생명사상을 체계적으로 정립하며 마침내 '생명학'이라는 새로운 학문을 주창했다. 그리고 나아가 자신의 분열을 '흰 그늘'이란 미의식으로 통합해내었다. 그런 점에서 그는 사상가였으며, 참다운 의미에서 고뇌하는 시인이었고, 미학자였으며, 시대의 예언자였다.

이러한 장일순과 김지하의 생명사상과 생명운동은 맑스주의에 입각한 진보운동이나 서양의 녹색담론을 넘어서 우리의 사상과 이론을 토대로 보다 근본적인 전환의 길을 모색했기에 더욱 의미가 있다. 실제로 이들의 영향으로 한살림을 비롯한 많은 생명운동 단체들이 탄생했다. 특히 김지하는 장일순의 서거 이후에 '생명민회' '생명평화의 길' '삼남네트워크' 등의 설립을 직접 주도했고 '생명평화결사'의 설립에도 간접적으로 참여했다. 이후 '생명평화'라는 명칭의 여러 그룹이 탄생함으로써 기존의 운동과 다른 한국적인 개벽운동의 흐름을 잇고 있다. 이는 각종 협동조합운동과 사회적 경제운동, 대안학교운동과 마을교육공동체운동, 반전탈핵평화운동, 생태전환 마을운동과 마을공동체운동, 직접민주주의 주민자치 마을공화국운동 등으로 전개되면서 그 흐름이 더욱 넓어지고 깊어지고 있다.[45]

그럼에도 불구하고 오늘날 한국의 생명운동의 확산은 매우 제한적이며 그 속도 역시 더디게 느껴진다. 여러 이유가 있을 것이다. 무엇보다도 운동의 성격이 마음 차원의 근본적인 변화, '인간의 자기실현'을 강조하기 때문이다. 게다가 일시적인 캠페인에 그치지 않고 외적 제도의 변화뿐만 아니라 생활의 변화까지 요구하기 때문이다. 하지만 느리다고 해서 이런 지향을 타협할 수는 없다고 본다. 오늘날의 위기는 총체적인 생명의 위기이자 정신의 위기이기 때문이다. 이 위기를 근본적으로 타개하기 위해서는 수운과 해월, 장일순과 김지하의 '생명사상'을 더 연마하고, 다

45 오늘날 생명사상과 생명운동은 이론적으로는 '생명학연구회'와 '생명사상연구소'에서 계승하고 있으며, 최근 주요섭의 『한국 생명운동과 문명전환』(풀씨 2023), 임진철의 『담대한 혁신사회 플랜: 마을공화국 지구연방』(쇠뜨기 2023) 등에 의해 새로운 담론으로 모색되고 있다.

시 '생명운동'을 우주적 낙관주의 위에서 삶의 정열, 개벽의 정열로 가열차게 추진해나가야 한다. 그렇게 할 때, 개벽세상은 미래의 어느 시간 속에 있는 것이 아니라 지금 여기, 우리의 가슴 속에 이미 도래해 있을 것이다.

8장

개벽신학의 세 토대로서 공(空), 공(公), 공(共)

이정배

"종교(기독교)는 '空'을 몰랐고 경제(자본주의)는 '公'을 독점했으며 정치(민주주의)는 '共'을 파괴시켰다"[1]

코로나19의 종식과 함께 세계 곳곳에서 들려오는 전쟁 소식, 목하 경험 중인 기후붕괴 현실에 직면하여 19세기 중반 격변하는 이 땅에서 발아된 개벽사상이 최근 다시 조명되고 있다. 주지하듯 개벽(開闢)은 말 그대로 '다시 세상을 크게 연다(Great Opening)'는 뜻이다. 이전과 다른 세상을 꿈꿔 이루겠다는 의지가 깊게 담긴 언사이다. 19세기 말 서세동점 시기, 외세의 침략과 기존 체제의 폭정 속에서 '내(하늘) 마음이 그(사람) 마음'이라는 '오심즉여심(吾心卽汝心)'의 종교 체험을 통해 계급해방, 민족(국가)해방 나아가 종교해방의 길을 열었던 사건이라 짧게 정의할 수 있겠다. 역시 약술하는 것이겠으나 필자는 개벽 체험을 하늘과 인간 사이에 틈이 없다는 『천부경』의 '천인무간(天人無間)' 사유가 화급한 정세 속에서 새롭게 발화한 것이라 여긴다. 신라인 고운 최치원이 말했듯이 유불선

1 안창호 「오늘의 우리 혁명」, 『독립』 1926. 9. 3. 이하 모든 인용문의 현대어 표기는 필자의 것이다.

속에 내주하며 사람을 살렸던 접화군생(接化群生)의 풍류가 '인중천지일(人中天地一)'의 현묘(玄妙)한 도(道)의 발현으로서 서세동점의 난세에 보국안민(輔國安民)의 에토스로 창발되었다고 말해도 좋겠다.

하지만 비슷한 시기 서구에서 유입된 기독교는 이런 개벽사상과 때론 경쟁했으나 대개는 이를 신흥종교의 범주로 간주하여 무시, 홀대했다.[2] 이 땅의 유불선 종교사상을 기독교와 연속선상에서 이해했던 감리교의 토착화 신학(전통)조차 동학의 개벽사상을 수용치 못했다. 동학을 반체제적 종교로 불온시했던 탁사 최병헌의 영향사(史)가 일정 부분 작동했던 결과라고 추정할 수 있다.[3] 한국 불교의 원효·지눌, 한국 유교의 퇴계·율곡과 견줄 만큼 기독교의 한국화를 이룬 사상가로 평가받는 다석 유영모와 함석헌조차 농민전쟁을 일으켰던 동학을 비합리적·미신적 종교로 홀대했으니 안타까운 일이다. 서구 기독교 및 과학적 합리주의 영향 그리고 사회주의에 대한 부정적 평가 등의 이유로 동학의 현상만 보고 본질에 대한 성찰을 놓쳐버린 결과라 생각한다. 고등종교에 관심했던 감리교 토착화 신학 사조와 달리 1960~70년대 이래로 장로교단의 민중신학은 민중성, 혁명성에 초점을 맞춰 동학(혁명)을 연구했지만, 전자가 당시 정세에 둔감했다면 후자는 종교·문화적 측면을 간과한 측면이 있었다. 이후 동학을 '신서학' 차원에서[4] 연구하는 개신교 학자들이 제법 생겨났고 이들 덕분에 동학은 서구적 신학 개념들과 신론, 수행론 나아가 생태론의 차원에서 비교·연구되었다. 하지만 지금껏 동학을 창발시킨 개벽사상을

2 이영호 『동학·천도교와 기독교의 갈등과 연대, 1893~1919』, 푸른역사 2020 참조.

3 감리교 토착화 신학의 선구자로 알려진 탁사 최병헌은 임금의 명을 받아 동학군을 회유하는 역할을 했다. 최병헌 『충청남도 선유문안 역주』, 한규준 옮김, 삼필문화사 2020.

4 김상일 『동학과 신서학』, 지식산업사 2000. 그러나 김상일은 신서학의 범주를 지나치게 확대시켜 논의를 산만케 한 단점이 있다.

총체적으로 수용하여 논의하지 못한 한계는 여전하다. 개벽사상이 유교와 만나 동학, 천도교가 되었고 도교(선도)와 만나 천지공사(天地公事)와 해원상생(解冤相生)을 말하는 증산교를 탄생시켰으며 불교 원리와 접해 정신개벽을 개교표어로 내건 원불교로 새롭게 탄생한 전과정의 연구가 결핍된 것이다.

지금껏 소홀했던 총체적 연구가 뒷받침될 때, 기독교는 개벽사상을 부분적으로 활용하거나 단순히 그것과 소통하는 차원을 넘어 '개벽적 기독교'로 재구성될 수 있을 것이다. 이 시대의 난제인 기후붕괴, 자본의 횡포에 맞서 종교 간 대화와 협력이 필요한 시점에서 '개벽'을 매개로 서로 뜻을 나눌 때가 되었다. 이를 위해 150년 역사를 훌쩍 넘긴 이 땅 한국의 기독교는 이제 일방적 선포(전달)자의 입장을 벗어나 수용자의 입장에 설 필요가 있다. 지금껏 기독교가 자신의 진리를 주장, 선포했다고 생각했겠으나 실상은 우리 민족이 지녔던 기초이념—'하늘 경험'과 '힘 지향성'—이 기독교 수용을 도왔다고 말하는 종교학자도 있으니 말이다.[5] 이 글에서 필자는 다석(多夕) 유영모(柳永模)의 동양(한국)적 기독교 이해를 통해 본 과제를 수행할 수 있다고 믿는다. 다석의 사유가 동학을 적극적으로 평가하지 못한 한계에도 불구하고 '개벽적' 기독교를 위한 촉매 역할을 할 것이라는 역설적 확신인 셈이다. 따라서 이 글은 동학을 비롯한 역사적 개벽사상을 직접 논하기보다 다석의 한국적 기독교 이해를 경유하여 개벽사상과 기독교의 접점을 모색하려는 시도라 보면 좋을 것이다.

---

5 서울대학교 종교학과 정진홍 교수가 대표적이다. 기독교를 배경으로 했던 종교학자로서 그는 기독교 선교에 대한 정의를 이처럼 '수용자'의 입장에서 역전시켰다.

1. 공(空), 공(公), 공(共)의 상호 엮임

이하 글에서는 다석의 '없이 계신 하느님' 사상을 생태·생명사상적으로 확대·전유하여 동학이 발아시킨 개벽사상과 접목할 것이다. 제목에서 언급된 세 개념, 즉 '공(空)' '공(公)' '공(共)'을 함께 묶어 개벽신학의 논거를 구성하는 것을 첫 장의 과제로 삼을 것인바, 어디까지나 구상 단계라 향후 더 보완될 여지가 있음을 밝혀둔다.

우선 첫번째 '공(空)'은 있음〔有〕만 강조하는 서구 사유와 변별되는 동양적 개념으로서 동학의 무위이화(無爲而化), 다석의 '없이 있음'의 관점에서 재서술될 수 있다.[6] 이 두 개념은 노자의 '무위' 개념과도 짝할 수 있을 것이다. 첫번째 공(空)은 기후붕괴에 대처하는 생태학적 토대로서, 무엇보다 공유경제가 절실한 시대에 이른 지금 공(公) 개념 회복을 위해 아주 중요하게 사용될 것이다. 이렇듯 두번째 '공(公)'은 앞선 공(空)을 전제하는바, 공적인 것을 사사화하는 자본주의체제 비판과 연계해 논할 핵심 개념이다. 기독교를 비롯한 모든 종교 속에 미래를 위해 남겨진 씨앗〔碩果不食〕을 바로 공(公)이라 여겨도 좋겠다. 성서를 비롯한 모든 종교 경전 속에서 사회주의 요소를 읽어낼 수 없다면 그것은 경전에 대한 오독일 수밖에 없다. 공(公)에서 개벽 사유의 일환으로서 공유경제를 논할 수 있는 이론적 토대를 찾을 수 있을 것이다. 마지막 '공(共)'은 공(公)을 실로 공(公) 되게 하는 것이자 공(空)을 지향하는 삶의 에토스로서 두번째 공(公)을 실천하는 정치적 동력이라 하겠다. 한마디로 '있음〔有〕에 마음을 빼앗기지 않는' 견물불가생(見物不可生)[7]의 경지라 말해도 좋다. 더불어 살려

---

6 다석학회 엮음 『다석 강의』, 현암사 2006, 539~40면.

7 같은 책 497~98면.

면 소유욕—다석의 말로는 탐진치(貪瞋痴)—으로부터 자발적 일탈이 필요하다. 이 경우 함께할 공(共)은 정치적 덕목으로서 공생공빈(共生共貧)[8]의 길, 곧 최소한의 물질로 사는 삶을 목적할 수밖에 없다. 이렇듯 세 가지의 공, 즉 공(空), 공(公), 공(共)은 각기 우주의 본성에 따른 인간의 내면적 각성, 자본주의 이후의 체제, 시민사회의 정치적 삶의 에토스를 적시한다. 첫번째 것이 종교적 과제라면 두번째 것은 국가적 소임(경제)이겠고 마지막 것은 민주 시민사회의 정치적 책무라 이해해도 좋겠다.

2. 있음〔有〕에서 비어 있음〔空〕으로

말했듯이 개벽적 기독교를 위해서는 공(空) 개념이 우선 되어야 옳다. 문화-사상적 측면에서뿐 아니라 정세 판단에 입각할 때도 그러하다. 지금껏 서구 기독교는 유신론적인 대상(실체)적 사유와 친밀했다. 대상적 사유를 포기한 신비주의 사조가 간혹 존재했으나 언제든 이단 시비에 휘말렸고 주류 집단에 편입되지 못했다. 소위 '있음'〔有〕을 하느님을 이해하는 근본 범주로 여긴 탓이다. 종교개혁자 마르틴 루터가 '숨어 계신 하느님'(Deus Absconditus)을 말했으나 결국 그조차 그것을 십자가에 달린 예수(역사성)로 환원시켰다. 소수 신비주의 신학을 제외하곤 숨어 계신 신은 늘상 계시신학의 그늘에 있었을 뿐이다. 때론 비실체적 영의 보편성을 통해 신(神)을 확장시킨 적도 없지 않았으나 그 또한 그리스도 사건(십자가)에 종속되곤 했다. 하이데거 철학으로부터 존재자의 '존재' 개념

8 쓰찌다 다까시 『공생공빈: 21세기를 사는 길』, 김영원 옮김, 흙과생기 2007.

을, 화이트헤드의 '과정'(process)으로서의 신(神) 사유를 배웠지만 그 역시 결국 '존재 신비주의' 내지는 미래적인 '목적' 개념으로 치환되고 말았다. 이는 기독교 서구에서 'A = 非(Non)A'라는 배중률 극복 논리를 수용할 토대가 결핍되었기 때문이다. 이 점에서 '내 마음이 그(네) 마음'이라는 수운의 신(神) 체험은 동양적 사유가 대부분 그렇듯이 서구 신(神) 이해의 지평(범주)을 훌쩍 벗어났다. 시천주(侍天主)의 자각에서 비롯하여 양(養)천주, 체(體)천주를 거쳐 인내천(人乃天)으로 귀결되었으니 서구적 사유로서는 낯설 수밖에 없다. 『천부경』에서 말하는 천인무간(天人無間)의 사상적 맹아가 사람을 하늘로 여기는 '사인여천(事人如天)'으로 전개되었고 그것이 서구(제국)와 전통(유교), 양면적 억압으로부터 뭇 씨알을 구원했다. 또한 자신 속 하느님을 지향하는 향아설위(向我設位)는 신과 인간을 갈라놓았던 기성종교를 허물어뜨렸다. 이는 서구 기독교의 예수에게로 집중된 신(神)의 대상(배타)성을 철저하게 부정한 것이라 하겠다. 제사장 중심의 성전 종교가 가로막았던 신인(神人) 간의 직접성을 열어젖힌 사건이었다. 예수 사후 성전 휘장이 찢어졌다는 성서의 증언을 이런 관점에서 독해해도 좋겠다. 사람을 위해 안식일이 있지 그 반대가 아니라는 예수의 말도 이와 통할 것이다. 역사적 예수 연구자들의 말처럼 정작 예수는 중개자 개념을 거부했으나 서구 기독교 전통은 그를 유일한 중개자로 만들었기에 다석식의 한국적 기독교가 요청된 것이다.

주지하듯 다석에게 하느님은 '없이 계신 분'이었다. 그에게 신은 애시당초 비대상적 존재(실체)였다. 없음이 곧 있음이라는 '무극이태극(無極而太極)', 빈 공간 속에 일체가 존재한다는 진공묘유(眞空妙有)의 뜻으로 하느님을 이해했기 때문이다. 하지만 동시에 다석에게 '없이 계신 하느님'의 소재지는 항시 본연지성(本然之性)의 순우리말인 인간의 바탈(반할)이었다. 하늘에서 '받'아 '할' 것을 지닌 인간의 '바탈'에서 '없이 계신 그분'을 찾은 것이다. 위로 향했던 서구적 초월과 달리 다석은 수운 최제우가 그랬듯이 인간의 깊이에서 신을 발견했다. 이는 수운의 종교체험인 '오심즉여심'과 뜻에 있어 조금도 다르지 않다. 성서의 예수도 이런 맥락에서 이해되었다. 예수 역시 바탈의 존재인 한 그와 우리 간의 존재론적 차이는 없다고 본 것이다. 예수가 독생자이듯 우리 역시 하늘의 독생자란 것이 그의 확신이었다. 이는 초월의 역사성인 예수를 동양적으로 비대상화(Entkerygmatizierung, 비케리그마화)한 결과였다.[9] 이에 더해 예수를 미정고(未定稿)의 존재로 여겼으며 장차 우리가 예수보다 더한 일을 할 수 있다고까지 믿었고 그렇게 추동했다.[10] 이로써 다석은 절대성, 배타성을 강조한 서구 기독교와 결별한 것이다.

주지하듯 한울(하늘)을 자기 속에 모신다는 뜻의 시천주는 자신 속의 영〔內有神靈〕과 우주 속에서 활동하는 기운〔外有氣化〕을 달리 보지 않았다. 인격(개체)과 비(非)인격(전체 혹은 자연)을 아우르는 존재를 한울이자 지기(至氣)로 여긴 것이다. 이렇듯 인격이자 비인격적 존재였기에 종종 서구적 개념으로 범(凡)재신론이라 언표되나 실상 지기(至氣)는 '있음'과 '없음'을 초월하는 '없있' 개념으로 봐야 옳다. 언제든 가득 차 있고늘 있기에 없는 듯 여겨지기 때문이다. 허공 없이는 어떤 존재도 있을 수 없다. 허공이 존재의 토대이자 근거인 까닭이다. 이런 허공은 지기로 가득 차 있고 그것이 인간 속에 바탈로 주어졌다고 다석은 사유했다. 그가 바탈을 '하느님 영'으로 고쳐 부른 이유도 여기에 있다. 같은 맥락에서 바

9 '비케리그마화'란 말은 스위스 바젤의 신학자 프리츠 부리(Fritz Buri)의 신학적 견해로서 여전히 논쟁 중인 개념이다.

10 다식학회 엮음, 앞의 책 805면.

탈은 '예수'라는 말로 풀어지기도 했다. 인간 바탈을 이이이어져(예) 온 능력(수)이라 불렀던 것이다. 「빔 뚤림」이란 한글 시에서 다석은 빈탕, 허공을 이렇게 묘사했다.

> 뚜렷하다 뚤린 데서 맺힌 것이 몬 인지라.
> 몬 속에서 맘뚤리니 줄곧 뚤찬힘이 있다.
> 맺않음 못풀게 없다. 아픔쓰림도 없다.[11]

한시보다 어렵게 느껴지는 그의 한글 시를 풀어본다. 허공은 막힘없이 뚫려 있다. 이렇듯 뚫린 허공에 맺히고 달린 것이 물질이고 우주이다. 하지만 정작 우주는 맺힌 곳이란 전혀 없다. 두루 뚫려 있기에 풀리지 않을 것이 없다. 허공이 물질에게 온통 자리를 허락한 탓이다. 사람 마음도 이런 허공을 닮았기에 인간사 또한 풀리지 않을 이유가 없다. 이런 허공을 동학에서 말하는 무위이화의 존재, 곧 '일하는 하느님'이라 일컬어도 좋겠다. 아무 일도 하지 않으나 모든 일을 마다하지 않는 노자의 도와 같은 것이 허공이다. 다석이 꽃을 볼 때 테두리 안의 꽃만 보지 말고 꽃을 둘러싼 허공, 빈탕을 보라고 한 것도 이런 차원에서다.[12] 모든 것을 품은 빈탕은 소유할 수 없는 근원이자 하나인 까닭이다.

이 경우 바탈과 지기는 허공의 양면으로서의 영(靈)의 다른 표현일 것이다. 신(인격)과 우주(물질)의 양면성을 지닌 것이 허공이기 때문이다. 수운 최제우는 서구 기독교는 인격 — 내유신령(內有神靈) — 만 알고 외유기화(外有氣化), 곧 우주를 몰랐으며 성리학(신유학)은 후자만 생각했

11 류영모 『다석일지 1』, 홍익재 1990, 712면.
12 다석학회 엮음, 앞의 책 529면.

기에 전자의 신적 측면을 놓쳤다고 비판했다. 달리 말하자면 서구는 허공을 잃었고 성리학은 평등한 개인, 곧 영적 주체성을 상실했다는 것이다. 이렇듯 허공, 곧 없음을 놓친 서구는 견물생심(見物生心)의 자본주의적 소비문화, 곧 GDP 위주의 경제체제에 종속되었고 성리학은 반상이 철폐된 개벽 세상을 결코 상상할 수 없었다. 인간뿐 아니라 우주자연을 있음〔有〕의 영역으로 소급, 환원시켜 인간을 욕망 꾸러미로 만들어간 것이 서구세계가 아니었던가? 인간의 과도한 욕망이 초래한 생태정의의 실종, 곧 지구적 차원의 불평등이 인류세 위기를 자초하고 있다. 이어 언급할 공(公)의 회복을 위해서도 존재의 공(空)적 측면은 거듭 강조되어도 지나치지 않다. 공(空), 곧 '빈탕'의 전제 속에서만 공(公) 개념도 적실한 뜻과 힘을 얻을 수 있기 때문이다.

3. 사(私)에서 공(公)으로

앞서 있음〔有〕으로부터 없음〔無〕, 즉 허공으로의 전회를 요청했다면 이 절에서는 '사(私)'에서 '공(公)'으로의 전환을 논한다. 앞서 언급했듯이 우주는 지기(至氣)로 가득 차 있고 인간 개체 역시 허공을 품었기에 애초에 사(私)적인 것은 존재할 수 없다. 종교, 정치를 비롯한 기존 체제가 틀을 만든 것일 뿐 태초에 허공, 없음만이 존재했다. 모든 것을 품는 허공이 하느님, 곧 '없이 계신 분'이다. 그를 닮은 것이 바로 인간의 바탈임을 앞서 강조했다. 동학에서 말하는 무위이화(無爲而化) 역시 이런 배경에서 비롯한 한울님의 활동이었다. 이는 허공이 일체 만물의 토대로서 '있음'의 근거라는 말과 다르지 않다. 세상이 모두 하느님의 것(시편 24:1)이라는 성서의 언어도 이런 맥락에서 이해해도 좋겠다. 여기서 필자는 시천주의 '시(侍)'에 대한 풀이 중 마지막 구절, 저마다 알아서(知) 옮기지(移, 떠나지) 말라는 뜻의 각지불이(各知不移)라는 말을 거듭 강조하고 싶다. 하늘이 곧 나이고 우주가 곧 개체인 관계를 파괴하고 빼앗는 일을 그치라는 뜻을 담았기 때문이다. 거듭 말하나 우주의 기운과 내 속의 영이 결코 다를 수 없다. 따라서 사람은 그 관계 속에서 자신의 위치와 자리를 자각해야만 한다. 스스로든 강제적으로든 이를 잊지도 빼앗겨서도 결코 아니 될 일이다. 누구든 터-사이(空間), 때-사이(時間) 그리고 사람-사이(人間)에 있기에 사이(間), 즉 그 허공을 독점할 수 없는바 공(空)은 필시 공(公)적 차원으로 재인식되어야만 한다. 그렇기에 빈탕, 허공으로서의 공(空)을 공(公)의 존재 근거라 말해야 옳다. 추상적 논거가 아니라 필시 회복할 가치로서, 존재론적 요청의 차원에서 그러하다. 공(公)을 지켜내는 일이 사람을 하늘처럼 여기고(事人如天) 우주를 지켜 그 속의 영을 살리는 길이기 때문이다.

이런 이유로 사인여천은 경천(敬天), 경인(敬人), 경물(敬物)이라는 소위 '삼경(三敬)' 사상으로 이어질 수밖에 없다. 경천을 앞세웠으나 실상 이것은 경물, 경인을 통해서만 이룰 수 있는 과제이다. 보이지 않는 하늘(天)은 가시적인 사람(人)과 사물(物)을 통해서 자신을 드러내기 때문이다. 불교식으로는 진공묘유(眞空妙有), 유교식으로는 무극이태극(無極而太極)이 바로 그 점을 적시한다. 희랍 사유로 덧입혀진 전통 기독교는 하느님-사람-자연 순으로 가치를 매겼으나 개벽 사유는 오히려 자연 없이 사람 없고 사람 없이는 허공(空) 또한 없다고 역설한다. 자연(物)과 인간의 영이 지기이자 공(空)의 실재이기 때문이다. 바로 여기서 무위이화라는 말도 비롯했을 것이고, 거듭 말하나 『도덕경(道德經)』의 '무위이무불

위(無爲而無不爲)' 또한 바로 그 뜻이겠다. 아무 일도 하지 않으면서 모든 것을 완성하는 도(道)는 정작 이름은 물론 형체도 없다. 바로 이러한 점에서 하늘은 자연과 사람을 통해서 일한다는 의미가 드러난다. 터, 때, 사람의 사이 존재인 인간이 저마다 각지불이 할 때, 즉 저마다 자신의 존재가 왜곡되지 않을 경우, 사람 일은 필시 하늘의 일이 될 수 있다. 동학에서 말하는 '베 짜는 하느님'이라는 표현도 같은 선상에서 이해될 수 있다. 일상에서 반복되는, 없어서는 아니 될 가사노동을 하늘의 일로 여긴 것이다. 이 역시 본질적으로 우주 허공〔氣化〕을 인간의 '바탈'〔神靈〕로 보았기에 가능했다. 기독교 신학이 과정신학과 여성신학의 틀에서 다음의 세 조건, 곧 자신의 본질을 드러내고, 공동체를 이롭게 하며, 자연을 돌보는 일을 하느님 일로 여기는 이유와 일정 부분 비슷한 맥락이다.[13] '한울로서 한울을 먹는다'〔以天食天〕라는 말 또한 (내유)신령(神靈)이 곧 (외유)기화(氣化)인 것을 자각할 때 가능한 언사이다. 이를 통해 공(公)을 회복시켜 공(空)에 이르려는, 즉 성(聖)/속(俗)의 경계를 허문 영적 차원의 삶이 비롯할 수 있다.[14] 다석의 용어로 말하자면 '빈탕한 데 맞혀(맞처)' 노니는 삶, 곧 '덜' 없어 더러운 존재가 아니라 하느님처럼 없이 사는(있는) 존재가 되라는 것이다. 주지하듯 원불교는 사은(四恩) 사상—천지은·동포은·부모은·법률은—을 통해 이 경지에 도달코자 했다. 만물의 이치와 운행을 은(恩)의 관계로 본 것은 최근에 이르러 기독교가 원죄보다 원(原) 은총을 강조하는 것과 의미론적으로 상통한다.[15] 처음 창조가 하느님 보시

13 독일 여성 신학자 도로테 죌레(Dorothee Sölle)의 『사랑과 노동』(분도출판사 2018)을 참조하라.

14 여성 신학자 이은선은 이를 성(거룩)의 평범성이라 말했다. 이은선 『한국 생물 여성영성의 신학: 종교聖, 여성性, 정치誠의 한몸짜기』, 모시는 사람들 2011.

15 매튜 폭스 『원복: 창조영성 길라잡이』, 황종렬 옮김, 분도출판사 2001 참조.

기에 좋았기 때문이다. 이 점에서 다석이 자연을 기성불(旣成佛)로 본 것은 대단히 유의미하다. 만물에게 자리를 내어준 허공을 근본 삼는 한 기독교가 말하는 원죄론은 자리할 여지가 적거나 없어야 할 것이다.

'빈탕한 데 맞혀' 사는 삶이 어렵다면 최소한 덜어내는 일이라도 거듭 결심해야 옳다. '빈탕한' 허공과 달리 몸을 지닌 탓에 '덜' 없는 존재로 살고 있지만 탐진치를 줄여가는 일을 시작해야 한다. 주지하듯 일식(一食), 일좌(一座)는 다석이 강조하는 수행론이다. 전자가 하루 한끼를 먹으며 욕망을 줄이는 일이라면 후자는 정념(mindfulness), 즉 생각의 불꽃을 지속적으로 피워내는 일이라 하겠다. 생각이 있는 곳에 하느님이 있다고 믿었기 때문이다. '몸 줄여 마음 넓히는' 일을 다석은 십자가와 부활로 풀어냈다. 이는 자속의 길로서 전통적 속죄(대속) 교리와는 동이 서에서 멀듯 일치되기 어렵다. 먹고 먹히는 일상의 삶을 다석은 대속이 일어나는 현실로 보았다. 하지만 프랑스대혁명 이후 상호 대립했던 자유와 평등, 두 이념의 공존과 화합을 위해서라도 욕망을 줄이는 단순성(simplicity)을 시대적 화두로 생각했다. 단순성, 즉 최소한의 물질로 사는 삶과 '몸 줄여 마음 넓히는' 자속의 길을 역설한 이유이다. 이는 자본주의체제 속에서 어려운 과제지만 인류가 지향할 방향이자 목표이다. 그것은 공생공빈(共生共貧)의 길로서 약탈된 공유지의 회복(공유경제), 곧 공(公)의 회복을 통해 이루어질 수 있다.[16] '있음'에 집착한 서구 종교 및 자본에 침식

16 미간행 졸고 「자본세 속의 기독교에서 회복력(탈성장) 시대를 위한 기독교로: 자본주의와 기후위기, 그 상극성에 관한 소론」(2023). 필자는 이 글을 충남 공주에 소재한 씨튼수녀원에서 다섯번에 걸쳐 발표했다. 그밖에 나오미 클라인 『이것이 모든 것을 바꾼다: 자본주의 대 기후』, 이순희 옮김, 열린책들 2021; 가이 스탠딩 『공유지의 약탈』, 안효상 옮김, 창비 2021; 제이슨 히켈 『적을수록 풍요롭다: 지구를 구하는 탈성장』, 김현우 외 옮김, 창비 2021 참고.

당했으나 본래 축(軸)의 종교들은 사회주의적 에토스가 석과불식(碩果不食)처럼 자신 속에 존재함을 믿어야만 한다. 이에 개벽사상은 공(公)의 회복을 위해 앞선 기성 종교들을 일깨우는 역할을 감당해야 할 것이다. 개벽적 기독교가 존재할 이유도 여기에 있다.

4. 공(共)의 회복과 직접민주주의

마지막 '공(共)'은 특히 정치와 관계되는 부분이다. 앞서 필자는 서구는 공(空)을 놓쳤고 자본주의는 공(公)을 빼앗았으며 정치는 '공(共, 공생)'을 망각했다고 논했다. 지금껏 자본주의는 공유지 약탈사와 궤적을 함께했다. 무력(무기)과 돈과 기술로 공(公)을 사유화했던 것이 자본주의의 실상이었다. 주지하듯 자본주의는 하늘, 땅, 바다, 심지어 전자파, 종자까지 모든 것을 사사화했다.[17] 최근에는 지적, 문화적 공유재마저 돈벌이 수단이 되어버렸다. 자본은 글로벌 사우스(Global South) 지역의 자원을 착취했고 그곳을 자신들의 시장으로 만들었으며 급기야 쓰레기 집산지로 더럽혔고 그 지역 사람들의 육체는 물론 토착적 영혼마저 황폐케 했다. 이것이 자본주의체제가 초래한 작금의 실상인데, 과연 어떻게 이런 현실과 맞설 수 있을까?

주지하듯 근대 이후 정치와 종교, 정치와 경제가 분리되면서 사람들은 사적 개인(individual)이 되어버렸다. 종교개혁을 거친 후 기독교는 '개인'의 믿음을 강조했고 경제체제도 '사유재산제'에 근거했다. 공(公)을

17 제러미 리프킨 『생명권 정치학』, 이정배 옮김, 대화출판사 1996, 1부 참조.

빼앗은 자본주의체제가 '사적(私的)' 개인을 정치·경제·종교의 핵심 개념으로 부상시킨 결과라 하겠다. 사회주의를 부정한 자본주의가 이렇듯 서구 기독교와 공생·공조해왔다는 것은 오랜 정설이다.

대의민주주의가 신적 중개자를 강조한 종교의 세속적 형태라는 분석과 관점은 놀랍고 새롭다. 신과 인간 사이의 중개자를 강조한 기독교와 대의민주주의가 한쌍이며 사적 개인의 '오직 믿음'과 자본주의체제의 사유재산제가 또다른 쌍으로 결합된다는 것이다. 기독교 내부에서 중개자(broker) 개념으로 불거진 문제가 적지 않듯이 다수결을 원칙 삼는 대의민주제 또한 그 한계와 폐해를 거듭 드러내는 중이다. 사실 개인에 기초한 사유재산제도가 한 개인의 믿음 양식과 병행한다는 사실을 종교사회학자 막스 베버는 이미 오래전 밝혀냈다.[18] 루터, 깔뱅에 의한 근대 종교개혁이 자본주의를 태동시킨 인큐베이터라는 뜻이다.

같은 유일신 종교라도 유대교와 이슬람교에서 자본주의가 발생하지 않았다는 사실 또한 유의미한 발견이다. 두 종교의 경우 유일한 중개자 개념을 인정하지 않았기 때문이다. 앞서 언급했듯이 대의민주제는 다수를 대변한다는 미명 아래 더불어 함, 곧 공(共)을 버렸고 편을 갈랐으며 결국 소수 이익을 대변했다. 공(公)을 약탈하는 자본에 결과적으로 힘을 실어준 것이다. 한국 정치 현실에서 이 점에서만큼은 거대 양당 간의 차이가 크지 않다. 그럴수록 시민 사회주의와 직접민주주의에 대한 열망이 커지고 있다. 무엇보다 도시 밖 지역에서 과거 '두레'와 같은 민회(民會)의 출현을 앙망하는 흐름이 감지된다. 본래 '에클레시아'(ekklesia)로 불린 교회도 두레, 민회와 같은 모습이었다는 것이 성서학자들의 공통된 견

18 마토바 아키히로 『위험한 자본주의』, 홍성민 옮김, 사람과나무사이 2015, 135~39면.

해다. 고대 그리스의 시민회의이자 그 장소를 의미하는 '아고라'(agora)에서 유래한 것이라고 한다.[19] 아고라의 시민회의는 개인보다 공동체를 우선했고 파토스보다 로고스를 중시했으며 자발적 참여를 당연시한 공동체였다. 바울은 이런 공동체성에 근거하여 로마 황제가 아니라 그리스도에게 헌신하는 에클레시아를 세울 수 있었다. 하지만 오늘날 교회의 모습은 이와는 크게 달라졌기에 참담하다. 당시 교회는 공동체가 직면한 문제를 공유하고 문제 해결 과정에 모두가 참여하는 직접민주주의를 실현하는 곳이었다. 오늘날처럼 예배 공동체로서 기능할 뿐 아니라 현실 문제를 해결하는 공론의 장, 그것이 바로 교회의 모습이었다. 이러한 점에서 에클레시아는 개벽사상의 공동체론과 대단히 유사하다.

애초 개벽종교로 시작했던 원불교의 경우 삼동(三同)윤리 중 하나인 '동척사업(東拓事業)'에 역점을 두었다. 분리된 세상을 하나로 만들기 위해 세상 밖이 아니라 세상 속으로 출가(出家)하자는 것이 불교와 구별되는 원불교의 강령이었다. 여기에는 평신도와 성직자의 구별도 당연히 없었다. 세상을 위할 뿐 아니라 세상 속으로 출가하자는 생각 자체가 개벽적 발상이었다.[20] 다석의 귀일(歸一)사상 역시 동일선상에서 이해할 여지가 있다. 인간이 자신 속의 바탈을 회복하면 세상과 온통으로 소통할 수 있다고 믿은 것이다. 이렇듯 안팎의 일치를 그리스도를 이루는 길로 여겼다. 내적 귀일(歸一)과 외적 대동(大同) 세상이 동전의 앞뒷면처럼 나뉠 수 없는 하나이기 때문이다. 「우리 하나」라는 다석의 한글 시 한편을 소개한다.

---

19 박영호 『에클레시아: 에클레시아에 담긴 시민공동체의 유산과 바울의 비전』, 새물결플러스 2023; 『고린도전서』 1장 2~3절 주석을 참조하라. 아고라는 '모이다'라는 뜻의 희랍어다.

20 원불교 창시자 소태산은 대각 체험 이후 세상으로 '나오면서' 스스로 머리를 삭발했다. 이 행위가 지닌 상징적 의미가 크다.

나 남아 너, 너 넘어 나, 너 、나 맞나 우리 옳지!
우리 말의 그 、저 ᄒᆞ니 셋재 남이 따로 있소?
ㄱ제로 제계 근ᄃᆡ를 잊고 ᄒᆞ는 남으롭.[21]

이 시는 사람은 모두 하나라는 사실을 강조한다. 뜻을 풀자면 다음과 같다. 내가 남아서 '너'이고 내 그릇에 다 넣지 못해 '너'라고 할 뿐이다. 이런 너와 나는 시공간을 함께하며 살아간다. 같은 숨을 쉬고 이후 갈 곳도 같다. 우리 밖의 다른 누가 또 있지를 않다. 내가 없어지면 우리는 모두 허공이 되고 부활을 살게 되는 것이다. 자신이 없어지는 그곳에서 바로 약육강식 없는 대동 세계가 비롯한다.[22] 이처럼 다석은 모두가 자신 속 바탈을 찾을 때 세상이 하나 된다고 생각했다. 성(聖)과 속(俗)의 구별조차 폐하고 세상을 구하고자 했던 동척사업도 대동과 귀일의 관계처럼 일원상의 진리를 요청할 수밖에 없었을 것이다.

주지하듯 자신을 하늘의 아들로 확신한 예수는 기존 종교를 뒤엎은 사람이었다. 안식일을 위해 사람이 있지 않고 사람을 위해 안식일이 있다는 역발상을 한 존재였다. 그렇다면 종교조직을 위해 사람 모으는 것을 목적 삼는 오늘의 교회는 창시자를 예배하고 복음 선교와 영혼 구원을 한다는 명목으로 오히려 그를 배반하는 것이겠다. 성전 종교를 폐했고 중개자 개념을 포기했던 예수였으나 작금의 교회는 그를 유일한 중개자로 고백하며 교회 중심의 배타적 사유에 익숙하다. 예수는 하느님 나라가 너희 중에 있다고 가르쳤던 향아설위(向我設位) 종교의 창시자라 해도 과언이 아

21 류영모, 앞의 책 220면.
22 김흥호 『다석일지 공부 3』, 솔출판사 2001, 237~38면.

니다. 다석 유영모 역시 허공 닮은 바탈의 존재를 일컬어 독생자라 지칭한 바 있다. 이처럼 하늘을 인간 바탈 속에서 찾는 일을 기독교의 일차적 소임이자 과제로 여겨야 할 것이다.

그럴수록 종교가 선차적으로 할 일은 종교 내부에서부터 힘 합쳐 더불어 하나(共)가 되는 일이다. 종교조차 사(私)의 영역에 머무르며 편 가르는 역할에 자족하면 세상은 쉽게 종말에 이를 것이다. 이는 원불교의 언어로 사은(四恩)에 대한 배은(背恩)이라 말할 수 있겠다. 다른 세상을 위해 종교가 함께할(共) 때 — 그러려면 다석의 말처럼 귀일(歸一)해야 한다 — 정치도 경제도 달라질 수 있다. 공(共)을 잊고 편 가르기에 여념 없는 정치, 사(私)를 키우는 경제체제하에서 종교마저 공(共)과 담쌓고 있기에 종차(宗差)를 넘어 함께 개벽(開闢)하는 일이 한없이 요원하다. 그렇기에 다시개벽, 거듭개벽을 말해야 옳다. 백여년 전 기독교가 손잡지도, 손내밀지도 못했던 개벽이지만 이제는 개벽을 품고 세상을 구원해야 할 때가 되었다. 개벽종교로서 기독교의 존재 이유를 재확립할 시점에 이른 것이다. 개벽사상(동학)과 만나 자신 속의 개벽 씨앗을 발아시켜야만 한다. 수용자의 시각에서 자신을 살피라는 뜻이다. 이것이 필자가 기독교의 개벽종교로의 전회를 꿈꾸는 이유이다. 세상과 더불어 살아가는 공(共)의 가치를 교회가 앞서 실현시킬 것을 소망한다.

5. 역사유비로 본 묵시와 개벽

주지하듯 기독교 초기 사상을 『욥기』 등 지혜문서와의 연계 속에서 이해하고 연구하는 성서학자들이 있다. '역사적 예수' 연구자로 불리는 그들은 신명기(율법) 역사관의 몰락 혹은 약화 이후 등장한 '지혜문학' 차원에서 성서를 주석했고 그 결과, 예수를 종래의 신앙적 그리스도(구세주) 대신 지혜자(선생)로 달리 구성했다. 성서문자주의에 함몰된 작금의 기독교 현실에서 그러한 연구가 주는 의미가 결코 작지 않을 것이나 필자는 그에 적극 동의하고 싶지는 않다. 지혜서와의 연계를 강조할 경우 종교의 개벽적 측면이 약화될 여지가 크기 때문이다. 따라서 필자는 원시(초기) 기독교가 지혜서보다는 묵시문학 전통과 더 많이 관계한다는 성서신학적 입장을 거듭 선호한다.[23]

일반적으로 묵시문학은 바벨론 포로기 이후 외세에 종노릇한 습성과 기존 성전 체제에 안주했던 종교 지도자들에 대한 서기관(신학자)들의 저항과 반란의 산물로 알려져 있다. 이 점에서 묵시는 서세동점 시기 출현한 개벽과 그 등장 배경에 있어 유사한 점이 많다. 신학자 이신(李信)은 몇 세기에 걸친 묵시문학 속에서 종래 예언서를 능가하는 '영적 양극성'이라는 공통 요소를 뽑아냈다.[24] 발본적 세계 부정을 통하여 질적으로 전혀 다른 세상에 대한 기대 및 실현을 묵시의식의 핵심으로 본 것이다. 이런 양극성은 바로 개벽사상의 핵심이기도 하다. 후기에 이를수록 선명해지는바 선천(先天)과 후천(後天)의 세계를 대별했기 때문이다. 신약성서 역시 예수 탄생을 동일 맥락에서 서술했고 그가 펼친 하느님 나라 운동을 묵시의식의 연장이자 절정으로 여겼다. 다석의 말로 표현하자면 예수는 '없이 있는 하느님'〔空〕의 한 양태로 세상에 왔다. 신(神)이기를 포기한 그의 인간성은 '없이 있는' 자의 오롯한 현현이었기 때문이다. 하지만 이런

23 성서신학자 에른스트 케제만(Ernst Kasemann)이 바로 이런 입장을 지속적으로 견지했다.

24 이신『슐리얼리즘과 영의 신학』, 이은선·이경 엮음, 동연출판사 2011, 1부 참조.

이유로 예수는 당대 질서 및 종교와 갈등해야만 했다. 예수를 잉태한 마리아의 찬가(讚歌)에서 드러나듯 예수는 이전과 다른 세상을 만들고자 세상에 온 존재였다. 구약성서 희년(禧年) 사상이 적시하듯 오롯이 하느님 것〔公〕의 회복을 위해서였다. 예수가 이곳도 저곳도 아니라 우리 속(사이)에 하느님 나라가 있다고 말한 것은 오늘날 언어로 공(公)과 공(共), 즉 공공성(公共性)의 역설을 위해서였다. 교회가 예배 지상주의를 벗고 두레와 같은 민회(民會)의 형식으로 변혁되어야 할 이유가 여기에 있다. 예수와 우리가 존재론적으로 차이가 없다고 말하는 이유도 마찬가지이다.

여기서 필자는 기독교의 탄생과 동학 개벽사상을 '역사유비'(historical analogy)라는 조어를 통해 연결해보고자 한다.[25] 이는 자연과 초자연의 관계를 강조하는 가톨릭의 '존재유비'(analogia entis)는 물론 개인의 내적 믿음에 역점을 둔 개신교의 '신앙유비'(analogia fidei)와도 변별되는 개념이다. 전자가 아리스토텔레스의 피시스(physis, 자연) 개념에 빚을 졌다면 후자는 내면성을 강조하는 독일 신비주의 사조의 덕을 크게 입었다. 하지만 본디 묵시적 배경 속에 탄생한 기독교와 개벽사상은 앞의 두 기독교 유비와 달리 개별 역사 속에서 '영적 양극성'을 지향하는 의식 차원의 유사성을 강조한다. 각각의 탄생 배경 및 시대 상황에서 비롯한 역사적 차이를 판단 중지한 채 드러나는 공통의 의식 지향성을 하느님 영의 활동이라 보았다. 존재유비가 신(神)에, 신앙유비가 기독론에 함몰되었다면 역사유비는 역사 속에서 활동하는 성령론에 방점을 둔 까닭이다. 이 경우 성령은 신학자 몰트만(J. Moltmann)이 주장하듯 결코 그리스도의 영에 국한되거나 의존하지 않는다. 자기 시대를 성부, 성자의 시대를 지나

25 이정배 『'역사유비'로서의 이신의 슐리얼리즘 신학』, 동연출판사 2023, 125~61면.

영의 시대라 말했던 중세 사상가 요아킴 피오레(Joachim Fiore)의 영(靈) 이해와 오히려 유사하며 동학의 언어로는 지기라고도 표현할 수 있다.

여기서 역사유비는 제(諸) 형태의 종교 차(差)를 부정할 수 있는 토대를 제공할 수 있다. 이웃 종교에 대한 기독교의 기본적인 두 시각, 포괄주의와 배타주의를 초극, 무화(無化)하는 까닭이다. 역사유비는 그외 여러 유형의 다원주의와도 구별될 수 있을 것이다. 정교(正教)를 넘어 정행(正行, ortho-praxis), 곧 실천을 통해서만 구원을 이룬다는 서구 다원주의의 유형과 닮았으나 그것과도 온전히 상응하지 않는다. 역사유비는 기독교 경전인 신구약 성서 간의 관계를 종래와 다른 방식으로 새롭게 조명하기 때문이다. 역사유비는 신을 교회 공동체에 한정한 구속사는 물론 세계역사를 신의 활동 영역으로 보는 보편사의 틀도 훌쩍 뛰어넘는다. 역사의 진보를 넘어 실패한 역사(과거)의 구원에 깊이 관심하기 때문이다. 실패한 역사의 구원 없이 결코 진보를 말할 수 없다는 것이 역사유비 신학의 핵심이다.

개벽적 기독교는 이제 무엇보다 자신의 신관(神觀)부터 바꿔야 한다. 기독교 서구가 간과했던 공(空)의 회복이 그 시작이다. 그로써 자본주의에 영혼을 빼앗긴 기독교가 공(公)을 회복할 수 있을 것이다. 이를 위해 교회는 세상에 의제를 내놓고 함께 토론·해결하는 공(共)의 기구이자 조직(민회)으로 거듭나야 한다. 신학(神學)에서 '신학(信學)'으로의 전회를 제시한 이은선의 주장[26]이 그래서 중요하다. 교회는 믿을 신(信) 자를 구성하는 인간(人)의 말(言)이 신의 언어이자 신적 행동으로 이어질 수 있는 현실을 만들어내야만 할 것이다. 더불어 소통하는 사회를 만드는 일이

---

26 이은선 『페미니스트 신학자의 유교 읽기: 신학(神學)에서 신학(信學)으로』, 모시는사람들 2023, 결론 참조.

종교의 존재 이유이기 때문이다. 상호 연계된 세가지의 '공'을 통해 기득권에 안주한 대의민주제에 이의를 제기하고 자본주의체제를 비판적으로 성찰하며 기후붕괴 현실에 적실히 대응하는 개벽종교의 시대가 열리기를 소망하며 글을 마감한다.

9장

물질개벽에 어떻게 대응할 것인가

소태산의 '물질' 논의를 중심으로

조성환

1. 들어가며

원불교는 1916년에 전남 영광에서 소태산 박중빈(1891~1943, 이하 소태산)에 의해 시작된 새로운 불교운동이다. 초기에는 '저축조합'이나 '불법연구회' 등의 명칭을 사용하다가 해방 이후에 지금의 '원불교'로 개칭하였다. 원불교는 독자적인 계보와 경전 그리고 예악 등을 가지고 있다는 점에서 고려나 조선의 불교와 다르다. 예를 들면 원불교의 최고 경전은 석가모니가 아니라 소태산의 생각과 언행을 기록한 『정전(正典)』과 『대종경(大宗經)』인데, 창시자 생존 시에 완성되었다는 점이 특징이다. 또한 일반적으로 불교라고 하면 '모든 것이 고통이다'라고 하는 '일체개고(一切皆苦)' 사상을 떠올리는데, 원불교는 정반대로 '모든 것이 은혜이다'라고 하는 '일체개은(一切皆恩)'을 말한다. 그 이유는 '나'라는 존재는 나 이외의 모든 존재(심지어는 규범이나 진리까지도)의 도움이 있기에 성립

가능하다고 생각하기 때문이다. 그래서 천지, 부모, 동포, 법률(규범/진리)이라는 네가지 은혜를 교리의 맨 처음에 배치하고 있다. 한편 원불교 수양론에는 좌선이나 단전주 수련[1]과 같이 불교와 도교적인 요소도 포함되어 있고, 삼학(三學)의 하나인 '사리연구(事理硏究)'는 유교의 '격물치지'(사물에 나아가서 이치를 탐구한다)와 상통하는 개념이다. 이는 원불교가 비록 '불교'라는 이름을 표방하지만, 내용적으로는 유불도 삼교와의 연속성과 불연속성이라는 이중적인 성격을 띠고 있음을 말해준다.

다른 한편으로 원불교는 일제강점기에 탄생한 근대종교이기에 사상적으로 '근대'라는 시대 상황을 반영한다. 대내적으로는 동학에서 시작된 '개벽사상'을 잇고, 대외적으로는 일본을 통해 수용된 '과학문명'에 대한 대응의 성격을 띤다. 이 두가지 성격은 원불교의 개교(開敎)표어인 '물질이 개벽되니 정신을 개벽하자'에 고스란히 담겨 있다. 여기에서 '개벽'은 동학을 창시한 최제우(1824~64)의 '다시개벽'(『용담유사』)에서 연원한 말이고, 개벽을 물질과 정신에 적용한 '물질개벽'과 '정신개벽' 개념은 최제우를 이은 최시형(1827~98)의 "선천은 물질개벽이요 후천은 인심개벽"[2]이라는 말에서 유래했다. 그리고 최시형의 인심개벽은 이후에 천도교의

1 '단전주(丹田住)'라는 말은 『정전』 수행편과 『대종경』 수행품에 나온다. 의식과 호흡을 단전(아랫배의 중간 지점)에 집중하여(住) 심신의 안정을 확보하는 수련법을 말한다. 단전주법에 대한 상세한 안내서로는 길도훈 『단전주선』(씨아이알 2014)이 있다.

2 "대신사(大神師) 항언(恒言)하시되 차세(此世)는 요순공맹(堯舜孔孟)의 덕(德)이라도 부족언(不足言)이라 하셨으니 이는 현시(現時)가 후천개벽(後天開闢)임을 이름이라. 선천(先天)은 물질개벽(物質開闢)이요 후천(後天)은 인심개벽(人心開闢)이니, 장래(將來) 물질발명(物質發明)이 기극(其極)에 달(達)하고 만반(萬般)의 사위(事爲) 공전(空前)한 발달(發達)을 수(遂)할지니, 시시(是時)에 재(在)하여 도심(道心)은 더욱 미(微)하고 인심(人心)은 더욱 위(危)할지며, 더구나 인심(人心)을 인도(引導)하는 선천도덕(先天道德)이 시(時)에 순응(順應)치 못할지라." 『해월신사법설』 「기타」.

'정신개벽' 개념으로 이어진다(가령 이돈화의 『신인철학』). 원불교의 개교표어는 이러한 한국사상사의 흐름 속에서 이해될 수 있고, 그런 점에서 원불교는 동학이나 천도교와 같이 개벽을 표방한 '개벽불교' 또는 '개벽종교'로 분류될 수 있다.

여기서 개벽의 의미에 대해서 생각해보면, 최제우의 '다시개벽'은 마치 하늘과 땅이 처음 열리듯이(천지개벽) 문명의 질서가 새롭게 열린다는 의미이다. 최제우는 개벽의 출발을 '시천주(侍天主)'라는 새로운 인간관으로 제시하였고, 그것을 바탕으로 인간과 하늘의 관계, 인간과 인간의 관계를 다시 설정하였다. 이어서 최시형은 최제우의 '다시개벽'을 각각 '물질개벽'과 '인심개벽'으로 나누어서 설명하였다. 최제우의 다시개벽에 물질이라는 새로운 문제의식을 추가하고, 물질개벽에 대한 대응으로 인심개벽의 필요성을 제시하면서 최제우의 개벽사상을 인심개벽의 일환이라고 해석한 것이다. 여기에서 물질개벽은 "장래 물질발명이 기극에 달하고"라는 표현에서 알 수 있듯이, 산업혁명과 같이 종래와는 전적으로 다른 차원의 '도구'가 탄생한 사건을 가리킨다(가령 비행기나 자동차 등등). 그런 점에서 개벽은 '혁명' 개념으로 바꿔서 이해할 수 있다. 물론 그렇다고 해서 양자의 함의가 완전히 일치하는 것은 아니다. 가령 선천개벽이나 후천개벽 개념에서 알 수 있듯이, 개벽에는 동아시아의 우주론적 세계관이 포함되어 있다. 즉 우리는 지금 선천 5만년의 우주의 질서가 바뀌는 전환의 시대(후천개벽)에 살고 있고, 이러한 전환에 맞춰서 인간의 질서도 전환되어야 하는 시점에 와 있다는 신념을 당시의 개벽종교들은 공유하고 있었다. 이러한 사상적 유산과 시대적 고민을 이어받아서 정식화한 것이 '물질이 개벽되니 정신을 개벽하자'는 원불교의 개교표어이다.

그렇다면 원불교의 개교표어에서 말하는 '정신개벽'은 어떻게 이해될 수 있을까? 최시형은 '인심개벽'에 대해서 구체적인 언급을 한 적이 없다. 아울러 '물질'이라는 말 자체도 한 단락에서 두차례 쓴 것이 전부이다. 반면에 일제강점기의 천도교에 이르면 물질이 하나의 철학적 주제로 들어오게 된다. 소태산 역시 물질을 중요하게 다루었다. 그의 언행이나 사상을 기록한 『대종경』과 『정전』에는 물질에 관한 언설들이 많이 보인다. 이러한 언설들은, 다시 말하면 소태산의 '물질론'은 그가 말하는 정신개벽을 이해하는 데 중요한 단서가 된다. 나아가서 천도교의 '정신개벽'과의 동이(同異)를 생각하는 데 있어서도 하나의 실마리가 될 수 있다.

이하에서는 이러한 문제의식에서, 원불교가 서구에서 시작된 물질개벽에 대해 동아시아의 사상 전통에서 어떻게 '응답'했는지를 원불교의 창시자 소태산 박중빈의 물질에 관한 논의를 중심으로 살펴보고자 한다. 구체적으로는 새롭게 등장한 물질을 어떻게 이해해야 하고 나아가서 인간이 그것들을 어떻게 대해야 하는지에 대한 논의에 초점을 맞추고자 한다. 마지막으로 이러한 물질론이 오늘날 어떤 의미를 지닐 수 있는지를 기후변화 문제와 관련해서 생각해보고자 한다. 인류세인문학을 개척했다고 평가받는 디페시 차크라바르티(Dipesh Chakrabarty)는 칼 야스퍼스(Karl Jaspers)의 '시대의식'(epochal consciousness) 개념을 언급하면서 지금의 기후변화 위기를 20세기 초의 '원자폭탄의 위기'에 빗댄 적이 있는데,[3] 이는 원불교식으로 말하면 "기후가 개벽되니 의식을 개벽하자"는 제안으로 이해할 수 있다는 생각이다.

3 Dipesh Chakrabarty, "The Human Condition in the Anthropocene," The Tanner Lectures on Human Values Delivered at Yale University, February 18~19, 2015.

2. 원불교의 시대 인식

물질의 위협

> 현하 과학의 문명이 발달됨에 따라 물질을 사용하여야 할 사람의 정신은 점점 쇠약하고, 사람이 사용하여야 할 물질의 세력은 날로 융성하여, 쇠약한 그 정신을 항복받아 물질의 지배를 받게 하므로, 모든 사람이 도리어 저 물질의 노예 생활을 면하지 못하게 되었으니, 그 생활에 어찌 파란고해(波瀾苦海)가 없으리요. 그러므로 진리적 종교의 신앙과 사실적 도덕의 훈련으로써 정신의 세력을 확장하고, 물질의 세력을 항복받아, 파란고해의 일체 생령을 광대무량한 낙원(樂園)으로 인도하려 함이 그 동기니라.[4]

이 글은 원불교의 교리서 『정전』의 맨 첫머리에 나오는 '개교(開敎)의 동기' 전문이다. 원불교를 시작하게 된 동기를 간단명료하게 밝히고 있다. 그런 의미에서 원불교의 정체성을 천명한 일종의 선언문이라고 할 수 있다. 이 선언문은 현대문명에 대한 진단으로 시작하기 때문에 문명비판론의 성격도 겸한다. 그리고 그에 대한 처방을 제시하고 '낙원세계'를 꿈꾼다는 점에서 이상사회론으로도 읽을 수 있다.

그렇다면 구체적으로 현대문명의 어떤 점을 비판하고 어떤 대안을 제시하고 있는가? 한마디로 말하면 물질문명의 과잉으로 인한 정신문명의 쇠퇴를 비판하고, 이에 대한 대안으로 진리와 사실에 기반한 종교와 도덕으로 정신문명의 힘을 기를 것을 제시한다. 이 대목에서 우리는 원불교가

---

4 이하 원불교 경전의 인용은 원불교 경전법문집 홈페이지(www2.won.or.kr/bupmun)를 참고하였다.

'과학과 물질'이라는 시대적 고민을 안고 탄생한 종교임을 확인할 수 있다. 그런 점에서 원불교는 '과학시대의 종교'라고 할 수 있고, 바로 여기서 원불교의 근대적 성격이 드러난다.

그런데 주의할 점은 그렇다고 해서 원불교가 과학 자체를 비판하거나 물질의 발달을 거부하는 것은 아니라는 사실이다. 오히려 과학의 발달로 인한 물질의 풍요가 인간의 삶을 윤택하게 해준다고 생각한다. 이는 『대종경』의 다음과 같은 대목에서 확인할 수 있다.

> 도학과 과학이 병진하여 참 문명세계가 열리게 하며(서품 8)

> 안으로 정신문명을 촉진하여 도학을 발전시키고 밖으로 물질문명을 촉진하여 과학을 발전시켜야 영육(靈肉)이 쌍전(雙全)하고 내외가 겸전(兼全)하여 결함 없는 세상이 되리라.(교의품 31)

여기에서 '영육'은 '정신과 육체'를 말하고, '쌍전'과 '겸전'은 '병행'이나 '겸비'로 풀어 쓸 수 있다. 그리고 '도학'은 동아시아 문명이 지난 2천여 년 동안 축적해온 '정신문명'을 대변하는 개념이다. 구체적으로는 유교와 불교 그리고 도교와 같은 철학·종교 전통을 총칭한다. 그런데 소태산은 도학과 더불어 과학도 발전시켜야 한다고 말한다. 과학과 도학, 물질문명과 정신문명이 함께 발전한 균형 잡힌 문명을 추구해야 한다는 것이다. 그 균형이 깨졌을 때의 위험을 소태산은 다음과 같은 비유를 들어 설명한다.

> 만일 현대와 같이 물질문명에만 치우치고 정신문명을 등한시하면 마치 철모르는 아이에게 칼을 들려준 것과 같아서 어느 날 어느 때에 무슨 화를 당할

지 모를 것이니, 이는 육신은 완전하나 정신에 병이 든 불구자와 같고, 정신문명만 되고 물질문명이 없는 세상은 정신은 완전하나 육신에 병이 든 불구자와 같나니, 그 하나가 충실하지 못하고 어찌 완전한 세상이라 할 수 있으리요. 그러므로, 내외 문명이 병진되는 시대라야 비로소 결함 없는 평화 안락한 세계가 될 것이니라.(교의품 31)

여기에서 소태산은 물질문명과 정신문명 중에서 어느 한쪽만의 손을 들어주지 않는다. 물질의 발달이 없는 정신문명도 불완전하다고 보기 때문이다. 그래서 진정한 원불교인이라면 물질 자체에도 관심을 가져야 한다. 물질에 대한 이와 같은 긍정적 태도는 원불교를 조선 후기의 '실학'의 연장선상에서 생각할 수 있는 계기를 제공한다. 조선 후기 실학에는 여러 가지 흐름이 있지만, 그중에서도 특히 19세기 중반의 최한기는 서양의 과학기술 발달을 긍정적으로 평가하여 '기용(器用)'을 문명의 새로운 요인으로 생각하였다('기용'이란 '도구의 사용'이라는 뜻으로, 지금으로 말하면 '기술이나 기술로 만든 도구의 사용'으로 이해할 수 있다). 즉 이 세계를 이루는 구성요소로 인간〔人〕과 자연〔天〕이라는 전통적인 범주 외에, 기술이나 도구〔器〕라는 새로운 범주를 설정한 것이다.[5]

하지만 최한기는 아직 '기용'에 대한 경계심은 보이지 않는다. 그보다는 '기용'이 가져다줄 편리함과 이로움에 초점을 맞춘다. 반면에 최한기보다 반세기 이후에 등장한 소태산은 '기용'의 부작용을 우려하고 두려워한다. 그의 우려는 위의 인용문에 나오는 "철모르는 아이"의 비유나, 앞서

5 최한기 『기학(氣學)』(1860). 최한기의 '기용' 개념과 철학에 대해서는 졸고 「기후위기 시대 철학의 전환: 인류세철학과 기학(氣學)의 대화」, 『철학·사상·문화』 41권, 2023 참조. 『기학』의 원문과 번역문으로는 『기학』, 손병욱 옮김, 통나무 2004 참조.

인용한 '개교의 동기'의 "물질의 노예 생활"이라는 표현에 잘 드러난다. "철모르는 아이에게 칼을 들려준 것과 같다"는 비유는 원자폭탄이나 핵무기로 인해 인류 전체가 멸망할 수 있는 상황을 연상시키고, "물질의 노예 생활"은 인터넷이나 스마트폰에 중독된 현대인의 일상을 떠올리게 한다.

최한기와 달리 소태산에게서 이러한 '우환의식'이 싹튼 이유는 과학과 물질이 지니는 막강한 '힘'을 직감했기 때문일 것이다. 그리고 그 힘에 짓눌려 인간이 노예로 전락해가는 현실을 통찰했기 때문이다. 전자가 **물질의 위력**이라고 한다면, 후자는 **물질의 독재**라고 할 수 있다. 그렇다면 물질의 위력과 독재에서 벗어날 수 있는 길은 무엇인가? 바로 물질을 제대로 사용할 수 있는 인식을 키우고 물질의 힘에 대항할 수 있는 정신의 힘을 기르는 것이다. 이러한 노력을 원불교에서는 '마음공부' 또는 '정신수양'이라고 말한다. 이하에서는 이러한 노력의 일환을 물질에 대한 인간의 인식과 태도에 초점을 맞추어 고찰하고자 한다.

물질의 사용

쇼핑몰에서 새로운 전자제품을 사면 '매뉴얼'이라는 것을 받는다. 그 물건을 어떻게 사용할지에 대한 설명서이다. 이 설명서가 없으면 아무리 좋은 물건이라도 제대로 쓸 수 없을 것이다. 이와 유사하게 소태산은 물건을 사용할 줄 아는 마음법을 강조한다. 아무리 좋은 물건이라도 잘못 사용하면 '독'이 될 수 있기 때문이다.

> 지금 세상은 물질문명의 **발전**을 따라 사·농·공·상에 대한 학식과 기술이 많이 **진보**되었으며, 생활기구도 많이 화려하여졌으므로 이 **화려한** 물질에 눈과 마음이 황홀하여지고 그 반면에 물질을 사용하는 정신은 극도로 쇠약하

> 여, 주인된 정신이 도리어 물질의 노예가 되고 말았으니 이는 실로 크게 근심될 현상이라. 이 세상에 아무리 좋은 물질이라도 사용하는 마음이 바르지 못하면 그 물질이 도리어 악용되고 마는 것이며, (…) 마음을 바르게 사용하면 모든 문명이 다 낙원을 건설하는 데 보조하는 기관이 되는 것이요, 마음을 바르지 못하게 사용하면 모든 문명이 도리어 도둑에게 무기를 주는 것과 같이 되나니라. 그러므로, 그대들은 새로이 각성하여 이 모든 법의 주인이 되는 **용심법**(用心法)을 부지런히 배워서 천만 경계에 항상 자리(自利) 이타(利他)로 모든 것을 **선용**(善用)하는 마음의 조종사가 되며, 따라서 그 조종 방법을 여러 사람에게 교화하여 물심양면으로 한가지 참 문명세계를 건설하는 데에 노력할지어다.(교의품 30, 강조는 인용자)

이 글에는 근대에 대한 소태산의 진단과 저방이 잘 나타나 있다. 발선, 진보, 화려함…… 이 개념들은 '근대'를 말할 때 단골처럼 등장하는 수식어들이다. 가령 '경제는 발전하고 문명은 진보한다'는 등의 표현이 그것이다. 그러나 소태산은 그 화려함 뒤에 가려진 어두움을 걱정한다. 마치 노자가 『도덕경』에서 "다섯가지 색은 사람의 눈을 멀게 한다"(제12장)라고 갈파했듯이, 물질문명의 화려함 뒤에 쇠락해가는 정신문명을 우려한다. 그리고 그에 대한 대안으로 '용심법', 즉 '마음 쓰는 법'을 제시한다.

'용심'은 원래 『장자』에 나오는 말이다. 동아시아의 철학 문헌에서는 처음 등장하는 용례일 것이다. "성인의 용심(用心)은 거울과 같아서 자신의 호오에 따라 대상을 거부하거나 맞이하지 않는다. 대상이 오면 있는 그대로 반응하고, 대상이 사라지면 담아두지 않는다."[6] 이 문장에서 장자

6 "지인지용심약경(至人之用心若鏡). 불장불영(不將不迎), 응이불장(應而不藏)." 『장자』 「응제왕」.

는 우리의 마음을 '거울처럼 쓰라'고 제언하고 있다〔用心若鏡〕. 거울은 편견 없이 대상을 있는 그대로 인식하기 때문이다. 그리고 이러한 거울과 같은 마음 상태를 '비움'〔虛〕이라는 말로 표현한다. 허심(虛心)의 상태에서 외물에 반응할 때 거울과 같이 객관적이고 적확한 판단을 내릴 수 있다고 생각했기 때문이다. 『장자』에서는 '외물에 대한 반응'을 '응물(應物)'이라고 하였다. 따라서 『장자』라는 텍스트는 '허심-응물'의 구조로 읽을 수 있다(실제로 위진시대의 현학자 곽상은 『장자주』에서 이러한 틀로 『장자』를 해석하였다).[7]

소태산은 이 물(物), 즉 마음의 대상 중에서 특히 물질에 주목한다. 그리고 물질을 사용할 때의 마음가짐을 중시한다. 그런 점에서는 『장자』에 나오는 '기심(機心) 이야기'와 상통한다. '기심 이야기'란 어느 노인이 기계를 쓸 줄은 알지만 기계에 의존하는 마음이 생기는 것을 경계하여 기계를 멀리한다는 이야기이다(『장자』「천지」). 소태산도 비슷한 문제의식을 가졌다. 다만 소태산은 기계를 '적절히' 사용하는 데에 방점을 둔다. 그래서 기계에 대해 금지나 거부가 아니라 '선용(先用)'이라는 표현을 쓴다. 즉 기계를 사용하는 '용(用)'의 행위는 긍정하되, 그것을 악용이 아니라 선용이 되게 하는 데에 초점을 맞춘다. 가령 우리가 칼이라는 도구를 음식에 쓰면 '선용'이 되지만 살인에 쓰면 '악용'이 된다. 후자의 경우에 칼은 '공포'로 둔갑한다. 마찬가지로 스마트폰을 유익한 정보를 얻거나 타인과 소통하는 도구로 쓰면 선용이 되지만, 중독이 될 정도로 손에서 놓지 못하면 악용으로 전락한다. 후자의 경우에 우리는 스마트폰의 '노예'가 된 것이다. 결국 문제는 물질을 어떻게 쓸 것인가로 귀결된다.

---

7 장자를 비롯한 도가의 응물론에 대해서는 졸고 「정제두의 심학적 응물론: 「정성서해(定性書解)」를 중심으로」, 『유교문화연구』 19집, 2011, 123~26면 참고.

그래서 소태산은 물질을 대하는 주관적 태도를 강조한다. 장자의 개념으로 말하면 응물의 조건으로서의 '허심'이다. 장자가 응물의 태도로 허심을 강조한 이유는 사태에 대한 정확한 판단을 중시했고, 편견이나 사심을 비워낸 상태에서 객관적 판단이 가능하다고 생각했기 때문이다. 그러나 이와 달리 소태산은 응물의 태도로 '외경'을 강조한다. 물질의 위협에 대한 경계심이 있었기 때문이다. 이하에서는 이 점에 대해서 살펴보기로 하자.

3. 물질에 대한 태도

물질의 권위

소태산은 『대종경』에서 외물을 대하는 태도에 대해 다음과 같이 설파한다.

> 우주만유로서 천지만물 허공법계가 다 부처 아님이 없나니, 우리는 어느 때 어느 곳이든지 항상 **경외심**을 놓지 말고 존엄하신 부처님을 대하는 청정한 마음과 **경건한 태도로 천만 사물에 응할 것**이며, 천만 사물의 당처에 직접 불공하기를 힘써서 현실적으로 복락을 장만할지니, 이를 몰아 말하자면 편협한 신앙을 돌려 원만한 신앙을 만들며, 미신적 신앙을 돌려 사실적 신앙을 하게 한 것이니라.(교의품 4, 강조는 인용자)

여기에서 "경건한 태도로 천만 사물에 응할 것"은 소태산의 '응물론'에 해당한다. 소태산에게 '경외심'이나 '경건한 태도'는 곧 외물을 대하는 주관적 태도나 마음가짐이다. 장자가 '허심-응물'을 말했다면, 소태산은 '경심(敬心)-응물' 또는 '외심(畏心)-응물'을 말하고 있는 것이다. 그리고 그러한 태도로 외물을 대하는 행위를 "불공" 또는 "사실적 신앙"이라고 표현하고 있다. '사실적'이란 우리 눈앞에 펼쳐져 있는 구체적인 사물들을 종교의 대상으로 삼는다는 의미이다. 앞서 인용한 개교표어에서 '진리적 종교'와 '사실적 도덕'이 병치된 데서 알 수 있듯이 '사실적'은 '진리적'과 유사한 말이다.

그렇다면 왜 대상에 경외심을 가져야 하는가? 이에 대해서는 여러가지 설명이 가능하다. 여기에서는 '물질'을 중심으로 답을 찾아보고자 한다. 이때 주목할 만한 소태산의 설법은 다음과 같다.

> 오늘은 그대들에게 마음 지키고 몸 두호하는(보호하는) 데에 가장 필요한 방법을 말하여주리니 잘 들어서 **모든 경계에 항상 공부하는** 표어를 삼을지어다. 표어란 곧 **경외심을 놓지 말라** 함이니, 어느 때 어디서 어떠한 사람을 대하거나 어떠한 물건을 대하거나 오직 **공경하고 두려워하는 마음**을 가지고 대하라 함이니라. 사람이 공경하고 두려워하는 마음을 놓고 보면(놓아버리면) 아무리 친절하고 사이 없는 부자·형제·부부 사이에도 반드시 불평과 원망이 생기는 것이며, 대수롭지 않은 경계와 **하찮은 물건에도 흔히 구속과 피해를 당하나니**, 그것은 처지가 무간하고 경계가 가볍다 하여 마음 가운데 **공경과 두려움을 놓아버리고** 함부로 행하는 연고라.(『대종경』 인도품 33, 강조는 인용자)

여기에서 '아무리 하찮은 물건에도 구속과 피해를 당한다'는 말은 앞서 언급한 '물질의 위력과 노예'의 다른 표현으로 볼 수 있다. "공경과 두려움을 놓아버리"는 상태는 맹자식으로 말하면 '방심(放心)'에 해당한다.

다만 이때 '심'은 맹자가 말하는 사단(四端)이 아니라 공경심, 외경심을 지칭한다. 소태산은 우리가 사물에 속박되고 피해받는 이유가 그것에 대한 공경심과 두려움을 놓아버렸기 때문이라고 본다〔放敬畏心〕. 그래서 매사에 경외심을 유지하는 훈련이 요청되는데 이를 '모든 경계(상황)에 항상 공부한다'라고 표현한다.

소태산에 따르면 우리가 사물에 경외심을 가져야 하는 이유는 그것에 속박되고 피해받는 상황을 피하기 위해서이다. 달리 말하면 사물이 우리를 속박하고 상처주는 '힘'을 지니고 있기 때문이다. 힘을 지닌 존재에 대해 우리는 두려움을 느껴야 한다. 그런데 근대의 물질문명은 인간의 힘에 집중한 나머지, 인간이 사물의 힘에 의해 속박될 수 있다는 사실을 경시하였다. 신유물론적 개념으로 말하면, 비인간 존재의 행위성(agency)을 무시한 것이다. 이러한 병폐를 두고 차크라바르티 역시 "근대인의 외경 상실"이라는 말로 표현하였다.[8]

소태산은 인간이 사물에 대한 외경의 마음을 상실했을 때 사물에 대한 소유욕이 생긴다고 보았다. 즉 사물이 간직한 고유한 힘을 망각했을 때 사물을 자기 마음대로 할 수 있다고 착각한다는 것이다.

> 가령 어떤 사람이 어느 가게에서 성냥 한갑을 훔치다가 주인에게 발각되었다면 그 주인이 하찮은 성냥 한갑이라 하여 그 사람을 그저 돌려보내겠는가. 극히 후한 사람이라야 꾸짖음에 그칠 것이요, 그렇지 아니하면 모욕을 가할 수도 있을 것이니, 이것은 곧 그 성냥 한갑이 들어서 그 사람을 꾸짖고 모욕한 것

---

8 Dipesh Chakrabarty, "The Planet: An Emergent Matter of Spiritual Concern?," *Havard Divinity Bulletin*, Autumn/Winter 2019, https://bulletin.hds.harvard.edu/the-planet-an-emergent-matter-of-spiritual-concern/ (2024년 10월 접속).

이며, 다시 생각하면 성냥을 취하려는 욕심이 들어서 제가 저를 무시하고 욕보인 것이요, 그 욕심은 성냥 한갑에 대한 경외심을 놓은 데서 난 것이니, 사람이 만일 경외심을 놓고 보면 그 감각 없고 하찮은 성냥 한갑도 그만한 **권위**를 나타내거든, 하물며 그 이상의 물질이며[9] 더구나 만능의 힘을 가진 사람이리요.(인도품 33, 강조는 인용자)

소태산에 의하면 성냥 한갑을 훔친 사람은 두가지 잘못을 저지른 것이다. 하나는 남의 것을 훔친 잘못이고, 다른 하나는 성냥 한갑에 대한 경외심을 놓친 잘못이다. 전자는 법률적인 관점에서 본 잘못이고, 후자는 도덕적인 관점에서 본 잘못으로 사물을 대하는 태도가 잘못된 것이다. 소태산의 설법은 전자보다는 후자에 초점이 맞춰져 있다. 정확히 말하면 후자의 잘못이 더 근본적이고, 그로 인해 전자의 잘못도 생겼다고 본다.

위의 설법은 소태산이 사물을 바라보는 관점이 현대인과는 매우 다름을 보여준다. 우리는 대부분 소유관계를 중심으로 사물을 바라본다. 즉, 그것이 누구의 것인가가 무엇보다도 중요하다. 그다음으로는 도구적인 관점이다. 그것이 인간에게 얼마나 쓸모있는가가 사물을 평가하는 기준이 된다. 성냥을 훔친 사람은 그것이 쓸모있다고 생각해서 욕심이 났을 것이고, 자기 소유가 아닌 물건을 임의로 가져옴으로 인해 모욕을 당하게 된다. 그런데 소태산은 소유관계나 쓸모보다는 사물 자체가 지닌 '권위'를 우선시한다. 모든 사물은 나름대로의 권위가 있고, 그 권위에 인간

---

9 참고로 소태산의 제자 송도송의 기록에 의하면, "하물며 그 이상의 물질"이 "하물며 그 이상의 귀중한 물품"으로 되어 있다(「敬畏心을 놋치말라」, 『월말통신』 32호, 1930. 9., 조성환·허남진 「원불교의 응물론: 소태산의 경외사상을 중심으로」, 『원불교사상과 종교문화』 99집, 2024, 135면, 각주 28 참조). 이 기록으로부터 소태산이 말하는 '물질' 개념에는 일상에서 사용하는 '물건' 개념도 포함되어 있음을 알 수 있다.

은 경외심을 표해야 하며, 그래야 잘못된 소유욕이 생기지 않는다는 것이다.[10] 이때 '권위'는, 신유물론의 표현을 빌리면, 사물 자체가 갖는 고유한 힘 내지 행위성으로 이해할 수 있다. 가령 신유물론자인 제인 베넷은 사물이 지닌 힘에 대해서 다음과 같이 말하였다.

> 그것들은 자신의 사물-권력〔thing-power〕을 드러냈다. 그것들은 (…) 분명 내게 신호를 보내고 있었다. 적어도, 그것들은 나에게 정동〔情動, affects〕을 촉발했다. 죽은 쥐(…)는 내게 혐오감을 불러일으켰고, 쓰레기는 나를 동요시켰으며, 나는 그 외의 다른 것도 느꼈다.[11]

즉 우리는 사물을 접하면 어떤 감정이나 태도를 보이게 되는데, 그런 점에서 사물도 인간에게 영향력을 행사하는 존재로 인식해야 한다는 것이다. 이렇게 보면 소태산이 말하는 물질에 대한 태도는 물질을 바라보는 인간의 관점과 떼려야 뗄 수 없음을 알 수 있다. 즉 인간과 물질이 독립적으로 존재하는 것이 아니라 인간이 물질을 어떻게 인식하느냐에 따라 그것을 대하는 태도가 달라지는 것이다.

물질의 도덕

'성냥 한갑'에 대한 경외심의 상실이 얼마나 비극적인 결과를 가져올 수 있는지를 단적으로 보여주는 사례는 원불교 총부가 위치한 전라북도

---

10 참고로 『정전』과 『대종경』을 통틀어 '권위'라는 말은 총 두차례 나온다. 앞의 용례 외 다른 한 예도 인도품에 나오는데 의미는 약간 다르다. "〔권세에 집착하지 않으면〕 영원한 권위를 누리게 되리라."(인도품 27)

11 제인 베넷 『생동하는 물질: 사물에 대한 정치생태학』, 문성재 옮김, 현실문화 2020, 42면.

익산에서 일어난 이리역 폭발사고(1977)이다. 이 사고는 화약을 실은 열차에서 야밤에 촛불을 켠 채 잠든 바람에 발생한 대형 참사였다. 이 폭발사고로 사망한 사람만 해도 59명에 달했다. 그런데 이 사고는 소태산의 관점에서 말하면, 촛불 하나에 대한 외경심을 상실한 결과로 비롯된 것이다. 단지 추위를 달래고 싶다는 순간적인 충동에서 촛불이 가진 '권위', 나아가서는 촛불이 화약과 연결될 경우에 일어날 수 있는 엄청난 '힘'을 망각한 것이다.[12]

그런데 만약에 촛불을 화약 열차가 아닌 다른 곳에서 켰다면 상황은 달라졌을 것이다. 이는 같은 물질이라고 해도 시간과 장소, 상황에 따라 전혀 다른 결과를 낳을 수 있음을 말해준다. 제인 베넷이 말한 사물-권력(thing-power)의 관점에서 이리역 폭발사고를 해석하면 다음과 같다.

> 이리역 폭발사건은 (…) 양초가 지니고 있는 '권력'이 다른 사물과 재배치되면서 창발된 사건이었다. 그런 점에서 인간, 기차, 화약, 양초 등 다양한 행위자들이 얽힌 상태에서 벌어진 사건으로 볼 수 있다. 성냥을 두려워해야 하는 이유가 여기에 있다. 그것이 어떻게 배치되고 사용되느냐에 따라 약이 될 수도 독이 될 수도 있기 때문이다.[13]

즉 사물은 고유한 힘과 행위성을 지니고 있지만, 그것이 어떻게 배치되느냐에 따라 그 힘과 행위성이 드러나는 방식이 달라진다. 다시 말하면,

---

12 물론 이러한 충동에 사로잡힌 데에는 당시 사고를 일으킨 당사자가 음주를 했다는 상황도 작용했을 것이다. 이 폭발사고에 대해서는 『한국민족문화대백과사전』의 '이리역 폭발사고' 항목을 참고하였다.

13 조성환·허남진, 앞의 글 136면.

그것이 다른 사물들과 어떤 관계에 있느냐에 따라 발현되는 힘의 내용도 달라지는 것이다. 양초를 야외에서 켜면 난로의 대용이 될 수 있지만, 화약 열차 안에서 켜면 폭탄의 점화 장치로 변할 수 있는 것처럼 말이다.

그렇다면 우리가 물질의 힘을 선용하기 위해서는 두가지 사항을 숙지해야 할 것이다. 하나는 물질의 힘이 독립적으로 발현되는 것이 아니라 다른 사물과의 관계 속에서 발현된다는 사실이고, 다른 하나는 그 물질이 다른 사물과의 관계 속에서 어떻게 쓰이는지에 대한 구체적인 내용이다. 전자가 모든 물질에 적용되는 공통적 사항이라면, 후자는 각각의 물질에 따라 달라지는 개별적 사항이다. 소태산이 말하는 사리연구는 이러한 사항을 파악하는 활동으로 이해할 수 있다. 즉 원불교의 사리연구가 사물의 도리나 이치를 탐구하는 활동이라면, 그리고 그런 점에서 성리학의 격물치지에 상응하는 개념이라면, 사리연구의 탐구 대상에 새로운 물질도 추가될 수 있고 각각의 물질이 지닌 힘과 행위성의 맥락을 파악해서 그것을 적절히 사용하는 것도 사리연구의 일환으로 볼 수 있는 것이다.

그런데 흥미로운 점은 소태산이 이러한 사물 간 관계를, 즉 사물의 배치에 따라 다르게 드러나는 힘과 행위성을 전통적인 도덕 개념으로 설명한다는 점이다. 더 나아가서 그러한 도덕 개념을 물질뿐만이 아니라 인간에게도 적용하여 인간의 행위성을 도덕 개념으로 설명한다. 구체적으로는 다음과 같다.

> 덕(德)이라 하는 것은 (…) 은혜가 나타나는 것을 이름이니, 하늘이 도를 행하면 하늘의 은혜가 나타나고, 땅이 도를 행하면 땅의 은혜가 나타나고, 사람이 도를 행하면 사람의 은혜가 나타나서, 천만가지 도를 따라 천만가지 덕이 화하나니라. 그러므로, 이 여러가지 덕 가운데에 우선 사람의 덕만 해석하여

> 본다 하여도 그 조건이 또한 한이 없나니, 부모·자녀 사이에 도를 행하면 부모·자녀 사이의 덕이 나타나고, 상·하 사이에 도를 행하면 상·하 사이의 덕이 나타나고, 부부 사이에 도를 행하면 부부 사이의 덕이 나타나고, 붕우 사이에 도를 행하면 붕우 사이의 덕이 나타나고, 동포 사이에 도를 행하면 동포 사이의 덕이 나타나서… (『대종경』 인도품 2)

여기에서 '덕'은 오늘날의 개념으로 따지자면 일종의 '효과'로 이해할 수 있다. 즉 어떤 사물이 본래 기능에 맞게 작용하면 모종의 '효과'를 얻을 수 있는데, 그 효과를 소태산은 '덕'이라고 부른다. 그리고 그것을 다시 원불교의 핵심 개념인 '은혜'로 바꿔 말하고 그런 덕이나 은혜, 즉 효과가 일어나도록 행위하는 것을 '도를 행한다'라고 표현한다. 가령 하늘이 도를 행하면, 즉 우주가 본래의 상태로 운행되면, 그로 인한 효과가 드러나는데—가령 만물이 생성되고 사시가 운행되고 그로 인해 생명체가 안정적으로 살 수 있는 것 등등— 그 효과를 '덕'이라고하는 것이다.

나아가서 소태산은 이러한 논리를 인간의 행위에도 적용하여 각각의 행위가 지닌 효과를 도덕 개념으로 설명한다. 가령 부모와 자식 사이에 자애와 효행이라는 '도'를 행하면—즉 효행을 실천하면—집안이 화목해지는 '덕'(효과)이 생겨난다는 것이다. 그런데 인간의 행위는 만나는 대상마다 상황마다 달라지게 마련이다. 그래서 소태산에 의하면 사물이나 행위의 도와 덕은 하나로 고정되어 있지 않다. 즉 상황에 따라 달라지게 마련이다. 성냥의 예로 생각해보면, 성냥을 아궁이에 있는 지푸라기와의 관계 속에서 사용하면 불을 지피는 '아궁이'라는 덕을 얻지만, 컴컴한 밤에 성냥을 켜면 어둠을 밝히는 '전등'으로서의 덕을 얻는다. 또한 추운 날에 성냥을 사용하면 몸을 따뜻하게 하는 '난로'의 덕을 발휘한다. 이 경우에 우리는 성냥을 사용하는 '도'를 행했고, 그 결과 사물의 지닌 '덕'을 얻었다고 말할 수 있다. 반대로 화약을 실은 열차 안에서 성냥을 사용하면 '성냥을 사용하는 도를 잃었다'고 말해야 할 것이다. 그래서 사물이 지닌 '덕'이 우리에게 은혜가 아니라 무기로 드러나게 되었다고 볼 수 있다.

소태산의 도덕 개념은 하늘과 같은 '자연'이나 효행과 같은 인간의 '행위'뿐만 아니라 성냥과 같은 '사물'의 차원에도 적용될 수 있다. 즉 도덕을 인간 이외의 존재, 그중에서도 특히 '물질'에까지 확장시켜 생각하는 것이다. 이때의 도덕을 '물질도덕'이라고 말할 수 있을 것이다. 즉 물질에도 도덕 범주를 적용하는 것이다. 물질에 도덕 범주를 적용한다는 것은 두가지 차원으로 이해할 수 있다. 하나는 물질도 인간과 마찬가지로 도덕적으로 대하는 것이고, 다른 하나는 물질에도 권위가 있음을 인정하는 것이다. 따라서 '물질도덕'은 다음과 같이 설명할 수 있다. 물질에도 힘과 행위성이 있다는 사실을 인정하고(권위), 그것의 권위를 외경하는 태도를 취하며(경물), 다양한 상황과 관계 속에서 그것이 어떻게 쓰일 수 있는지를 탐구하여(사리연구), 그것의 본래적 가치(덕)를 발휘할 수 있도록 해야 한다. 이러한 점에서 물질도덕 또한 소태산이 말하는 정신개벽의 내용에 포함되어 있다고 볼 수 있지 않을까?

4. 인류세의 물질개벽

이제 기후변화 시대 혹은 인류세 시대에 소태산이 제창한 물질개벽이 어떤 함의를 지니는지 생각해보자. 소태산이 말하는 물질개벽은 역사적으로 산업혁명 이후에 일어난 현상을 지칭하는 개념이다. 그것은 과학기술과 자본주의의 결합에 의해 지구에 묻혀 있던 화석연료를 대량으로 사용할 수 있게 되면서 생긴 결과이다. 그런데 기후변화와 생태위기는 인류가 더이상 화석연료를 지금과 같은 형태로 사용할 수 없음을 깨닫게 해주었다. 화석연료를 사용하면 사용할수록 지구의 온도는 올라가고 생태위기는 가속화될 것이기 때문이다.

최근 들어 지속가능성(sustainability) 대신에 거주가능성(habitability)이 대두되는 것은 이러한 이유에서이다. 그동안 인류가 안정적으로 거주해왔던 지구는 이제 점점 거주하기에 불편한 곳으로 변하고 있다. 이는 소태산이 살았던 시대만 해도 전혀 생각하지 못했던 상황이다. 그렇다면 우리는 인류세 시대에 물질개벽을 어떻게 생각해야 할까?

우선 지구라는 조건 내에서 물질개벽이 이루진다는 인식을 가져야 한다. 물질개벽도 지구를 떠나서는 더이상 지속될 수 없음을 자각해야 한다. 그렇다면 '물질이 개벽되니 정신을 개벽하자'는 원불교의 슬로건에 다음과 같은 사항을 추가할 수 있을 것이다.

> 인류세는 물질이 개벽될 수 있는 조건으로서 먼저 '지구'가 있다는 사실을 자각시켜주었다. 그리고 물질은 지구라는 조건이 감당할 수 있는 범위 내에서만 개벽될 수 있다는 사실을 깨닫게 해주었다. 따라서 인간은 물질을 지구라는 한계 안에서 개벽시켜야 한다. 이것이 인류세 시대의 정신개벽의 과제이다.[14]

이 지점에서 우리는 근대의 진보 관념과 원불교의 개벽 관념의 차이를 발견할 수 있다. 첫째로 인류세의 개벽은 오히려 '반진보'에 가까워야 한

14 같은 글 126~27면.

다는 것이다. 무한한 성장을 원하는 근대인의 욕망을 덜어내어서 지구의 한계 내에서 풍요를 누릴 수 있는 문명을 건설해나가는 것이 바로 인류세의 정신개벽이다. '강자와 약자의 진화상 요법'이라는 소태산의 표현을 빌리면, 이를 '인간과 자연의 공생의 요법'이라고 할 수 있다.

두번째는 인간중심주의에 대한 반성이다. 근대인들은 인간 존재를 인간 이외의 존재와의 얽힘의 관계에서 생각하지 않고, 인간 이외의 존재 '위'에서 생각하였다. 즉 지구를 단지 인간을 위한 도구나 자원으로 생각했을 뿐, 인간의 생존을 위한 조건이자 거주지로는 생각하지 않았다. 이러한 인간중심주의적 사고를 가능하게 했던 것은 과학기술의 발달이다. 과학이라는 힘이 인간을 인간 이외의 존재와 분리해 생각하게 하였고, 그러한 사고에서 물질문명이 발달할 수 있었다.

그러나 최근의 신유물론과 같은 현대철학은 인간 이외의 존재에게도 힘과 행위성이 있음을 인정하라고 주장한다. 그리고 그들을 '존중하는'(respect) 마음을 가지라고 제언한다.[15] 이러한 관점은 사물의 권위를 인정하고 사물에 대한 경외심을 가져야 한다는 소태산의 생각과 상통한다. 그런데 소태산은 여기에서 한걸음 더 나아가서, 가장 큰 사물인 '천지'까지 존중하라고 말한다. 그리고 천지(지구 시스템)의 은혜를 가장 큰 은혜로 여겨야 한다고 설파한다〔天地恩〕.

그런 점에서 소태산도 기본적으로 인간중심주의를 비판하는 입장을 취한다. 그 입장은 천지은 사상이나 '사물의 권위'와 같은 표현에서 나타나지만, 『금강경』에 대한 해석에서 더 직접적으로 드러난다.

15 제인 베넷, 앞의 책.

> 한 제자 여쭙기를 "『금강경』 가운데 사상(四相)의 뜻을 알고 싶나이다."
>
> 대종사 말씀하시기를 "(…) 인상(人相)이라 함은 만물 가운데 사람은 최령(最靈)하니 다른 동물들은 사람을 위하여 생긴 것이라 마음대로 하여도 상관없다는 인간 본위에 국한됨을 이름이요.(『대종경』 변의품)

'사상(四相)'은 '네가지 관념'을 의미하고, '인상(人相)'은 '인간이라는 관념'으로 이해할 수 있다. '최령'은 '가장 탁월하다'는 뜻이다. 즉 '인상'은 '인간은 만물 가운데에서 가장 탁월한 존재이다'라는 '인간우월주의'로 풀이할 수 있다. 그런데 이러한 인간우월주의를 소태산은 '인간 본위에 국한된 생각'이라고 비판한다.[16] 인간우월주의는 인간과 비인간(non-human) 사이의 '얽힘'의 관계를 망각하고 인간의 힘만을 지나치게 강조한 데에서 비롯된 생각이기 때문이다. 그렇다면 오늘날 대두되는 탈인간중심주의도 원불교에서 말하는 정신개벽의 한 과제로 볼 수 있을 것이다.

5. 맺으며

지금까지 살펴본 바와 같이 소태산은 서구에서 시작된 물질문명의 발달을 중대한 문명사적 사건으로 평가했다. 하지만 소태산이 보기에 서구의 근대화는 물질의 발전과 진보는 찬양하지만 물질을 사용하는 인간의 마음은 등한시했다. 달리 말하면 과학에 심취한 나머지 도학을 소홀히 하

16 『금강경』의 '사상(四相)'에 대한 다양한 해석에 대해서는 김도공 「『금강경』의 사상(四相)에 대한 해석 방향 연구: 원불교적 관점에서」, 『원불교사상과 종교문화』 69집, 2016을 참조하라.

였다. 그래서 소태산의 원불교는 '서구적인 근대의 성취를 우리가 어떻게 사용할 것인가?'라는 문제제기라고 할 수 있다. 그리고 그 '물질 사용법'을 동아시아의 도학 전통에서 찾고 있다는 점에서 '동아시아로부터의 종교'이자 '도학 전통에서 나온 종교'라고 말할 수 있다.

소태산은 도학 중에서도 특히 사물을 대하는 태도에 주목한다. 아울러 산업혁명 이래로 새로운 존재로 부상한 물질에 대한 인식의 중요성을 강조한다. 물질도 나름대로의 힘과 행위성을 지니고 있다는 것이다. 소태산은 이를 물질의 '권위'라는 개념으로 표현한다. 그리고 그 권위에 경외심을 표해야 한다고 설파한다. 즉 물질을 대하는 인간의 도덕을 강조한 것이다. 동시에 모든 존재는 다른 존재와의 관계 속에서 자신의 권위와 행위성을 드러내므로, 가령 부모와의 관계에서는 효가, 선생과의 관계에서는 존경이, 친구와의 관계에서는 신뢰가 발휘되는 것과 같이 관계에 따라 발생하는 효력이 각각 달라진다고 생각하였다. 그리고 그러한 관계성과 효력을 각각 '도'와 '덕'이라는 고전적 개념으로 표현하였다. 이러한 발상이 물질에도 적용되니 일종의 '물질도덕론'이라고 할 수 있을 것이다. 소태산의 물질도덕론은 탈인간중심주의적 사고의 일환이다. 그런 점에서 '도덕'의 범위를 인간의 영역에 한정했던 근대인들의 사고와 대비된다.

소태산의 개벽론은 기후변화로 대변되는 인류세 시대에 그 의미가 더 크게 다가온다. 천지은(天地恩)은 지구가 인간의 조건이라는 말에 다름 아니고, 따라서 물질개벽은 지구라는 조건하에서 진행되어야 하며, 이러한 인식을 갖는 것이 정신개벽이라고 볼 수 있기 때문이다. 이처럼 소태산의 개벽사상은 근대에 대한 대응일 뿐만 아니라 인류세에 대한 준비의 성격도 겸한다.

10장
동아시아의 수양론으로 개벽사상 다시 읽기

백영서

1.왜 지금 수양론인가?

코로나 팬데믹과 환경-생태위기 그리고 국지적 전쟁을 겪으면서 한층 더 실감되는 복합위기의 현 국면에서 대안문명을 모색하는 노력도 이어진다. 대전환의 시대를 맞아, 인간과 비인간, 생물권 모두를 위기로 몰아가는 자본주의체제를 우리는 깊이 들여다봐야 한다. 위기에 한껏 민감해진 지금이야말로 자본주의체제와 성장제일주의의 한계에 대해서 더 적극적으로 사유하고 그 대안을 모색하기 좋은 때이다.

우리가 자본주의 '이후'로의 이행을 구상하고자 할 때, 자본주의 폐해를 돌파하는 동력이 될 '자원'은 우리가 탐구하고 최대한 활용하는 만큼만 존재하는 법이다. 시대적 과제에 부응하는 새로운 삶의 방식을 구상하고 실천하는 과업에 충실하려면, 우리가 터득해 점증적으로 축적해온 사상과 운동의 경험을 재활성화하는 데 게으를 수 없다. 동서양 종교와 사상의 광맥에서 찾을 수 있는 자원은 적지 않다. 그 자원을 대전환 국면에서 각자가 삶의 현장의 실감에 맞춰 따져 묻는 비평적 태도를 견지하면서 재활성화하는 일이 긴요하다.

우리 논단에서 점차 확산되고 있는 개벽담론은 바로 그런 노력의 중요한 성취로 꼽을 만하다. 이제 개벽담론은 한국의 특정 종교(동학·천도교, 증산교, 원불교 등 개벽종교)의 틀을 넘어 공론장으로 들어와 있다. 백낙청에 따르면, (후천)개벽은 "사람의 정신과 마음에 일어나는 근본적인 변화와 더불어 새로운 세상이 열리는 대변혁"이다.[1] 이는 근대적응과 근대극복의 동시수행을 의미하는 '이중과제론'이 제시한 '근대극복'을 체제전환을 넘어 문명전환이라는 더 고양된 지평으로 이끄는 한편, "이중과제의 실제 완수에 필요한 심법(心法)과 실천 요령에 관해 '근대' 논의에서 곧잘 간과되는 세세한 사항까지 챙기고 있는"[2] 구체적이고 일상적인 지침이기도 하다. 이중과제가 "'물질개벽에 상응하는 정신개벽'이라는 한반도 고유의 사상을 수용함으로써만 원만한 성취를 이룰 수 있는 성격"[3] 이라는 그의 통찰에 바탕해, 황정아는 개벽사상을 한반도의 사상적 표준으로 세우는 동시에 세계사적 표준으로 제시할 수 있지 않을까 기대한다.[4]

이 기대에 공감하면서, 그 근거를 다지기 위한 작업의 일환으로 필자는 수양론이라는 문을 통해 개벽이라는 광맥으로 들어가보고자 한다.

수양론이란 말을 들으면, 동아시아 전통 학문관인 '수기치인(修己治人, 스스로 수양하고 세상을 다스린다)'을 바로 연상할지도 모른다. 아니면 세계적

---

1 백낙청 외 『개벽사상과 종교공부: K사상의 세계화를 위하여』, 창비 2024, 6면.

2 백낙청 「2023년에 할 일들: 살던 대로 살지 맙시다」, 창작과비평 2023년 봄호, 30면.

3 백낙청 『근대의 이중과제와 한반도식 나라만들기』, 창비 2021, 22면.

4 황정아 해설 「촛불에서 개벽까지」, 『백낙청 회화록 8: 2017~2022』, 창비 2023, 482, 483면.

으로 제도권 종교가 쇠퇴하는 데 비해 종교를 넘어 사회 다방면에서 영적 갈망과 이를 위한 영성 훈련이 점점 더 주목 받고 있는 현상을 떠올릴 수도 있다. 그런데 이 글에서 말하는 수양론은 유학의 수기치인적 태도의 재구성을 곧바로 의미하지 않는다. 유불선을 아우른 동학·천도교의 개벽사상과 이를 계승해 불법을 새롭게 구성한 원불교 사상과 실천 경험을 활성화한 '마음공부'를 염두에 둔 것이다.[5] 마음공부는 사회현실의 변혁과 거리를 둔 개인수양이 아니다. 세계적으로 유행하는 영성 훈련(예컨대 마음챙김)이나 이에 기반해 스트레스를 줄이고 기운을 얻어 돈벌이에 더 열중하게 돕는 힐링 프로그램[6]과도 무관하다. "각자의 '비평적'이고 '정치적'인 훈련을 포함하는 좀더 전면적인 마음공부 내지 수행(修行)을 요구하는 일",[7] 달리 말해 개인의 자기수양을 수반한 정치행위 또는 세상을 바꾸는 '사회적 영성 함양'이기 때문이다. 정리하자면, 개인수양과 사회변혁의 동시수행을 감당하며 개벽의 경지에 다가가려는 삶의 자세, 곧 개벽적 수양론이라 하겠다.

---

5 한자권에서 공부(工夫 또는 功夫)의 원뜻은 역부(役夫), 역도(役徒) 및 그들이 부담 진 요역(徭役) 활동이었고, 이로부터 시간과 정력을 들여 어떤 일에 집중해 그 능력·본령을 성취함으로써 모종의 조예에 도달하는 것으로 그 의미가 확장되었다. 이후 불교의 영향 속에 공부는 (기예공부와 다른) 수신공부라는 의미가 부각되었다. 陈立胜「论修身工夫与技艺工夫之异同」,『广西大学学报』(哲学社会科学版), 2022년 제2기, 65면. 이 글에서 '마음공부'는 마음을 인간 완성의 핵심 주체로 보고 마음의 본질을 찾아 그 본질이 발현되도록 하려는 모든 노력, 곧 삶을 근본적으로 변화시키고 인간 완성을 이끄는 핵심적 공부를 의미한다. 이는 원불교 수행의 대중화된 표현으로서 내용상 (뒤에서 설명될) 삼학공부와 기본적으로 통한다.

6 이 조류는 마음챙김(mindfulness)의 상업화로서 '자본주의적 영성의 최신판'이라 불릴 수 있는 한계를 갖는다. 로널드 퍼서『마음챙김의 배신』, 서민아 옮김, 필로소픽 2021.

7 백낙청「근대 세계체제, 인문정신, 그리고 한국의 대학」,『어디가 중도며 어째서 변혁인가』,창비 2009, 390면.

이 점이 더 또렷해지는 동시에 그 적용 범위를 넓히려면, 유사한 구조를 가진 다른 자원과 비교해 어느 정도로 고유한 특성인지, 그리고 그 실천의 역사 경험은 어떠한지를 밝혀볼 필요가 있다. 전자와 관련해서는 유학의 수양론 및 천도교에서 원불교로 이어지는 수양론을 대조하고, 후자를 위해서는 정치 영역에 연결하여 수양론을 실천한 서로 다른 양상을 보여주는 사례인 중국의 혁명수양론, 천도교의 교정(教政)합치, 원불교의 정교동심(政教同心)을 점검하는 작업을 이 글의 과제로 삼는 까닭이 여기에 있다. 개벽적 수양론에 대한 논의를 통해 대안문명의 구상과 실천에 다소나마 기여할 수 있기를 기대한다.

2. 개인수양과 사회변혁 병진론의 궤적: 유학과 동학-원불교의 수양론 비교

사실 동아시아 전통 수양론은 근대세계로 들어온 이후 철학계에서는 단절되다시피 했다. 수양 체험을 '신비체험'으로 간주하거나 '사적 영역'으로 치부해버려 학문세계에 진입하기 어렵게 만들었기 때문이다. 철학이 지식화·전문화〔專業化〕되면서 일상생활과 거리가 벌어진 것은 물론이고, 동양철학에 입각한 교육 내용은 인간수양에 지나치게 큰 비중을 둔다고 폄하되기까지 했다.[8] 이러한 풍조를 거슬러 홍콩과 대만에서는 신유학 또는 '심성유학'이 대두하여 지금까지 영향을 미치고 있다. 그런데 최

8 黃俊傑「序言: 儒家修身傳統的幾個突出面向」, 陳立勝『從'修身'到'工夫': 儒家'內聖學'的開顯與轉折』, 臺灣大學 東亞儒學硏究中心 2021, ii 면; 정혜정『동학의 심성론과 마음공부』, 모시는사람들 2012, 17면.

근 중국 대륙에서는 이를 개인수양에 치우쳤다고 비판하며 제도개혁을 강조하는 '정치유학'이 흥기하는데 그 과정에서 새삼 수양론도 일각의 관심을 끌고 있다.

사실 이 분화의 양상은 유학의 수기치인 또는 내성외왕(內聖外王, 안으로는 성인의 덕을 쌓고 밖으로는 왕의 도리를 행함)을 연속체로 파악하되 어느 한쪽을 우선하는지의 차이처럼 보이기도 한다. 중국의 천리성(陳立勝)은 수신(修身), 달리 말해 '내성' 부분을 강조한 '내성학(內聖學)'의 전통을 계승한 학자로 평가된다.[9] 그가 집중 조명한 '수신공부'의 계보는 우리가 유학 수양론의 요체를 파악하는 데 쓸모가 있다.[10]

요즈음 '학습'으로 범용화해 쓰는 '공부'는 유학의 흐름에서 '성인 되기'(成聖), 달리 말해 '자기전환'(self-transformation)과 '자기초월'의 구체적 실천 경로를 의미한다. 천리성에 따르면, 중국의 공부론은 세 단계를 거쳐 오늘의 새로운 단계에 이르렀다.

첫 단계는 '수신'이 열쇳말인 '덕행 양성' 시대이다. 춘추전국시대에 그전과 달리 관직과 거리를 둘 수 있는 사인(遊士) 계층이 출현해 이를 주도했다. 그들의 수신 목표는 군자가 되는 것이었으며, 그 초점은 덕성과 덕행의 함양에 있었다. 대표적으로 공자는 경(敬)으로 자기를 수련하기를 제창했다. 공자 이전부터 존재한 '수덕(修德, 덕을 닦다)'은 하늘을 제사하는 '의식(儀式)윤리'였으나, 점차 내면화되어 자기를 수련하고 남을 사랑하는 '덕행윤리'로 바뀌었다.

두번째 단계는 '공부'가 열쇳말인 '심성(心靈) 단련' 시대이다. 당송변

9 黃俊傑, 앞의 글 vi면.

10 이하의 유학 공부론에 관한 서술은 따로 언급하지 않는 한 陳立勝, 앞의 책, 특히 「導論」에 의존했다.

혁기에 평민사회가 도래하자, 공부의 목표는 '성인 되기'가 되었고 공부의 초점은 '의념(意念)'에 두었으며, 공부의 폭과 깊이가 (꿈과 잠재의식 영역까지 침투할 정도로) 심화되고, 정좌나 수행공동체(서원書院·맹회盟會 등)처럼 다원화·전업화된 공부 기법이 점차 유행했다. 특히 주자에 의해 공부의 범주로 '독지(獨知)'가 제출되어 유가의 '신독(愼獨, 혼자 있는 상태, 곧 개인의 은미한 심성세계에서도 삼가 욕망을 근원적으로 억제하는 것)'의 전통이 정립되면서 유가공부의 중대한 전환이 이뤄졌다. 원초의 본체(천덕天德 등)로 돌아가기 위한 수양이 송·명 이학(理學)의 보편적 공부론 모델로 발전했다.

세번째 단계는 '각오'와 '각성'이 열쇳말인 '과도시대'이다. 청조 말기와 중화민국 초기의 근대화로의 전환 국면에 수양의 목표는 새로운 군자(국민·공민)와 새로운 성인(혁명성인)을 육성하는 것이었다. 원래 '성인 되기'를 각오하던 '개체'가 '개체〔身〕-가족-국가-천하'의 연속체라는 전통적 윤리 규범의 틀에서 벗어나 혁명을 각오하는 주체로 바뀌었다. 수양론은 특히 혁명당의 정책이 집행되는 데 관여하는 중요 사상자원으로 상승되어 '혁명주의 실행의 중요 심법(心法)'으로 자리 잡았다(공산당의 혁명수양론에 대해서는 아래 절에서 상세히 다룰 것이다).

끝으로 네번째 단계는 또 한차례의 전환기로서 현재 진행형이다. 과학기술이 고도로 발달해 인간과 기술의 구별이 모호해진 지금, 인간이 어떻게 수양할 것인가, 수양이 과연 필요한가가 문제시되는 시대이다.

유학 수양론의 발단·성숙·과도·전환의 궤적을 정리한 천리성의 성과는 유가의 '수신철학사'로는 돋보이지만, 오늘날 우리에게 필요한 수양론이 무엇인지를 일깨워주는 통찰에는 미달한다. 여기서 중국 유학이 걸어온 궤적의 제3단계와는 성격이 꽤 다른, 백년 변혁기 한국에서 생성된 개벽종교의 수양론이 관심을 끄는 것은 그 때문이다. 세계 자본주의체제에 강제로 편입되는 문명전환의 위기시대에 반-식민지에 처한 중국에서는 국민국가 건설의 주체로 혁명당이 유학의 수양주체를 대신해 혁명수양론을 제기하고 실천했다면, 자신의 국가를 빼앗긴 식민지 조선에서는 종교 조직이 개인의 자기전환과 체제변혁을 동시수행하는 과제를 감당했다. 특히 동학과 원불교는 만민평등적인 진리관과 수양론을 바탕으로 개인수양과 사회변혁의 병진을 추구하면서 일상적인 수양법을 제출하고 실천한 바 있다. 그 구체적 내용을 확인하기 위해 먼저 동학의 수양론부터 살펴보자.

동학에는 불교 공성(空性), 유가의 천인합일관, 도가의 무위자연적 생명관이 묘합되어 있다. 그래서 동학은 천인관계에서 독자적 인식을 갖게 되었으니, '天(主)'의 한글 표기인 '한울님'[11]에 잘 드러난다.

텅 비고 신령하며 쉼 없이 약동하여 무궁히 우주만물〔萬有〕의 '무위이화(無爲而化)' 하는 한울님이 내 마음에 들어와 있음을 깨달아 잘 지킴으로써 궁극적으로 본래의 나를 자각할 뿐만 아니라, 하늘과 그 덕을 합하고 우주의 일체 물질의 운동 변화〔氣化〕를 온전히 깨달아 그 조화에 참여할 수 있는 이상적인 인간으로서 세상을 구하고 후천개벽을 이루려는 수양〔修道〕이 바로 동학의 요체이다. 이렇듯 동학에서는 진리의 가르침, 개인수양 및 사회변혁이 하나로 이어진다.

(불교와 마찬가지로) 동학 또한 무위에 의해 만물이 생성변화한다고

11 천도교에서는 1978년부터 '한울님'으로 통일했다. 그런데 그 바깥에서는 '하늘님'이 더 적합하다는 의견도 있다. 한편 한자어로 '天主'는 '하늘' 곧 '천(天)'에 존칭어 '님'이라는 뜻의 '주(主)'를 덧붙인 것이니, 가톨릭에서 'Deus'의 번역어로 '천주님' 곧 '하늘에 계신 주님'이라는 말을 쓰는 것과는 구별된다. 이 용어들 간의 차이에 대한 설명은 백낙청 외, 앞의 책 137~40면 참조.

말하지만, 불교가 '무위의 적정(寂靜)'을 강조하는 데 비해 동학은 무위와 더불어 '영지(靈知)·영능(靈能)'을 중시하여, 인간의 본성이 하늘의 영이라고 보고 그를 향한 신앙과 체험을 강조하는 영성적 종교의 측면이 독특하다. 또한 유학과의 차이도 있으니, 천(天)에 대한 관점에서 잘 드러난다. 신유학을 체계화한 주자는 불교 교리를 받아들이면서도 그와의 차별을 위해 천을 이(理)로 해석하는 천리(天理)관을 정립해 도덕윤리 차원에서 이일분수(理一分殊, 보편적인 이치와 개별적인 이치 사이에 일치성이 있다는 뜻) 개념을 제기했다. 그에 비해 동학은 우주론 차원에서 이와 기, 이와 분이 하나로 회통된 일리만수(一理萬殊)를 내세운다. 풀어서 말하면, 주자학은 서로 다른 개체의 이치의 총합으로서 전체적·보편적 이치를 말하되 이치가 개체로 나뉘어 각각 분수를 지켜 조화를 이루는 점에 주목한 천리적 세계관을 정립했다. 그래서 인간과 물(物) 모두 하늘로부터 이치인 성(性)을 부여받았으나, 인의예지(仁義禮智)를 받은 인간만이 안으로는 자신의 뜻을 진실되게 하고〔誠意〕 밖으로는 사물의 이치를 꿰뚫어 보편적 이치와 합일할 수 있으니〔格物致知〕 만물 가운데 가장 뛰어나다고 본다. 동학에서는 하나의 이(곧 한울님)가 인간과 동물 등 모든 개체에 다양하게 표현될 따름이다. 그래서 이치의 다양한 표현인 개체와 전체가 일체점을 이루어 "모든 사람과 만물이 다 나의 동포"라는 점을 강조한다. 이로부터 주자학은 인간 도덕(곧 인의예지)을 중심에 둔 위계적 관계를 중시한다면, 동학은 우주 중심의 사상, 곧 본래 하늘님의 성령〔性·靈〕의 표현이 인간의 성품〔性·靈〕이고 양자를 하나〔人乃天〕로 파악하는 것이라는 해석도 나온다.[12]

이와 같은 동학의 한울관은 그 나름의 수양론을 빚어낸다. 그 원리는

12 이상의 서술은 정혜정 『동학의 심성론과 마음공부』 모시는 사람들 2012, 특히 39면, 40면, 42면, 61면, 186면 참조.

'수심정기(守心正氣)'이고, 구체적인 방법이자 도구는 주문공부이다.[13] 수심정기를 풀어보면, 수심은 본래 타고난 하늘마음(天心)을 회복하여 그 마음을 늘 유지해나가려는 것을 의미하고, 정기란 나의 몸의 기운이 한울 기운과 조화된 상태를 말한다. 이것은 다른 사람은 물론 모든 존재를 깊이 존중하는 성실성, 공경성, 신실함(誠·敬·信)의 마음가짐으로 최제우에 의해 구체화된다. 최시형은 이를 좀더 발전시켜 모든 사람을 하늘로 섬기는 '사인여천(事人如天)' 그리고 하늘(곧 내 마음), 사람, 만물까지 공경하는(敬天·敬人·敬物) '삼경(三敬)'의 가르침으로 응축한다.

수련의 핵심인 주문은 일반적으로 간단한 몇 구절(한울님의 가르침인 '21자 주문' 곧 천어天語)을 반복적으로 외움으로써 빠르게 정신집중과 영적 체험을 하는 것을 말한다. 큰 소리로 일정한 속도와 음률로 반복해서 외워 강령을 체험하고 기운을 양성하는 공부(현송법顯誦法), 조용히 마음으로 읊어 마음의 본체와 우주의 근본을 보는(觀) 공부(묵송법默誦法)가 주로 활용된다.

이런 수양을 통해서만 동학이 궁극적으로 추구한 인류문명의 전환, 혁명보다 더 근본적인 세상의 변혁, 곧 개벽의 실천이 가능하다.[14] 이제 이와 같은 동학의 수양론을 수용하면서도 독자적인 수양론을 정립한 원불교의 사례를 살펴볼 차례이다.

원불교는 불법을 주체로 삼지만, 역사적 불교가 신앙과 수행 차원에서 부족하다고 인식하고 새로운 진리관을 제시하면서 그것을 일원(一圓)으

---

13 여기에도 유교·불교·도교 등의 수양론이 녹아 있다. 즉 불교의 지관적(止觀的) 전통과 염불선(念佛禪), 주자의 독창적 공부법인 궁리, 주문과 같은 선교(仙敎)적 요소를 결합한 수행 방법이란 것이다.

14 이상의 서술은 김용휘 『우리 학문으로서의 동학』, 모시는사람들 2021, 제3장 참조.

로 이름 붙였다. 만물의 근원인 일원은 텅빈 공(空)인데, 이 공에서 드러나는 천지만물의 작용이 사은(四恩)이다. 즉 이 세상에 어떤 존재도 천지 없이 살 수 없고〔天地恩〕, 부모 없이 살 수 없고〔父母恩〕, 동포 없이 살 수 없고〔同胞恩〕, 법률의 은혜 없이 살 수 없으니〔法律恩〕, 그 은혜를 느끼고 알아서 그것에 보은하자는 것이다. 사은은 일원이란 하나의 진리를 네 범주로 설명한 연기적 은혜론이라 부를 수 있을지도 모르겠다.

이러한 진리관에 바탕한 공부법 역시 좌선도 하고 염불도 하는 등 불교와의 친연성을 가지면서도 불교의 계(戒, 계율)·정(定, 선정)·혜(慧, 지혜)의 세가지 공부법〔三學〕과 구별되는 독자적인 삼학을 제기한다.[15] 삼학에서 말하는 '학'이란 관념적 차원의 마음공부가 아니라 물질문명(곧 자본주의)이 주도하는 근대적 현실이라는 구체적 상황을 해결하려는 공부이자 수행이다. 이 과정은 정신수양(精神修養)·사리연구(事理硏究)·작업취사(作業取捨)라는 세겹의 마음공부를 동시에 지속적으로 수행할 것을 요구한다.

좀더 풀이해보자. 정신수양은 마음의 깨어 있는 경지에 이르는 힘〔自主力〕을 기르는 것으로, 여기서 정신은 물질/정신 이분법에 갇힌 그 정신이 아니라 물질을 사용하는 법을 포함한 마음 사용법〔用心法〕을 익히는 경지를 일컫는다. 사리연구는 세상이 어떻게 돌아가는지에 대한 정확한 (근대 과학지식을 포함한) 지혜를 단련해 근본원리를 꿰뚫어보는 힘을 키우는 것이다. 작업취사는 모든 일을 응용할 때 정의는 취〔取〕하고 불의는 버리는〔捨〕 실행력을 의미한다. 정의와 불의를 가르는 기준은 자신과 남을 함께 이롭게 하는지〔自利利他〕 여부다. 이는 삼학의 열매에 해당하는 응용 단계로서 개인양심 구현부터 가정·사회·국가·세계로 확장해 사회정

15 삼학에 대한 서술은 방길튼 『사사삼팔 4438: 원불교 기본 교리』, 원불교출판사 2023, 411~515면을 참조.

의 구현까지 총괄하는 공부이다. 세겹의 마음공부인 삼학의 병진, 곧 정신의 일심(一心), 알음알이, 실행은 바로 매사에서 마음을 집중하고 알음알이를 구하며 정의를 실행하는 것을 동시적으로 한꺼번에 얻으려는 수행이니, 종교적 수행 과정 자체가 사회변혁의 과정임을 일깨워준다. 특히 사회적 실천에 대한 강조는 불법과 생활의 일치를 가능케 하는 생활수양법으로 일상 수도에 적합하다.

삼학은 수양은 선가의 양성(養性)법을, 연구는 불가의 견성(見性)법을, 취사는 유가의 솔성(率性)법을 융합하여 삼교를 통합하되, 그 결실을 취사에 둔 점이 독특하다.[16] 이 독자성은 사은과 연관시켜 다시 보면 더 잘 드러난다. 즉 이러한 은혜를 입은 것〔被恩〕을 느끼는 것은 수양력, 은혜를 아는 것〔知恩〕은 연구력, 그리고 은혜를 갚는 것〔報恩〕은 취사력을 키우는 공부와 연동된다. 그리고 삼학을 일상세계에서 수행하는 방법으로 각각에 맞는 훈련법이 마련되어 있다. 이처럼 삼학은 실생활에서 변화를 이루기 위한 수행답게 촘촘한 수행의 길을 제시해, 누구나 공부심을 갖고 정기적으로 또 상시적으로 수련을 계속하면 정신개벽의 경지에 이를 수 있도록 마음 쓴다.[17]

물론 개인수양과 사회변혁의 연결이 원불교에서만 찾아볼 수 있는 것은 아니다. 잘 알려져 있듯이 유학적 덕치주의 역시 수양을 근본으로 삼으

16 허석 편저 『박중빈·송규』, 창비 2024, 20면.

17 정기 훈련법인 염불·좌선은 정신수양, 경전·강연·회화·의두(疑頭, 과거 화두 중 의심 나는 것 연구)·성리(性理, 만물과 인간의 이치 탐구)·정기일기(定期日記)는 사리연구, 상시(常時)일기·주의(注意, 사람이 하고자 한 일과 안 하기로 한 일을 잊지 않고 실행하기)·조행(操行, 사람다운 행실 가짐)은 작업취사 훈련 과목에 속한다. 이밖에 평소 생활할 때의 상시훈련법이 있다. '일상생활의 요법 9조목'을 비롯한 수행 방법의 상세한 설명은 『정전』 제3 수행편, 『원불교전서』, 원불교출판사 1977; 허석 편저, 앞의 책 71~100면 참조.

면서 구체적인 경세론을 펴는 사상이다. 『대학』에서 말한 팔조목[18]은 수신에서 평천하에 이르는 구도를 집중 표현한 것으로, 각 단계의 순차적 진행을 의미하기보다 인간의 '자아수양'과 그보다 훨씬 더 큰 '통치' 사이 연속성을 설정한 독특한 '총괄형 비전'으로 볼 수 있다.[19] 그럼에도 유학은 주로 군주와 그를 보좌하는 엘리트, 곧 신사층—그 범위는 상층의 관료〔紳〕에서 하층의 비관료 엘리트〔士〕를 포함하는 등 점차 아래로 확대되는 추세—에 평천하의 역할을 부여했고, 변화하는 역사에 대응해 통치 정당성을 부단히 재구성하는 데 초점을 두었다.[20] 이에 비해 동학과 원불교는 유불도 삼교를 융합·혁신하여 (신분 철폐와 남녀평등을 포함한) 만민평등적인—민본사상이 평등사상과 결합한—진리관과 수양론을 바탕으로 개인수양과 사회변혁의 동시수행을 추구하면서 생활지향적 수행법까지 세밀하게 제시한 점이 돋보인다. 한마디로 이런 독특성은 혁명보다 큰 대변혁, 곧 문명전환을 지향한 개벽종교라는 공통점에서 연유한 것이다.[21]

---

18 팔조목은 격물(格物)-치지(致知)-성의(誠意)-정심(正心)-수신(修身)-제가(齊家)-치국(治國)-평천하(平天下)의 여덟 단계를 말한다. 후반의 네 조목이 널리 알려져 있다.

19 김영민『중국정치사상사』, 사회평론 2020, 580~81면.

20 유학에 내재된 혁명적·종교적 잠재력에 주목하여 유학 덕목의 창조적 전환, 그리고 그 주체의 저변 확대를 적극 해석하는 시도도 간과할 수 없다. 동학농민혁명에 나타난 유학 군자의 민중 차원으로의 확대라든가, 윤리-종교적 자기변혁(곧 성인 되기)을 기대하는 유교낙관주의에서 유학과 민주주의의 새로운 결합을 추구한 작업 등이 최근 눈에 뜨인다. 졸고「새로운 과거로의 길: 시민의 관점에서 본 동아시아 고전사용법」,『동아시아와 시민』2022년 봄호, 30~31면.

21 동학과 원불교의 차이도 무시할 수 없다. 동학은 유교의 영향을 더 많이 받았고 원불교는 불교를 주체로 했다. 그리고 양자의 조직원리가 다르다. 동학이 처음에 일종의 사회운동 조직으로서 접을 만들었다가 그것마저 파접했고 전문교역자가 없는 데 비해, 원불교는 전무출신 제도(전문 교역자)를 만들었고 여성도 이에 참여했다. 또한 재가와 출가의 차별 철폐와 남녀평등 추구도 원불교만의 특징이다. 끝으로 원불교는 마음공부의 차원을 좀더 전문적으로 높였다. 백낙청 외, 앞의 책 165면, 220면, 298면.

3. 정치적 수양과 새로운 정교관계: 혁명수양론과 천도교-청우당의 비교

개인수양과 사회변혁 병진을 의식적으로 추구한 동아시아 사례로서 혁명당이 중심이 된 중국의 실천 경험, 그리고 이와 달리 종교가 중심이 되어 (정교 분리를 넘어) 새로운 정교관계의 틀에서 이 과제를 체계화한 한국의 실천 경험을 비교해볼 차례이다.

중국 혁명수양론의 구조와 실제

'혁명수양론'이란 유학 수양론의 계보를 계승하여 전통 수양 방법을 형식으로 삼되, 근대적 혁명사상을 내용으로 하는 일종의 혁명주체 형성의 계통적 이론과 실천을 말한다. 익숙지 않은 개념일 수 있으니, 그 계보를 간략하게 정리해두자.

앞에서 보았듯이 모든 사람이 갖춘 일종의 내재적 정신역량인 자아를 끊임없이 향상시켜 성인이 되기 위해 노력할 것을 독려하는 수양론은 유학에서 일정한 계보를 형성하면서 변화·발전해왔다. 그런데 그 세번째 단계인 문명전환의 '과도시대'에 국민국가 수립이라는 시대적 과제에 부응해 새로운 역사주체를 유학의 수양주체가 변형된 '새로운 군자'〔신민(新民)·국민·공민〕나 새로운 성인(혁명성인)으로 인식하는 사상적 흐름이 새로이 대두되었다. 량치차오(梁啓超) 등이 제창한 국민도덕·사회공덕의 수신학이 그 대표적 사례라 할 만하다. 특히 5·4운동 이후 새로운 역사주체 형성에 조직이나 단체기율이 중요한 역할을 한다고 본 사조가 유행해 이어져왔다. 중국공산당은 유학 수양론의 계보를 민간문화형식으로 적극 평가하고 활용하되 기율의 논리를 강조하며 당 조직과 행정을 매개로 그 수양론을 보완했다.

혁명수양론을 체계적으로 제시한 것은 1930년대 말 1940년대 초의 류샤오치(劉少奇)였다. 공산당이 국민당과 국민국가 건설의 주도권을 둘러싸고 경쟁하면서 항일구국운동을 전개하던 당시 통일전선의 틀 안에서 상대적 안정기에 들어선 상태였기에 비로소 당원을 조직화하는 데 사상개조가 필요함이 눈에 들어온 것이다.[22]

그의 「공산당원의 수양을 논함」이라는 문건의 관련 구절을 직접 읽어보자.[23]

> 맹자에 이런 구절이 있다. '사람은 모두 요순이 될 수 있다.' 내가 보기에 이 말은 틀린 말이 아니다. 각각의 공산당원은 모두 실제에 접해 실사구시하고 힘써 단련하며 성실하게 수양하여 가능한 한 점진적으로 자기의 사상과 품질을 높여나가야 한다.(106면)

그가 유가의 경전을 종종 인용하면서 유가 전통의 수양론을 채택한 것은 당 안에 농민 출신이 많아진 당시 상황에 대응해 일종의 '민간문화형식'으로서 유가를 수용한 것이라는 설명이 설득력 있다.[24] 다만 그렇다고 하더라도 그가 고대 유가의 수양론을 지지할 리 없다. 실제로 그는 그것을 "유심적·형식적·추상적이고 사회실천에서 유리된 것"(109면)이라

22 焦德明「革命的修養與修養的革命: 作爲儒家修身學現代形態的革命修養論」,『開放時代』2022년 제5기, 63면. 류샤오치말고도 張聞天, 陳雲 등이 같은 시기 수양 문제에 대한 글을 발표했다.

23 劉少奇「論共産黨員的修養」,『劉少奇選集(上)』, 人民出版社 1981. 이하 이 책의 인용은 본문에 면수만 표시.

24 焦德明, 앞의 글 63면.

고 비판했다. 단지 추상적인 '선량한 마음'만으로 사회와 자기를 변혁한다는 것은 허망한 일이라고 보았기 때문이다. 그러니 유가 수양론의 틀 안에서 "맑스-레닌주의의 보편진리와 구체적 혁명실천을 결합"(110면)하는 것이 혁명당원의 수양 방법일 것은 당연한 귀결이다. 그가 '단련'과 '수양'이라는 두 어휘를 자주 연결해 쓰는 이유도 여기서 엿볼 수 있다. 이를 통해 "자기를 해방할 뿐만 아니라, 일체의 노동인민의 해방을 쟁취하고 자기 민족의 해방을 쟁취하고 인류의 해방을 쟁취하여 비로소 자기의 철저한 해방을 실현"(118면)하자는 것이다. 주자의 팔조목 구조를 떠올리게 하는 대목이다. 개인의 수양과 그보다 더 큰 차원의 연속성을 설정한 '총괄형 비전'이라 할 법한 것으로서, 사람의 마음에 근본적으로 변화를 일으켜 새로운 성인, 곧 '혁명성인'으로의 전환을 이끌어 새로운 세상을 여는 혁명(민족혁명과 인류혁명)을 달성하려는 의지가 돋보인다. 그의 문건에서 또 하나 흥미로운 점은, 엄격한 입장이나 정확한 원칙으로 각자를 규율하는 것은 물론이고, "개인생활과 태도 등"(167면) 여러가지 '자잘한 일'에까지 주의를 기울여야 한다고 요구한 대목이다.

그렇다면 중국의 혁명수양론에서 개벽적 요소를 인정할 수 있는 것일까? 이에 대한 답을 성급히 내놓기 전에 그 내용을 좀더 들여다보자.

먼저 사상과 의식에 대한 논의를 보자. 유학 수양론이 안에서 밖으로 나아간다면 혁명수양론은 밖에서 안으로 향하며, 객관으로 주관을 개조하는 근대적 주체 형성을 의미한다. 이것은 철저히 '동'적인 수양의 관점, 곧 근대사회의 맥락에서 수양론의 실천적 지향의 철저한 관철이자 실천-인식-재실천-재인식의 왕복순환이 이어지는 유물변증법의 인식론과 지행합일론의 결합이라고 평가된다. 그리고 혁명수양론은 혁명 과정에서 '심력(心力)'을 강조하지 않고, '돈오돈수(頓悟頓修, 단박에 깨치고 단박에 닦는다)'에 반대했다는 특징도 눈여겨봐야 한다.

이어서 조직 논리를 보자. 혁명수양론은 수양에 대해 엄격하게 조직화된 실천적 수행을 강조한다. 행정명령으로 개인 성찰을 촉진하고 신속하게 사상 통일을 이룬 것, 실천의 효율성을 극대화한 것이 주요 특징으로 꼽힌다.[25] 요컨대 조직화와 행정 강제성이 혁명수양론의 성공 비결인 셈이다.

이처럼 사상과 조직 논리를 결합한 혁명수양론은 "정치와 통일한 도덕수양을 진정하게 보편적으로 실현한 것"이라고 해석되기도 한다.[26] 이 평가를 그대로 받아들인다면, 개벽적 요소를 일정 정도 인정할 수 있을지도 모른다.[27] 과연 이렇게 판단해도 좋을지 따져보는 방편으로 (수양론에서 중시되는) 개인의 '자기변혁'의 자발성이 실제 혁명 수행 과정에서 어떻게 작동하였는지 들여다보고자 한다.

이는 중국혁명사 전체를 평가하는 결코 만만치 않은 큰 작업인데, 여기서는 이 글의 논지와 직결된, 혁명 과정의 감정동원 문제에 한정해 살펴보겠다. 중국연구자라면 20세기 중국혁명을 둘러싸고 경쟁한 양당인 국민당과 공산당이 정치담론과 조직구조에서 유사한 부분이 적지 않다

25 같은 글 64~67면.

26 같은 글 68면.

27 마오쩌둥은 중화인민공화국 건립 초기에 쓴 시 「七律二首·送瘟神·其二」에서 "春風楊柳萬千條, 六億神州盡舜堯"라고 노래한 적이 있다. 춘풍(春風)은 신중국의 분위기를 비유한 것으로 6억 인민의 영웅적 사기가 떨쳐 일어나니 마치 개개인이 고대의 요순 성인이 된 것 같다는 의미이다. 과장된 문학적 수사로 치부할 수도 있겠지만, 명대 사상가 왕양명(王陽明)이 말한 '거리에 꽉 찬 성인'〔滿街聖人〕을 연상시키는 '혁명성인'의 비유가 시사하는 바를 간과해서는 안 된다. 건국 초기 토지개혁 이후 농민 사이에 "해방했는가(翻身了嗎)?"가 일상 인사였다는 사실도 떠올려볼 만하다. 졸저 『중국현대사를 만든 세가지 사건: 1919·1949·1989』, 창비 2021, 160면, 167면 참조.

고 대체로 인정한다(당과 국가의 일치〔黨國體制〕가 그 대표적인 공통점이다). 그런데 중국 인민의 감정을 환기하는 데서 양당의 차이가 벌어졌다고 보는 견해가 흥미롭다. 농촌의 토지개혁이나 도시의 군중운동에서 자주 구사된 '감정 고양'(emotion raising)은 공산당이 혁명과 건국을 수행하는 데 핵심적인 역할을 했다는 것이다.[28] 그런데 감정공작에 내재된 위험성을 간과해서는 안 된다. 당중앙의 방침에 따르면 감정 동원은 엄격히 통제되어야 하나, 실제 현장에서는 억압에 대한 '고통을 고발'〔訴苦〕하다가 감정이 과열된 나머지 종종 소란이 일어났다.[29] 법치와 인권에 대한 무시가 폐단으로 곧잘 지적되는 것은 이런 이유에서이다.

하지만 다른 각도에서 조명하면 그 복합성을 좀더 깊이 이해할 수 있다. 오늘날 널리 관심사로 떠오른 정동(affect)담론의 시각은 이 문제를 깊이 읽는 데 단서가 된다. 정서나 감정과 관련된 몸의 상태를 가리키는 정동은 신체와 정신, 감성적인 것과 이성적인 것, 의식과 무의식 사이의 경계들을 가로지르며 작동하는 변용의 힘이다. 이 힘은 긍정과 부정 양쪽으로 작용할 수 있지만 사유와 본질적으로 대립적이거나 이율배반적인 것으로 볼 이유는 없다. 그런 점에서 "이미 정동이 내재된 사유"를 통해 "어떤 상투성에 매이지 않으면서 정동의 아나키즘"을 감당할 길을 찾아볼 수 있을지도 모른다.[30]

과연 중국의 혁명과 건국 과정에서 동원된 '감정 고양'이 이 수준에 도달했을까. 군중운동이 "매우 미묘한 균형을 유지하지 못하는 한 쉽사리

28 Elizabeth J. Perry, "Moving the masses: Emotion work in the Chinese Revoluton," *Mobilization* 7(2), 2002.

29 '고통 고발'이라는 새로운 정치문화의 실상과 의미에 대해서는 앞의 졸저 162~63면.

30 한기욱 「사유·정동·리얼리즘」, 『창작과비평』 2019년 겨울호, 34면.

실패할 것"임을 촌락에 파견된 당시 당의 공작대도 잘 인지하고 있었던 것은 분명하다.[31] 이와 관련해 군중운동과 구별되는 군중노선을 강조하는 허자오톈(賀照田)의 주장은 시사적이다. 중공의 공식 해석에 따르면, 군중노선은 모든 것이 "군중으로부터 나와 군중 속으로 들어가는" 근본적인 정치노선이자 조직노선을 일컫는다. 그런데 그는 군중노선을 그 구체적 실천과정에서 어떻게 참여자의 "공화욕구와 공화능력"을 배양하고 "좀더 나은 정신·심신상태와 좀더 충만한 생활양태"를 양성하는지를 바탕으로 이해한다. 더 나아가 "군중노선이 연결하는 것은 영도자·조직자·엘리트와 군중만이 아니라 일과 심신, 개인과 공공 그리고 현재와 인민공화가 진정으로 실현하는 중국 미래이다"라고까지 적극 평가한다.[32]

그가 '공화'를 언급한 대목이 눈길을 끈다. 잘 알려져 있듯이 공화주의는 국가 사무와 정치를 군주 개인이나 특정 집단의 것이 아니라 공공의 사무로 간주하고, 국민이 정치에 참여할 때의 도덕(公德)을 중시한다. 여기서 도덕이란 윤리도덕 같은 것이 아니라 한자권에서 본래 사용되던 의미대로 도와 덕으로서의 도덕, 풀어 말하면 "진리의 길로서의 도(道)와 도에서 나오는 힘으로서의 덕(德)"에 가까운 것이어야 하지 않을까.[33] 이렇게 풀이해야 군중운동이 과연 이 기준에 부합했는지 점검하는 일이 가능해진다. 허자오톈이 군중운동과 구별되는 군중노선을 강조한 이유도

---

31 예를 들면 산시(山西)성 루청(鹿城)현 장좡(張莊)의 공작대 간부 양기호는 군중집회 중 "높아가는 보복의 분위기에 당혹을 느꼈다. 그는 이성으로써 열광을 눌러야겠다고 작정했다". 윌리엄 힌튼 『번신 2』, 강칠성 옮김, 풀빛 1986, 30면, 38면.

32 賀照田 「群衆路線的浮沉」, 『革命-後革命:中國崛起的歷史思想文化省思』, 國立交通大學出版社 2020, 164면.

33 백낙청 『문명의 대전환과 후천개벽』, 박윤철 엮음, 모시는 사람들 2016, 215면; 백낙청 외, 앞의 책 140면.

여기에 있지 싶다.[34]

거슬러 올라가보면 공화와 '자각'(곧 '자기개조')의 연결은 5·4운동기부터 중시되어왔다.[35] 이러한 맥락을 염두에 두고 개인이든 집단이든 군중노선을 실천하는 과정에서 어떻게 "공화욕구와 공화능력"을 배양했는지를 따져볼 필요가 있다. 이는 혁명수양론이 '돈오돈수를 반대'했다는 입장과도 통하는데, 결국 중국 인민대중의 (한때의 '자각'이 아니라) 제대로 된 마음공부를 지속적으로 보장했는지, 제도개혁을 통해서만 혁명을 이룩하려고 한 것은 아닌지 물어야 한다. 이렇게 따져보지 않은 채, "수양에 의존해 혁명주체 형성을 완성한 것은 전례 없는 창조적 성취"라고 평가하는 식으로 혁명수양론의 세계사적 의의를 부각하는 것만으로는[36] 설득력을 제대로 발휘하기 어렵다.

개인수양과 사회변혁의 병진을 추구하면서 당조직과 결합해 그 동력을 제공한 것은 혁명수양론이 신민주주의혁명을 성공으로 이끈 남다른 '비결'이었을 수 있지만, 동시에 제약 요인으로도 작동했음을 직시해야 한다. 혁명수양론에 내재된 자발성과 위계성 사이의 긴장이라는 문제를 창의적으로 해결하고 수양주체가 각자의 현장에서 자기자신이 거듭나는 동시에 사회를 변혁하는 마음공부법을 일상적으로 함께 끊임없이 단련하는 길을 마련하는 과제에는 미흡했다고 보지 않을 수 없다. 그러니 개인수양과 사회변혁의 동시수행을 감당하며 개벽의 경지에 다가가려는 주체가 생성되기를 기대하기 어렵다.

---

34 이상의 감정동원에 대한 좀더 상세한 논의는 앞의 졸저 228~31면 참조.

35 까오 이한은 스스로를 책임지며 독립자중(獨立自重)하는 가운데 자기역량의 운동을 "상호의존하고 부조하는 공화 인민"에 의해 공화국가가 실현될 수 있다고 보았다. 高一涵「共和國家與青年之自覺」,『青年雜誌』 제1권 제2호, 1915.10.15.

36 焦德明, 앞의 글 61~62면.

천도교의 교정합치(敎政合致)와 원불교의 정교동심(政敎同心)

혁명수양론(의 한계)과 비교한다면, 개인수양과 사회변혁의 병진을 종교를 중심으로 추진하면서 종교와 정치의 관계를 재구성하는 과제를 정면으로 마주한 것이 개벽종교였다.

동학의 종통(宗通)을 이어받은 천도교의 산하기관인 청년회가 개조된 형식으로 1923년 설립된 천도교청우당은 일제강점기의 우여곡절을 거친 뒤 1945년 10월 남쪽에서, 그리고 이듬해 2월 북쪽에서 재건되었다. 이는 정교일치의 특이한 사례이다. 천도교회가 '후천개벽·보국안민(輔國安民)·지상천국건설운동'의 진리적 신앙과 교화의 모체라면, 청우당은 이 모체의 진리와 이상을 현실사회에 구체적으로 실현하는 전위당으로 위치했다. 이 당의 정책이 '정신개벽·민족개벽·사회개벽'을 목표로 삼았다는 점에서 양자의 연결관계는 잘 드러난다. 정치와 종교의 관계를 설명한 『당지』의 관련 대목들을 읽어보자.[37]

> 교와 당은 일체의 양면이며 이위일체(二爲一體, 둘이 한 몸)이다. 교는 광원(光源)과 같다 하면 당은 광선(光線)과 같다 할 수 있다.(81면)

> 천도는 기본체에서 현현영묘(玄玄靈妙)의 무궁성(無窮性)을 가졌으나, 활용의 방면으로 보면 개략하여 내외 두가지로 나눌 수 있다. (…) 전자는 성심 등을

37 김병제·이돈화 외 『천도교의 정치이념』, 모시는사람들 2015. 이 책에는 김병제가 남북 천도교 이론가들의 의견을 수렴해 대표 집필한 최고의 이론서인 『천도교의 정치이념』(1947), 이돈화가 평양으로 가 북한의 청우당원 학습용으로 집필한 팸플릿인 『천도교청우당론』과 『당지』가 실려 있다. 이하 이 책의 인용은 본문에 면수만 표시.

수련하는 종교적 방면을 가리키는 말이요, 후자는 수신·제가·치국·평천하를 요리하는 정치적 방면을 말하는 것이다. 그러므로 천도교를 교리적 술어로 논할 때는, 첫째 영육일치, 둘째 물심쌍전(物心雙全), 셋째 성신쌍수(性身雙修), 넷째 교정합치(敎政合致) 등의 전일교체(全一敎體)로 표현하는 것이다.(81~82면)

요컨대 한울을 모신 인간이 다양한 한울〔人乃天〕임을 표방한 인내천주의에 있어 성신쌍전은 개성의 완전해방과 사회적 생활의 완전해방을 말한다. 이 원리가 천도교가 주도한 정당에 실제로 어떻게 스며들어 있을까.『당지』에 실린「수양 문답」에서 그 실상을 어느정도 엿볼 수 있다.

이돈화는 당원의 훈련에 대해 묻는 질문에 답하며, "청우당원의 훈련은 다른 당원의 훈련과 같이 다만 정치훈련으로 만족하지 않는다. 물심양면, 교정쌍방의 훈련을 해야 한다"고 밝힌다. 또한 "우리 당의 훈련은 훈련의 주제가 되는 인생의 의미부터 알고 하는 것이 순서"라고 전제하면서 "인생 의미는 소아(小我 = 肉體我)에 있지 않고 대아(大我 = 人生本質)를 발견하는 데 있다"(130면)고 역설한다. 이 관점은 인생의 목적과 의미를 나눠 보는 데서 나온 것이다. 즉 양자는 하나의 두 몸〔一爲二體〕이니, "인생의 목적은 무궁아를 발견하는 데 있고, 인생의 의미는 무궁아를 활용하는 데 있다. 그러므로 목적은 체요 의미는 활용"이라는 뜻이다(131면).

이러한 특징을 갖고 있기에, 해방 직후 새로운 경제정책 구상에서 소유제 폐지를 요구한 것이 생산력 감소를 초래할지 모른다는 우려를 반박하면서 아래와 같은 비전을 제시할 수 있었다.

이 우려는 소유 충동을 창조 충동으로 전환시키는 인간 심리 교훈과, 국가적 시설의 적당한 활용과, 인간의 동귀일체(同歸一體) 정신 충동의 진화와, 종

교와 사회 교육 등의 개선이 잘 된다면 몇개년에 지나지 않아서 능히 소멸되리라 생각한다.(116~17면)

청우당 지도부는 미국식 자본독재와 소련식 무산독재를 모두 비판하면서 '조선적 신민주주의' 국가건설을 주창하였다. 이는 전인민이 정치·경제·사회적으로 자유와 평등을 향유하기 위해서는 좌우합작·노자협조의 입장에서 자본주의·사회주의 양 체제를 혼합한 경제체제와 국가를 건설해야 한다는 것이었다.[38] 이는 해방 정국에서 중도주의적 정당의 공통된 지향이라 할 수 있지만, 청우당은 여기서 한걸음 더 나아가 위와 같은 비전까지 제시하였다. 이는 '교정합치'에 대한 비전에서 나온 독자성이 분명하다.

하지만 천도교 세력이 항상 '교정합치'를 주장한 것은 아니었다. 상황 변화에 따라 강조점이 바뀌었다. 1920년대에는 교정합치가 천도교 세력의 정치단체 조직과 활동의 근거였으나, 1930년대에 들어서 종교적인 신앙 확립이 주(主)가 되었고 정치는 물질적 생활안정만을 추구하는 '교주정종(敎主政從)'론으로 변용되었다. 1930년대 후반에는 교정합치를 종교와 정치가 협력·일치하는 것으로 해석함으로써 친일협력의 논리로 내면화·합리화하기도 하였다.[39] 해방 정국에서는 분단되어 두 정부가 수립되는 과정에서 천도교 세력은 청우당을 통한 직접적인 대외적 정치운동을 지양하고 대내적인 종교적 신앙·수양운동으로 돌아가자는 논리를 선택했다. 결국 청우당은 1949년 12월에 정리·해체되었고, 북조선청우당에

---

38 정용서 「해방 후 천도교청우당의 정치운동」, 『한국사연구』 165호, 2014, 244면

39 정용서 「천도교의 '교정일치'론과 현실 참여」, 『인문과학연구논총』 37권 3호, 2016, 105~106면.

흡수·통합되는 형식으로 1950년 조선천도교청우당으로 전환되었다. 이로써 일제시기 이래 천도교 정치운동의 중심이 되어왔던 청우당은 남한지역에서 그 자취를 감추게 되었다.[40] 청우당의 이념과 조직의 변천은 현실세계에서 교정합치가 겪는 어려움, 달리 말해 교정합치가 '사회대전환과 종교의 일대 혁명'을 수반하는 큰 과제임을 거꾸로 일깨워준다.

천도교와 달리 원불교는 독자 정당을 건립한 적이 없다. 그리고 천도교의 교정합치와 다른 '정교동심(政敎同心)'을 내세운다.[41] 정치와 종교가 '동심이체(同心異體)', 곧 한 몸은 아니되 한마음으로 움직여야 한다는 원칙을 개념화한 것이다.[42]

이를 온전하게 이해하기 위해서는 원불교에서 제기한 덕치(德治), 정치(政治), '도치(道治)'의 세가지 치교(治敎, 다스리고 교화함)의 도를 아울러 시야에 넣어야 한다.

> 다스리고 교화하는 도에는 여러가지가 있을 것이나 강령을 들어 말하자면 첫째는 '도(道)'로써 다스리고 교화함이니, 모든 사람으로 하여금 각각 자기의 본래 성품인 우주의 원리를 깨치게 하여 불생불멸과 인과보응의 대도로 무이이화의 교화를 받게 하는 것이요, 둘째는 '덕(德)'으로써 다스리고 교화함이니, 지도자가 앞서서 그 도를 행함으로써 덕화가 널리 나타나서 민중의 마음이

40 정용서 「해방 후 천도교청우당의 정치운동」, 249면. 정교일치는 천도교의 특징이었지만, 해방 후 남북이 분단되고 분단이 고착화되는 과정에서 천도교는 이 특징을 상실하였다. 이 또한 천도교 쇠락의 한 원인이라고 할 수 있을 것이다(251면). 한편, 북한에 남은 천도교청우당은 명목만 유지했으나, 그 교리는 주체사상 형성에 영향을 드리웠다는 견해도 있으니 앞으로 깊이 더 탐구되어야 할 과제다.

41 『정산종사법어』 유촉편, 『원불교전서』, 1015면.

42 백낙청 『서양의 개벽사상가 D. H. 로런스』, 창비 2020, 257면.

그 덕에 화(化)하여 돌아오게 하는 것이요, 셋째는 '정(政)'으로써 다스리고 교화함이니, 법의 위엄과 사체(事體)의 경위로 민중을 이끌어 나아가는 것이라, 과거에는 시대에 따라 이 세가지 가운데 그 하나만을 가지고도 능히 다스리고 교화할 수 있었으나 앞으로는 이 세가지 도를 아울러 나아가야 원만한 정치와 교화가 베풀어지게 되나리라.[43]

'정치'란 동서양의 각종 현실정치 및 법치에 해당하고, '덕치'란 유학 예도(禮道)정치의 주된 수단인 지도자의 덕치를 뜻하며, '도치'란 민중 모두가 저마다 도인(道人)의 경지에 이름으로써 자연스럽게 원만한 세상을 이룬다는 만민평등적 개념이다. 이로써 정교동심의 독특한 규모가 뚜렷해진다. 도치가 아직껏 국가 단위로 시행된 바 없지만, 도치는 물론이고 정치와 덕치도 현대세계에서는 세가지 치교의 결합 없이는 성립하기 힘들다는 날카로운 현실인식이 바탕에 있다.[44] 또한 정치와 덕치를 아울러 포용하면서도 도치를 강조한 독자성이 이채롭다.

'세가지 도'의 원만한 동시수행은 정교동심을 한층 더 구체적인 방법으로 밝힌 것이다. 정교분리를 인정하지도 않고, 그렇다고 정교일치를 표방한 것도 아니라 양자의 상호침투와 상호변화를 추구하는 '치교병진'의 길로 보인다. 같은 맥락에서 수레의 두 바퀴 또는 엄부(정치)와 자모(종교)라는 비유도 사용된다.

물론 이것은 원론 차원에서 밝힌 바이니, 구체적인 역사적 상황에서 어떻게 실천했는지를 살펴봐야한다. 1924년 불법연구회라는 임시 교명으로 출범해 1947년 지금의 교명을 선포한 원불교가 독자적 정당을 세운다

---

43 『정산종사법어』 제6장 국가, '치교의 도', 『원불교전서』; 허석 편저, 앞의 책 368면.

44 백낙청 『서양의 개벽사상가 D. H. 로런스』, 484~85면.

든가 하는 식으로 직접 정치에 참여하지는 않았지만, 정교동심을 제기한 만큼 정치에 대한 관심은 강했다. 해방 직후 2대 종사 송규가 『건국론』을 간행한 일은 그 대표적인 예증이라 하겠다.[45]

정교동심론을 해방공간에 적용한 이 문건은 "모든 사람으로 하여금 각각 자기의 본래 성품이 우주의 원리를 깨치게" 해주는 한층 평등주의적인 도를 요구하는 '민주주의 강령', 그리고 "과(過)와 불급(不及)이 없는 것이니 즉 상대 상대〔원문 그대로〕 편에 서로 권리 편중이 없는 동시에 또한 각자의 권리를 정당하게 잘 운용하자는 것", 곧 '중도주의'를 골간으로 한다. 이 '중도주의의 운용'의 형태인 정치의 3대 요강에서 첫째로 꼽는 것이 패정(霸政)도 위정(僞政)도 아닌 왕정(王政), 곧 "원만한 중도정치로 전체에 길이 복리를 주는 것"이다.[46] 당시 해방공간에서 주로 좌우합작노선을 추진한 세력을 지시하는 용어로 '중간파'가 주로 쓰였지 '중도파'는 거의 쓰이지 않았던 현실에 비춰볼 때[47] '중간파'나 '중립'보다 더 큰 범주로 '중도주의'를 제기한 것은 철학적·종교적 바탕이 있었기에 가능했던 것이 분명하다. 한국근현대사상사에서 '변혁적 중도주의' 계보의 관건적 고리라 하겠다.[48]

이러한 정교동심이라는 사상과 이에 기반한 실천 경험이 '조용한 혁명'[49]으로 간주될 수 있을지도 모르겠으나, 무엇보다 분명한 것은 정치와

45 鼎山宗師 『建國論: 附·國家에 關한 法語選』, 원불교출판사 1981, 55면. 이 문건은 1945년 10월에 간행된 것으로 알려진다.

46 같은 책 13면, 21면, 55면.

47 졸고 「경계를 횡단하는 조소앙과 변혁적 중도주의」, 강경석 외 『개벽의 사상사: 최제우부터 김수영까지, 문명전환기의 한국사상』, 창비 2022, 245면.

48 같은 글 223면. '변혁적 중도주의'는 기존 체제의 변혁(곧 탈식민과 건국, 분단체제극복)을 위해 역사적 맥락에 따라 양극단을 배제한 '정도(正道)의 중간 길'을 추구한 이념이자 (세력연대의 방법론인) 운동노선을 가리키는 의미로 쓴다.

종교의 결합을 사유하는 데 새로운 차원을 열어준다는 사실이다. 이는 중국의 혁명수양론을 포함한 동아시아의 다양한 사상과 운동이라는 '자원'을 각자의 삶의 현장의 실감에 맞춰 분별하는 비평적 태도를 견지하는 작업에 더없이 긴요한 '표준'이 될 터이다.

4. 나가는 말: 개벽적 수양의 길과 문명대전환의 전망

개인수양과 사회변혁의 병진을 감당하며 개벽의 경지에 다가가려는 삶의 자세를 의미하는 개벽적 수양의 길을 닦는 것은 문명대전환의 전망에 어떤 시사를 주는가.

오늘의 중국에서 '대안문명' 또는 '대안적 보편성'을 제시하고자 하는 논의가 무성하다. 그러니 이 글의 논지와 직결된 혁명수양론의 현황과 전망에 비평적으로 개입하는 일은 이 문명 논의의 쟁점을 새롭게 파악하는 데 도움이 될 것이다.

'새로운 군자'나 '새로운 성인(혁명성인)'의 길을 가려는 공부를 의미하는 '혁명수양론'이라는 정신자원이 오늘날 독자적 '중국담론'을 건설하는 데 중심적 작용을 발휘할 것이니 필수적으로 중시해야 한다는 주장도 들린다.[50] 그러나 혁명수양 문화의 영향력이 개혁개방 이후 신속하게

---

49 소태산의 사회개혁운동을 '조용한 혁명'이라고 해석한 것은 김홍철 「少太山 大宗師의 水雲·甑山觀」『원불교학』 4집, 1999, 187면 참조. 원불교는 해방 직후 국가가 종교 교육을 시행하기를 촉구했지만, 그렇다고 특정 종교의 국교화를 요구하지 않았고 오히려 "부정당한 종교 등은 개선 또는 금지"할 수도 있다고 제안했다. 鼎山宗師, 앞의 책 25면.

50 陳立勝 「儒家修身之道的歷程及其現代命運」, 『華東師範大學學報』(哲学社会科学版), 2020년 제5기, 79면.

쇠락하여 그 범위가 당원에 한정되고 강도도 약해진 형편에서 그런 효과를 제대로 일으킬 성싶지 않다. 그러나 혁명수양론이 당성(黨性)을 수양하는 방식은 오늘날 중국공산당이 전면적으로 당을 이념에 맞게 엄격히 관리해 통치 정당성을 확보하려는 하나의 사상자원으로 간주되기는 한다.[51]

한편 혁명의 정당성을 새롭게 담보하기 위해 '신혁명사'가 확산하는 조류 속에서 혁명의 문명사적 함의에 착안하여 '개인 내면의 심성'을 중시하는 경향도 눈에 띈다. 유학의 내성외왕(內聖外王) 개념 속에 이미 '사회적 영성'의 지향이 포함되어 있다고 보면서, 개인의 인격이 '사회적 영성'으로까지 나아갈 때 비로소 혁명 자산이 중국사회의 변혁을 진정으로 추동할 수 있다는 견해이다.[52] 이에 따르면, 개인이 자신에 내재된 초월성을 확립하기 위해서는 개인의 노력만으로는 어렵고 당의 지도를 받아야 하고 그럼으로써 총체적인 사회변혁을 이룩할 수 있다고 전망된다. '사회적 영성'이란 차원에 주목하고 이를 매개로 개인과 사회의 관계를 새롭게 해석하려고 시도한 점이 돋보이나, 기존의 혁명수양론의 구도에 아직 머문 느낌이다. 혁명수양론에 내재된 자발성과 위계성 사이의 긴장이란 문제를 창의적으로 해결하기 어려울 것이고, 개인과 집단 차원의 정치적 효능감을 이끌어내기에는 더더욱 미흡하기 때문이다.[53]

개인수양과 사회변혁의 병진을 추구한 (적어도 1949년 이전의) 이론

51 焦德明, 앞의 글 68~69면. 실제로 중공중앙정치국이 2023년 12월 21일과 22일 이틀간 개최한 '민주생활회의'에서 시진핑 주석은 중요 강화를 발표하면서, "자아혁명은 우리 당의 가장 선명한 품격이자 최대 강점"이라고 역설했다. 「中共中央政治局召開專題民主生活會」, 央視網 2023.12.23. https://www.cctv.com(2024년 1월 접속). 그밖에 유학 부흥을 통해 대안문명을 건립하여 '중국식 현대화'의 문명사적 정당성을 구하려는 풍조가 널리 펴져 있다.

52 吳重慶「邁向社會革命視野下的革命史研究」, 『中共黨史研究』, 2019년 제11기.

53 이에 대한 필자의 좀더 상세한 논의는 앞의 졸저, 377~78면.

과 실천 경험이, 사람의 정신과 정동에 일어나는 변화와 더불어 새로운 세상을 향한 (신민주주의)혁명을 추구했다는 점에서 일정 정도 개벽적 외양을 띤다. 그러나 당이 우위에 선 당-국체제에서 당의 전면 영도논리는[54] 개벽에 합당한 개인들의 마음공부를 지속적으로 끌어안을 수 없고 따라서 문명대전환의 과업을 감당하기 어렵다. 이렇게 된 데는 중국공산당이 1949년에 혁명당에서 집권당으로 바뀐 상황 변화 등 여러 차원의 요인들이 복합적으로 얽혀 작동했지만, 이 글의 논지에 한정해 말하면 혁명수양론이 계승한 유학에서의 개인수양과 사회변혁의 결합 논리 구조가 기본적으로 엘리트주의와 이로부터 파생된 대행주의(代行主義)의 특징을 갖는다는 연원을 간과할 수 없다.[55] 유불도 융합에 기반한 동학과 이를 이으면서 혁신한 원불교의 만민평등에 기반한 '병진론'과의 차이가 지닌 무게를 실감하게 된다.

이제는 정교동심이라는 차원에서 구상된 개인수양과 사회변혁의 병진이 우리가 대안문명을 구상하고 실천하는 데 어떤 의미가 있을지 짚어볼 차례이다.

자본주의가 탐(貪)·진(瞋)·치(癡)라는 세가지 독(毒)의 힘으로 작동한

---

54 당의 우위는 전면적으로 이론적 우위, 정치적 우위, 조직적 우위, 제도적 우위, 대중과 밀접하게 연계된 우위 등을 포함한다. 사실상 당에 정치를 종속시킨 체제를 유교국가의 교정(敎政)결합이나 '세속종교'로서의 근대국가로 유비하지 않더라도 이를 비평하는 데 '정교동심'은 매우 유용하다.

55 천인관계에 대한 유학의 사유구조에서 대행주의가 연유된 하나의 증거로서 유학의 '체천행도(替天行道)'와 동학의 '체천행도(體天行道)'의 차이를 들어보겠다. 우리말 독음은 같지만 그 뜻은 각각 '하늘을 대신해 도를 행한다'와 '하늘을 몸(體) 받아 도를 행한다'로 거리가 있다. 동학의 체천행도는 한울(님)을 체화하여 천도의 기화(氣化)를 스스로 행한다는 뜻이다. 즉 '무위이화' 하는 한울님(곧 내 마음)의 활동이 나를 통해 행해지는 것을 말한다.

다면[56] 대안적인 체제의 작동원리로서 금전이 아닌 다른 형태의 보상 시스템, 이를테면 "평판과 성과에 대한 자기만족이라는 형태의 보상"[57] 같은 것을 진지하게 고려할 필요가 있다. 여기서 더 나아가면 '욕망의 공적 가치', 달리 말하면 정당한 공부심(公心)을 키우는 일이 문명전환의 동력이 될 수 있다. 앞서 살펴본바 청우당이 기대한 대로 소유제만 철폐하면 "소유 충동"에서 "창조 충동"으로의 전환이 "몇개년" 안에 이뤄질 수 있다는 전망은 조급한 것이다(자본주의가 한반도에서 아직 제대로 발전하지 않아 그 위력을 실감하기 어려운 단계였다는 사실을 염두에 두더라도 그렇다). 중화인민공화국에서 진행된 토지개혁 이후의 우여곡절을 보더라도 잘 알 수 있다. 그렇기 때문에 공리주의적 인간관을 극복하는 데 (제도적 혁신과 더불어) '종교적' 차원의 각성이 더욱더 지속적으로 요구되는 것이다. 대안문명의 핵심인 '더 나은 민주주의'의 길 또한 정교동심의 시각에서 조망해야 하는 이유도 여기에 있다.

---

56 끊임없는 이윤추구라는 탐심, 무한경쟁이라는 진심, 현존 체제의 대안이 가능하지 않다고 보는 어리석은 마음인 치심, 이 세가지 독이 자본주의의 작동원리라는 설명은 백낙청 『어디가 중도며 어째서 변혁인가』, 294~96면 참조.

57 유재건 「대전환과 자본주의」, 『창작과비평』 2023년 여름호, 367면. 여기서 유럽 지식인들이 공리주의에 기반한 현 질서의 대안원리로 제창하는 '상생주의'(convivialism)도 참조할 만하다. 그들은 '증여' 개념, 특히 그것을 통한 '인정'(recognition)의 작동을 중시한다. 인류학자 마르셀 모스(Marcel Mauss)의 이론에 근거해, 선물을 주어야 하는 의무, 받아야 하는 의무, 그리고 되갚아야 하는 의무라는 세가지 순환적 원리가 작동하는 의무적인 선물 교환을 가능케 하는 힘으로서 '물건에 깃든 영(靈)적 요소' 개념에 의존한다. 또한 그것이 방법론적 애니미즘(또는 계몽적 애니미즘e nlightened animism)으로 발전하여 비-인간존재를 주는 자로 인식하게 함으로써 사회이론 수립을 위한 출발점으로도 작동할 수 있다고 기대한다. Bing Song & Yiwen Zhan ed., *Gongsheng Across Contexts: A Philosophy of Co-Becoming*, London: Palgrave Macmillan 2024에 수록된 Alain Calle, "Origins and Theoretical Foundations of Convivialism"과 Frank Adloff, "Ontology, Conviviality, and Symbiosis Or: Are There Gifts of Nature" 참조.

정교동심이 사회의 대전환과 종교의 일대 혁명을 통해서나 이룩될 너무 큰 과제로 비칠지도 모르겠다. 여기서 각자 자기가 처한 분야에서 어떤 경지에 이르면 그게 바로 개벽의 경지라는 말을 음미해보자. 예술작품에서도 "어떤 경지에 달해서 작품다운 작품, 시다운 시, 훌륭한 음악이 나오면 적어도 그것이 만들어지는 그 순간에는 정신개벽"이 (작은 규모에서지만) 이뤄졌다고 봐야 한다는 것이다. 단 여기에는 "항시적인 게 아니기 때문에 수련이 병진되어야지 점점 거듭되고 높고 지속적인 경지에 도달할 수 있"다는 단서가 붙는다.[58]

이런 논의를 구체적인 상황에 맞게 실천하는 실질적인 방도를 찾아가는 모험을 개인이든 집단이든 감당하는 일이 당면 과제임을 두말할 필요도 없다. 지구적 차원으로 시야를 넓혀 개벽의 길을 사유하더라도 실천 차원에서는 제각기 삶의 현장에서 그 길을 가는 마음가짐이 전제된다. 문명대전환 같은 큰일을 이루기 위해서 작은 일부터 해나가되 큰 뜻을 품고 착수할 때 작은 일에 매몰되지 않고 훨씬 더 강한 실행력도 갖는 법이다. 그리고 우리의 일상적으로 부대끼며 사는 삶의 현장이 '핵심현장'[59]에 해당한다면 그 실행력은 한층 더 강하고 넓게 파급될 것이다. 동아시아의 식민과 냉전의 중첩된 영향 아래 공간적으로 크게 분열되어 갈등이 응축된 장소인 핵심현장 한반도는 시공간의 모순과 갈등이 서로 연동되어 악순환하게 만드는 중심 고리로 작동하고 있으므로 그것을 해결해갈수록 평화의 동아시아를 위한 선순환의 촉매로서의 파급력은 그만큼 더 커질 것이기 때문이다.

여기에서 동아시아 수양론의 궤적에서 줄곧 중시되어온 조직의 역할

---

58 백낙청 외, 앞의 책 230면.

59 졸저 『핵심현장에서 동아시아를 다시 묻다: 공생사회를 위한 실천과제』, 창비 2013.

과 관련하여 작은 공동체의 의의를 다시 떠올리게 된다. 수양공동체와 함께 수행하는 것이 필수인 이유는 길동무(道伴)의 뒷받침 없이 계속하는 일의 어려움을 잘 알기 때문이다. 지금 신자유주의 확산에 따른 개인주의의 심화, 개인 미디어와 온라인 네트워크 확대의 영향으로 집합행동의 개인화가 만연하다. 어느 나라에서든 파편화한 개인들, 특히 불안감에 시달리는 젊은 세대가 개인화된 이슈나 취향에 선택적으로 관심 갖고 참여해 행동하는 방식을 선호하는 경향이 짙다. 이들이 공감해 삶의 방식의 변화를 일으킬 새로운 문명전환운동의 방향을 잡으려면 작은 수양의 공동체의 길이 효과적이지 싶다.[60]

개벽적 수양의 길을 닦는 이들 공동체가 어디서든—기존 종교의 안이든 밖이든, 어느 사회·국가에서든—종교다운 종교, 민주화된 정치를 각각 추구하며 동시에 양자를 결합시키겠다는 큰 뜻을 품은 채 그때그때 거두는 작은 성취는 문명대전환의 동력이다. 그것은 각자의 현장에서 자기자신과 사회시스템을 동시에 변혁하는 마음공부법을 신축성있게 일상적으로 함께 끊임없이 단련하는 도정에서 거두어질 터이다.

60 자신의 정체성에 부합하는 다양한 소모임 활동을 선호하는 그들이 제각기 정체성을 지니고 유기적으로 움직이며 서로의 요구가 교차되는 지점에서 만나 새로운 변혁의 시공간을 열어낼 수 있다. 그 가능성이 2024년 말과 2025년 초 탄핵 집회의 열기(곧 K민주주의) 속에서 엿보인다.

공저자 소개

*수록순

정혜정(丁惠貞) 동국대 갈등치유연구소 학술연구교수. 저서로 『동학의 심성론과 마음공부』 『몸-마음의 현상과 영성적 전환』 『백년의 변혁』(공저) 『개벽의 사상사』(공저) 등이, 역서로 『동학문명론의 주체적 근대성』 등이 있음.

허석(許錫) 원불교 교무. 원광대 원불교학과 교수. 저서로 『박중빈·송규』(편저) 『개벽사상과 종교공부』(공저), *Tales of Heaven, Earth, and People: The Sacred Landscape of Korea, New Religions I*(공저) 등이 있다.

이행훈(李幸勳) 한림대 한림과학원 HK교수. 저서로 『학문의 고고학』 『한국실학사상사』(공저) 『동서양 역사 속의 소통과 화해』(공저) 『개념의 번역과 창조』(공저) 『한국의 근현대, 개념으로 읽다』(공저) 『동아시아 전통 지식 이론의 발전과 그 근대적 굴절』(공저) 등이 있다.

백민정(白敏禎) 가톨릭대 철학과 교수. 저서로 『맹자: 유학을 위한 철학적 변론』

『정약용의 철학』『강의실에 찾아온 유학자들』『혜강 최한기 연구』(공저) 『다산학 공부』(공저) 『세계적 K사상을 위하여』(공저) 등이 있음.

강경석(姜敬錫) 문학평론가. 『창작과비평』 편집위원. 저서로 『리얼리티 재장전』 『안창호』(편저) 『촛불의 눈으로 3·1운동을 보다』(공저) 『개벽의 사상사』(공저) 등이 있음.

황정아(黃靜雅) 문학평론가. 한림대 한림과학원 HK교수. 저서로 『개념 비평의 인문학』 『다시 소설이론을 읽는다』(편저) 『개벽의 사상사』(공저), 역서로 『왜 마르크스가 옳았는가』 『도둑맞은 세계화』 『단일한 근대성』 등이 있음.

김용휘(金容暉) 대구대 자유전공학부 교수. 방정환배움공동체 '구름달' 대표. 저서로 『우리 학문으로서의 동학』 『손병희의 철학』 『최제우의 철학』 『개벽사상과 종교공부』(공저) 등이 있음.

이정배(李正培) 감신대 명예교수, 조직신학·종교철학 전공. 현장(顯藏)아카데미 원장. 저서로 『역사유비로서의 개벽신학 空·公·共』 『한국적 생명신학』 『생태학과 신학』 『개신교 전위 토착신학 연구』 『유영모의 귀일신학』 『개벽의 사상사』(공저) 등이 있음.

조성환(趙晟桓) 원광대 철학과 교수. 저서로 『한국 근대의 탄생』 『하늘을 그리는 사람들』 『키워드로 읽는 한국철학』 『K-사상사』 『한국의 철학자들』 『개벽파선언』(공저) 『개벽의 사상사』(공저) 등이 있음.

백영서(白永瑞) 연세대 명예교수, 역사학. 세교연구소 이사장. 저서로 『동아시아의 귀환』 『사회인문학의 길』 『핵심현장에서 동아시아를 다시 묻다』 『중국현대사를 만든 세가지 사건』 『개벽의 사상사』(공저) 등이 있음.

문명전환의 한국사상

개벽의 사상사 2

초판 1쇄 발행 / 2025년 2월 7일

지은이 / 강경석 김용휘 백민정 백영서 이정배 이행훈 정혜정 조성환 허석 황정아
엮은이 / 백영서 황정아
펴낸이 / 염종선
책임편집 / 박주용 최수민
조판 / 박지현 황숙화
펴낸곳 / (주)창비
등록 / 1986년 8월 5일 제85호
주소 / 10881 경기도 파주시 회동길 184
전화 / 031-955-3333
팩스 / 영업 031-955-3399 편집 031-955-3400
홈페이지 / www.changbi.com
전자우편 / human@changbi.com

ISBN 978-89-364-8070-7 93160

* 이 책은 2018년 대한민국 교육부와 한국연구재단의 지원을 받아 간행되었습니다.
(NRF-2018S1A6A3A01022568)